Akademie Studienbücher

Literaturwissenschaft

Herausgegeben von
Iwan-Michelangelo D'Aprile

Evi Zemanek, Alexander Nebrig (Hg.)

Komparatistik

Akademie Verlag

Die Herausgeber:
Jun.-Prof. Dr. Evi Zemanek, Juniorprofessorin für Neuere Deutsche Literatur/Intermedialität an der Albert-Ludwigs-Universität Freiburg
Dr. Alexander Nebrig, Wissenschaftlicher Mitarbeiter am Institut für deutsche Literatur an der Humboldt-Universität zu Berlin

Die Autoren:
Prof. Dr. Dirk Kretzschmar, Professor für Germanistik und Komparatistik an der Friedrich-Alexander-Universität Erlangen-Nürnberg
PD Dr. Markus May, Privatdozent für Deutsche Philologie an der Ludwig-Maximilians-Universität München

Bibliografische Information der Deutschen Nationalbibliothek
Die Deutsche Nationalbibliothek verzeichnet diese Publikation in der Deutschen Nationalbibliografie; detaillierte bibliografische Daten sind im Internet über http://dnb.d-nb.de abrufbar.

© 2012 Akademie Verlag GmbH, Berlin
Ein Wissenschaftsverlag der Oldenbourg Gruppe

www.akademie-verlag.de

Das Werk einschließlich aller Abbildungen ist urheberrechtlich geschützt. Jede Verwertung außerhalb der Grenzen des Urheberrechtsgesetzes ist ohne Zustimmung des Verlages unzulässig und strafbar. Das gilt insbesondere für Vervielfältigungen, Übersetzungen, Mikroverfilmungen und die Einspeicherung und Bearbeitung in elektronischen Systemen.

Einband- und Innenlayout: milchhof : atelier, Hans Baltzer Berlin
Einbandgestaltung: Kerstin Protz, Berlin, unter Verwendung einer fotografischen
    Umsetzung des sprichwörtlichen Vergleichs von Äpfeln und Birnen
Satz, Druck & Bindung: Beltz Bad Langensalza GmbH, Bad Langensalza

Dieses Papier ist alterungsbeständig nach DIN/ISO 9706.

ISBN   978-3-05-005166-6
eISBN   978-3-05-005992-1

Komparatistik

1	**Was ist Komparatistik?** (Evi Zemanek)	7
1.1	Wozu Komparatistik?	9
1.2	AVL: Allgemeine und Vergleichende Literaturwissenschaft	12
1.3	Prinzip und Praxis des Vergleichens	14
2	**Die Tradition des literarischen Vergleichens** (Alexander Nebrig)	21
2.1	Der Vergleich als Wettstreit in der Antike	23
2.2	Die Autorität des antiken Modells in der Neuzeit	26
2.3	Das Ende des wertenden Vergleichs	29
3	**Vergleichen als Wissenschaft: Zur Fachgeschichte** (Alexander Nebrig)	35
3.1	Ein Universitätsfach entsteht	37
3.2	Wege aus der (Einfluss-)Geschichte	42
4	**Interdisziplinarität: Interaktion mit Nachbardisziplinen** (Evi Zemanek)	51
4.1	Wissenschaft interdisziplinär	53
4.2	Interaktionsfelder	55
5	**Interrelationen (trans-)historisch: Epochen** (Dirk Kretzschmar)	67
5.1	Nutzen und Nachteile etablierter Epochen(begriffe)	69
5.2	Alternative Epochenmodelle	74
6	**Intergenerische Relationen** (Alexander Nebrig)	83
6.1	Gattungen und Schreibweisen	85
6.2	Motive, Stoffe, Themen	92
7	**Intertextualität** (Markus May)	99
7.1	*Imitatio*, Dialogizität, Intertextualität	101
7.2	Paradigmen und Beispiele der Bezugnahme	108
7.3	Kulturwissenschaftliche Ausweitungen	112
8	**Internationalität: Literarisches Übersetzen** (Markus May)	115
8.1	Übersetzung als Kulturtransfer	117
8.2	Übersetzungstheorie: Geschichte und Positionen	118
8.3	Übersetzungsanalyse: Praxis und Problemfelder	125
9	**Interlingualität** (Alexander Nebrig)	131
9.1	Linguistische Aspekte	133
9.2	Die Mehrsprachigkeit einsprachiger Texte	136
9.3	Mehrsprachige Texte	138

10	**Interkulturalität** (Dirk Kretzschmar)	145
10.1	Kultur	147
10.2	Interkulturalität	149
10.3	Interkulturelle Literatur und Literaturwissenschaft	151
11	**Intermedialität – Interart Studies** (Evi Zemanek)	159
11.1	Comparative Arts – Der Vergleich der Künste	161
11.2	Intermedialitätsforschung und ihre Gegenstände	166
12	**Literatur und Komparatistik in Zeiten globaler Vernetzung** (Alexander Nebrig, Evi Zemanek)	175
12.1	Globale Literatur	177
12.2	Das Internet als Medium des Globalen	181
12.3	Komparatistik und Globalisierung	184
13	**Weltliteratur lesen** (Alexander Nebrig, Evi Zemanek)	189
13.1	Vom Nutzen und Nachteil eines Kanons	191
13.2	Kleiner Kanon der Weltliteratur für Komparatisten	194
14	**Komparatistik konkret** (Alexander Nebrig, Evi Zemanek)	209
14.1	Komparatistik studieren	211
14.2	Berufsperspektiven	214
14.3	Die komparatistische Hausarbeit	217
15	**Serviceteil**	223
15.1	Allgemeine bibliografische Hilfsmittel	223
15.2	Medien und Institutionen	231
16	**Anhang**	235
16.1	Zitierte Literatur	235
16.2	Abbildungsverzeichnis	249
16.3	Personenverzeichnis	250
16.4	Glossar	255

1 Was ist Komparatistik?

Evi Zemanek

Abbildung 1: Fotografische Umsetzung des sprichwörtlichen Vergleichs von Äpfeln und Birnen

Man solle nicht ‚Äpfel mit Birnen vergleichen' lautet eine vielgebrauchte metaphorische Kritik an unzulässigen Vergleichen. Verwendet wird das Sprachbild gewöhnlich, wenn zwei Dinge verglichen werden, die nicht miteinander vergleichbar sind. Warum aber sollen Äpfel und Birnen, die Gemeinsamkeiten und Unterschiede aufweisen, nicht vergleichbar sein? Die Waage verweist auf den ursprünglichen Verwendungskontext des Sprachbilds: Es übt berechtigte Kritik an der Praxis, dass – metaphorisch gesprochen – Birnen mit einem für Äpfel entwickelten Klassifizierungssystem bemessen werden. Es verneint also nicht die Vergleichbarkeit an sich, es lehnt nur unbedachte Gleichsetzungen ab.

Kritik an komparatistischen Ansätzen ist oft so undifferenziert wie die gern gebrauchte Metapher. Entschärfen kann man sie mit dem Argument, dass Äpfel und Birnen beide zur Familie der Rosengewächse und zu den Kernobstgewächsen gehören und daher für einen Vergleich ausreichend Ähnlichkeiten aufweisen. Gleichzeitig kennzeichnen sie auch genug Unterschiede (in Form, Geschmack usw.), die ein zentrales Erkenntnisziel des Vergleichs sind und erst die jeweiligen Eigenarten offenbaren. Allerdings bleibt die Komparatistik dem Vorwurf ausgesetzt, ihre Vergleiche seien beliebig, sie akzeptiere ein Gemeinsames oder gar Allgemeines als hinreichend. Der Literaturwissenschaftler William J. T. Mitchell sieht darin kein wissenschaftliches, sondern ein an der Dichtung selbst orientiertes Verfahren: „Poetry teaches us to compare apples and oranges." (Mitchell 1996, S. 323) Was hier kritisch festgestellt wird, kann auch als Stärke verstanden werden. Wenn der Wissenschaftler ungewohnte Vergleiche wagt, tut er dies, sofern er sich über die Ziele bewusst bleibt, mit Gewinn für eben jenes Allgemeine. Er kann sogar im Dienste einer kritischen Kulturwissenschaft mit einem gezielt illegitimen Vergleich die Grenze des als disziplinär legitim Angesehenen überschreiten und so neue Zusammenhänge aufdecken (vgl. Lutz / Mißfelder / Renz 2006, S. 10).

Das folgende Kapitel präzisiert das Bild des Faches Komparatistik, indem es Prinzip und Praxis, Gebiete und Grenzen des literaturwissenschaftlichen Vergleichens darlegt. Die darauffolgenden Kapitel erklären, wie sogar diachrone, transkulturelle und transmediale Vergleiche erkenntnisstiftend und produktiv sein können.

1.1 Wozu Komparatistik?
1.2 AVL: Allgemeine und Vergleichende Literaturwissenschaft
1.3 Prinzip und Praxis des Vergleichens

1.1 Wozu Komparatistik?

Keine Nationalliteratur erschließt sich allein aus sich selbst, ohne den Blick auf die anderen. Während eines jeden Philologiestudiums wird deutlich, dass Texte hinsichtlich ihrer Thematik und Motivik, ihrer formalen Gestaltungsweise und ihrer Entstehungsgeschichte nicht isoliert betrachtet werden können.

Interdependenzen

Dass alle (literarischen) Texte in komplexen Beziehungen zu anderen, oft auch fremdsprachigen Texten stehen, zeigen verschiedenste transnationale literarische Phänomene: wie, um nur ein Beispiel zu nennen, der Petrarkismus, eine gesamteuropäische Stilbewegung der Liebeslyrik in der Nachfolge des italienischen Dichters Francesco Petrarca. Dessen Gedichtsammlung (*Canzoniere*, um 1348) wurde mehrere Jahrhunderte lang äußerst produktiv rezipiert. Ihre bis ins 20. Jahrhundert anhaltende Attraktivität war nicht nur der virtuosen Werkarchitektur, sondern auch dem modernem Subjektbegriff und der Zeitlosigkeit der artikulierten Emotionen und Reflexionen geschuldet. Nicht nur Petrarcas Texte, sondern auch diejenigen seiner Nachahmer wurden vielfach übersetzt, imitiert und konterkariert. Selbst die Werke einiger der wirkmächtigsten Dichter stehen in diesem Traditionszusammenhang: So sind Shakespeares Sonette – ein Höhepunkt der englischen Lyrikgeschichte – nicht ohne den petrarkistischen Bezugsrahmen zu verstehen. Zuvor hatten sich die Dichter der französischen Pléiade im 16. Jahrhundert der Motive und Formen petrarkistischer Liebeslyrik bedient. Im deutschen Barock fand eine produktive Rezeption des Petrarkismus bei Christian Hoffmann von Hoffmannswaldau statt. Auch Goethe, dessen frühe Lyrik aus dem Sturm und Drang dem Geniegedanken verpflichtet ist, bezog sich auf die petrarkistische Tradition.

Transnationale Phänomene: Beispiel Petrarkismus

Seine Schuldigkeit gegenüber anderen Autoren drückte der 79-jährige Goethe in den *Gesprächen mit Eckermann* mit folgenden Worten aus:

> „Wir bringen wohl Fähigkeiten mit, aber unsere Entwicklung verdanken wir tausend Einwirkungen einer großen Welt, aus der wir uns aneignen was wir können und was uns gemäß ist. Ich verdanke den Griechen und Franzosen viel, ich bin Shakespeare, Sterne und Goldsmith Unendliches schuldig geworden. Allein damit sind die Quellen meiner Kultur nicht nachgewiesen; es würde ins Grenzenlose gehen […]." (Eckermann 1959, S. 229 [16. Dezember 1828])

Goethes Bekenntnis zu seiner Abhängigkeit von außer- und innerliterarischen Faktoren und Bezugsgrößen verweist auf zentrale Arbeitsgebiete der Komparatistik: Eines ist die Intertextualitätsforschung (→ KAPITEL 7), die versucht, das Beziehungsgeflecht zwischen Texten auf diachroner und auf synchroner Ebene auszuloten. Die Untersuchung intertextueller Referenzen, welche das wissenschaftliche Paradigma der Einflussforschung (→ KAPITEL 3.1) auf der Basis eines neuen Textverständnisses fortsetzt und erheblich erweitert, greift zurück auf eine und schreibt zugleich mit an einer Stoff- und Motivgeschichte sowie an einer Form- und Gattungsgeschichte (→ KAPITEL 6) mit dem Ziel, historische und systematische Zusammenhänge aufzudecken.

Arbeitsgebiete der Komparatistik
Intertextualitätsforschung

Während auch jede Einzelphilologie Texte mit historisch vorgängigen oder zeitgleich entstandenen Texten in Bezug setzt, interessiert man sich im Rahmen der Komparatistik in besonderem Maß für die Beziehung zwischen Texten verschiedener Kulturen. Das Ziel der Rekonstruktion intertextueller Relationen ist es, das einzelne Werk in einem größeren transnationalen und damit in logischer Konsequenz in einem interkulturellen Zusammenhang zu sehen. Eben diese Perspektive – Goethe selbst verwendet im obigen Zitat den Kulturbegriff mit engem Bezug, ja fast synonym zur Literatur – erfordert die Erweiterung einer rein philologischen Komparatistik auf kulturwissenschaftliche Fragestellungen (→ KAPITEL 10). Die kulturwissenschaftliche bzw. -historische Perspektivierung ist nicht der Komparatistik vorbehalten, dort aber unerlässlich.

Kulturwissenschaftliche Fragestellungen

Auf diesen interkulturellen Zusammenhang verweist Goethes Konzept einer ‚Weltliteratur' – ein Begriff, dem er 1827 mit eigener Prägung zur Geltung verhilft. Er entspringt einem völkerverbindenden, transnationalen Denken, zeugt von Fortschrittsoptimismus und basiert auf Wunschvorstellungen wie Weltbildung und Weltkommunikation. Goethe hatte die Vision, eine Weltliteratur solle die Nationalliteratur ablösen – zu Eckermann sagte er: „National-Literatur will jetzt nicht viel sagen, die Epoche der Weltliteratur ist an der Zeit" (Eckermann 1959, S. 174 [31.1.1827]). Sein Begriff ist also nicht auf das Klassische, Kanonische, sondern mehr auf Modernes, Aktuelles bezogen.

Goethes Begriff der ‚Weltliteratur'

Landläufig wird ‚Weltliteratur' oft bloß im quantitativen Sinn als Gesamtheit aller Literaturen aller Zeiten verstanden – eine Auffassung, die suggeriert, dass man dieses Korpus überblicken könnte, was natürlich illusorisch ist. Gemäß diesem Verständnis liegt es allerdings nahe, die Weltliteratur als Gegenstand der Komparatistik zu begreifen. Sie

Weltliteratur als Gegenstand der Komparatistik

ist es jedoch nicht *per se*, sondern erst, wenn konkrete Phänomene miteinander verglichen, in Zusammenhang gebracht und anhand dessen allgemeintheoretische Aspekte erörtert werden. Unter den Vorzeichen der Globalisierung erfährt der Begriff ‚Weltliteratur' neuerdings eine Wiederbelebung (→ KAPITEL 13; → ASB REICHARDT, KAPITEL 11).

Aufgrund der wichtigen Rolle, die Übersetzungen in diesem Gesamtzusammenhang spielen, kommt die Übersetzungsanalyse als Arbeitsfeld des Faches hinzu. Dabei werden nicht nur Übersetzung und Original einander gegenüber gestellt, sondern auch verschiedene Übersetzungen desselben Originals, die ihrerseits Indizien für seine internationale Wirkungsgeschichte sind. Beispielhaft kann man den Übersetzungsvergleich wiederum sehr schön anhand deutscher Übersetzungen aus Petrarcas *Canzoniere* oder auch von Shakespeares *Sonnets* (1609) zeigen (→ KAPITEL 8).

Übersetzungsanalyse

Eines der am häufigsten übersetzten Gedichte der Literaturgeschichte ist Shakespeares Sonett Nr. 18. Es beginnt mit der Frage *Shall I compare ...?* und passt, indem es das Prinzip des Vergleichens reflektiert, besonders gut zum Themenkomplex Komparatistik:

Beispiel: Shakespeares *Shall I Compare ...?*

„Shall I compare thee to a summer's day?
Thou art more lovely and more temperate" (V. 1–2)
(Shakespeare 1998, S. 147)

Der Text basiert auf einer zentralen rhetorischen Figur des Petrarkismus, in dem die unbeschreibliche Schönheit der Geliebten stets durch den Vergleich mit allerlei schönen Dingen vermittelt wird. Die Pointe liegt darin, dass Shakespeares Geliebte vollends unvergleichlich ist und allein seine für die Ewigkeit geschriebenen Verse ihr Andenken bewahren können. Somit ist der Text als ironischer Kommentar zum Petrarkismus und zum Vergleich lesbar. Dass die Komparatistik jedoch weit über die bloße Vergleichsrhetorik hinausgeht, wird in → KAPITEL 2 und → KAPITEL 3 deutlich, worin die vorwissenschaftliche und die wissenschaftliche Praxis des literarischen Vergleichens geschichtlich vorgestellt wird.

Ein erneuter Blick auf die produktive Rezeption von Shakespeares Sonetten erschließt ein weiteres Gebiet der Komparatistik: Die Sonette werden nicht nur übersetzt und nachgeahmt, parodiert und illustriert, sondern zudem in Theaterstücken rezitiert, vertont und verfilmt, in Ballett und modernen Tanz transformiert, ja als multimediale Performances inszeniert (→ KAPITEL 11). Derartigen Transformationen von Texten in andere Medien widmet sich die Medienkomparatistik, welche das Verhältnis der Literatur zu anderen Künsten und Medien betrachtet. Damit wird das allgemeine Verständnis von Komparatistik

Medienkomparatistik

WAS IST KOMPARATISTIK?

als Fach des Vergleichs verschiedener Literaturen erweitert: nicht nur Texte werden untersucht, sondern verschiedenste Kunst- und Kulturprodukte. Oft gelingt dies besser mithilfe von Grundwissen und Methoden der Nachbardisziplinen wie etwa der Kunst-, der Medien-, der Theaterwissenschaft, aber auch der Politologie, der Psychologie, der Religionswissenschaft und einigen mehr. Anstelle von rein literaturwissenschaftlichen Studien wird daher die Interdisziplinarität groß geschrieben (→ KAPITEL 4).

Interdisziplinäres Arbeiten

Im Zuge einer schrittweisen Öffnung für die Nachbardisziplinen interagierte die Komparatistik zuerst vornehmlich mit der Geschichtswissenschaft und der Philosophie, dann zunehmend mit Soziologie, Anthropologie und Ethnologie sowie gleichzeitig mit der Kunstwissenschaft, bevor sie sich seit den 1990er-Jahren intensiv mit der Kulturwissenschaft und der Medienwissenschaft auseinanderzusetzen begann. Der interdisziplinäre Ansatz bezieht sich nicht nur auf die verwandten Geisteswissenschaften, sondern erstreckt sich seit einigen Jahren mit Nachdruck auch auf die Naturwissenschaften, deren Verhältnis zur Literatur derzeit viel Aufmerksamkeit erfährt. Die sogenannten ‚turns' – also die Hinwendung zu einem neuen Fachgebiet und die damit einhergehende Konjunktur desselben – zeichnen sich auch in der Komparatistik ab.

AVL und Komparatistik

Gegenüber der Bezeichnung „AVL" (Allgemeine und Vergleichende Literaturwissenschaft, → KAPITEL 1.2) hat „Komparatistik" den Vorteil, dass der intendierte interdisziplinäre Ansatz mit inbegriffen ist, während AVL die literaturzentrierte Perspektive betont, welche in der Praxis bis heute die meisten komparatistischen Arbeiten prägt, die an literaturwissenschaftlichen Instituten entstehen oder von Literaturwissenschaftlern verfasst werden. In der universitären Landschaft konkurrieren beide Bezeichnungen miteinander; verschiedene Institute präsentieren sich und ihr Studienangebot unter dem einen oder anderen Begriff.

1.2 AVL: Allgemeine und Vergleichende Literaturwissenschaft

Die Komparatistik gehört zu den vergleichenden akademischen Disziplinen. An deutschen Universitäten wird das Fach oft kurz als AVL bezeichnet, gemeint ist die Allgemeine und Vergleichende Literaturwissenschaft (AVL):

Die Allgemeine Literaturwissenschaft beschäftigt sich mit
- wissenschaftstheoretischen und methodischen Grundlagen der Literaturwissenschaft;
- literaturtheoretischen Problemen;
- theoretischen Aspekten literarischer Produktion und Rezeption – jenseits der Partikularität einzelner Nationalliteraturen.

Allgemeine Literaturwissenschaft

Die Vergleichende Literaturwissenschaft
- vergleicht verschiedene Nationalliteraturen, literarische Epochen und Gattungen sowie Einzelwerke und deren Übersetzungen;
- untersucht Wandel und Konstanz literarischer Stoffe und Motive;
- untersucht den Austausch zwischen verschiedenen Kulturen, d. h. sie widmet sich interkulturellen Fragestellungen oder fokussiert Subkulturen innerhalb einer Kultur;
- vergleicht Literatur mit anderen Künsten und mit anderen Medien sowie die Literaturwissenschaft mit anderen Disziplinen.

Vergleichende Literaturwissenschaft

Das Zusammenspiel von Allgemeiner und Vergleichender Literaturwissenschaft lässt sich folgendermaßen beschreiben: Die Allgemeine Literaturwissenschaft zieht Schlussfolgerungen aus den Erkenntnissen vergleichender Analysen; so befördert die Vergleichende Literaturwissenschaft die allgemeine Theoriebildung, während sie zugleich von ihr profitiert, indem sie sich auf allgemeintheoretische Prämissen beruft.

Zusammenspiel beider Bereiche

In der Forschungspraxis muss sich diese Dualität keineswegs immer in gleicher Gewichtung beider Aspekte niederschlagen. In der Lehre wird jedoch an einigen universitären Instituten ein Gleichgewicht angestrebt, indem man Seminare entweder als allgemeintheoretisch oder vergleichend ausweist und den Studierenden nachdrücklich empfiehlt, in beiden Bereichen Leistungsnachweise zu erbringen.

Die zentralen Ziele der AVL sind also eine allgemeine Theoriebildung sowie eine supranationale Systematisierung und Literaturgeschichtsschreibung.

Ziele der AVL

Zu den Grundprinzipien der Komparatistik gehören demnach ein international ausgerichtetes Literaturverständnis (d. h. eine Entgrenzung der Nationalliteraturen), ein stetiger interlingualer, interkultureller Dialog und ein Literaturverständnis, das Literatur nicht als selbstgenügsames System begreift, sondern sie vielmehr in einen intermedialen Austausch involviert sieht. Da der Komparatist das Nationale ständig überschreiten muss, kann man ihn als den Weltbürger unter den Wissenschaftlern bezeichnen (vgl. Corbineau-Hoffmann 2004, S. 12).

Grundprinzipien der Komparatistik

Voraussetzungen des Komparatisten

In der Realität kann der Komparatist natürlich nur eine begrenzte Menge von Fremdsprachen beherrschen und nur von einigen, individuell ausgewählten Literaturen fundierte Kenntnisse besitzen. Wichtig ist jedoch seine Bereitschaft, sich immer wieder auf unbekanntes Terrain zu wagen und seinen Horizont zu erweitern – im vollen Problembewusstsein der eigenen, notwendig beschränkten Vorkenntnisse.

Globalisierung und komparatistisches Forschen

Das Faktum der Globalisierung mitsamt der daraus resultierenden, stetig mehr Bereiche erfassenden Multikulturalität stellt für die Komparatistik eine ideale Forschungsvoraussetzung dar und bietet interessante Gegenstände. Gleichwohl bewirkt es, dass auch die Einzelphilologien notgedrungen, in Anpassung an die gesamtkulturellen Veränderungen, zunehmend komparatistischer arbeiten, sodass die Unterschiede der Disziplinen ‚verschwimmen'. Dies kann die Komparatistik in einen Legitimationszwang bringen, muss es aber nicht. Aus anderer Perspektive betrachtet könnte man prophezeien, dass die Ära der Einzelphilologien zu Ende geht und komparatistisches Forschen für alle selbstverständlich geworden ist: Man denke nur an multilinguale Fächerkonglomerate wie die Romanistik, die Amerikanistik oder die Slavistik, ganz zu schweigen von der Orientalistik, u. a. Tatsächlich spiegelt die Zusammenfassung von Einzelphilologien zu institutionellen Einheiten (seien es Lehrstühle, Institute, Departments oder gar Fakultäten) die komparatistischen Ansätze.

Komparatistik studieren

Heute kann man Komparatistik als Studienfach an vielen deutschen Universitäten studieren: Neben den noch auslaufenden Magisterstudiengängen werden infolge der Studiengangreform vielerorts inhaltlich neu konzeptionierte, modularisierte Bachelor- und Master-Studiengänge angeboten. Mann kann Komparatistik entweder von Anfang an als eigenständiges Hauptfach studieren oder sich später für einen Masterstudiengang entscheiden, der auf einen Bachelorabschluss in einer Einzelphilologie oder in anderen verwandten geisteswissenschaftlichen Fächern aufbaut (→ KAPITEL 14).

1.3 Prinzip und Praxis des Vergleichens

Sämtliche Arbeitspraktiken, die man als Komparatist bereits während des Studiums anwenden muss, basieren auf dem Prinzip des Vergleichs. Aber auch im Rahmen diverser anderer Fächer – nicht zuletzt in einzelnen Philologien, wie der Germanistik – bilden vergleichende Analysen einen wichtigen Teil der wissenschaftlichen Praxis, das heißt komparatistisches Arbeiten ist omnipräsent (vgl. Kaelble/ Schriewer 2003). Man bedenke nur, abstrakt gesprochen, dass jegliche Bewertung einzelner neuer Phänomene über den Vergleich mit Vorgängigem erfolgt und diese Denkfigur allen historischen und systematischen Ordnungen, mit deren Hilfe wir die Welt begreifen, zugrunde liegt. Insofern ist das Vergleichen eine hermeneutische Grundoperation (vgl. Birus 1999). Der vergleichende Blick kennzeichnet übrigens nicht nur die Rezipienten, sondern auch die Produzenten, misst sich doch jeder kreative Akt am bereits Existenten. Konkret auf die Literatur bezogen heißt das, dass jeder Text vom Selbstvergleich seines Autors mit anderen geprägt ist (vgl. Brockmeier 2003, S. 353).

Der vergleichende Blick

Deshalb kann es nicht schaden, sich das an den Vergleich gebundene Erkenntnisinteresse bewusst zu machen. Das Missverständnis, das der sprichwörtlichen Warnung vor dem Vergleich von Äpfeln mit Birnen (→ ABBILDUNG 1) oder dem schwer übersetzbaren französischen Sprichwort „Comparaison n'est pas raison" (Der Vergleich ist nicht vernünftig, vgl. Étiemble 1963) zugrunde liegt, mag mit der Mehrdeutigkeit des Begriffs zu tun haben. ‚Vergleich' meint in der Komparatistik weder Gleichheit noch Ausgleich – die zwei Bedeutungsvarianten, die in Grimms Wörterbuch mit der dritten, für uns relevanten konkurrieren –, sondern eben eine „nebeneinanderstellung, aus welcher ähnlichkeiten erkannt werden können" (Grimm 1956, Sp. 448). Automatisch treten dabei auch Unterschiede zutage, die den Komparatisten ebenso interessieren. Aufgrund seiner erkenntnisstiftenden Leistung ist der Vergleich Teil der Findungslehre, die auch als Heuristik bezeichnet wird.

Heuristik des Vergleichs

Strukturell besteht jeder Vergleich aus mindestens zwei Vergleichselementen, nämlich den *comparata* (genauer: *comparandum* und *comparatum*), sowie dem *tertium comparationis* als der gemeinsamen Qualität (vgl. Zelle 2005). Letztere Gemeinsamkeit muss erkannt werden, und sie sollte eine sinnvolle Gegenüberstellung ermöglichen. Dies ist vor allem dann der Fall, wenn der Vergleich eben nicht zum Selbstzweck stattfindet – etwas, worauf es lohnt, bei komparatistischen Hausarbeiten besonders zu achten (→ KAPITEL 14.3). Für Gottfried Wilhelm Leibniz bedeutet vergleichen [im Original Latein: *comparare*] „betrachten, worin zwei [Dinge] übereinstimmen und sich unterscheiden. So kann aus der Erkenntnis des einen das andere erkannt werden" (Leibniz 1903, S. 496, Übersetzung der Verf.). Im Spektrum literaturwissenschaftlicher Methoden handelt es sich also um das Gegenteil von einer werkimmanenten Interpretation, die das

Tertium comparationis

partikuläre Werk allein aus sich selbst erklärt und nicht darüber hinaus blickt.

Erkenntnisziele

Je nach Fragestellung und Ausgangshypothesen kann sich das Erkenntnisziel einer vergleichenden Studie vorrangig entweder auf Ähnlichkeiten oder auf Unterschiede richten. Während die eine Studie beispielsweise zeigen möchte, dass ähnliche extra- oder innerliterarische Bedingungen (wie ein vergleichbarer soziopolitischer Hintergrund oder der Rekurs auf dieselben literarischen Vorbilder) trotz unterschiedlicher kultureller Hintergründe ähnliche Literatur hervorbringt, ohne dass ein direkter Austausch bestünde, will die andere Studie gerade demonstrieren, wie sehr sich selbst zeitgleich entstandene Werke in ästhetischer oder kultureller Hinsicht unterscheiden können oder wie stark die Auffassungen von Autorschaft und literarischem Werk historischem Wandel unterliegen. Manche Studien versuchen, transkulturelle oder transhistorische Zusammenhänge zu rekonstruieren, andere hingegen, die Singularität eines Phänomens zu profilieren.

Äquivalenter ...

Dient der Vergleich primär der Feststellung von Gemeinsamkeiten, so kann man präzisierend von einem ‚äquivalenten Vergleich' sprechen. Dabei hilft ein Oberbegriff, den Ausgleich herzustellen mit dem Ziel, diesen Oberbegriff mittels der vergleichenden Studie neu zu definieren. Wer zum Beispiel den pikaresken Roman untersucht, der sich im 16. Jahrhundert in Spanien herausgebildet hatte und Nachfolger in England, Frankreich und Deutschland fand, stößt schnell auf die Gemeinsamkeit, dass in der Regel ein Ich-Erzähler eine lasterhafte Lebensgeschichte erzählt, beginnend mit der Geburt.

... und kontrastiver Vergleich

Dient der Vergleich hingegen primär der Feststellung von Unterschieden, spricht man von einem ‚kontrastiven Vergleich' (vgl. Lamping 2007, S. 221). In diesem Fall, um beim Beispiel des pikaresken Romans zu bleiben, geht es darum, die unter dem Oberbegriff versammelten Romane historisch oder kulturspezifisch zu differenzieren. Charles Sorels *Francion* von 1623 (dt. 1662) war zwar ein Vorbild für Hans Jakob Christoffel von Grimmelshausens *Simplicissimus Teutsch* (1668), jedoch bestehen zwischen beiden Romanen Unterschiede in der moraltheologischen Rechtfertigung des Lachens sowie in der Erzählperspektive.

Genetischer ...

Da Vergleiche unterschiedlichster Natur sein können, wurden mehrfach Bemühungen unternommen, die Möglichkeiten komparatistischen Arbeitens zu systematisieren. Am bekanntesten ist die Unterscheidung zwischen ‚genetischem' und ‚typologischem' Vergleich (vgl. Zima 2011, S. 105–182). Der genetische Vergleich untersucht

Ähnlichkeiten, die durch Kontakt, d. h. im Sinne von Peter V. Zima durch direkten oder indirekten Einfluss entstanden sind. Dies zeigt sich etwa an dem Umstand, dass aus der Lektüre von Homers *Ilias* (seit 600 v. Chr. bezeugt) und Vergils *Aeneis* (29–19 v.Chr.) eine breite Epentradition hervorgegangen ist, die den Vergleich der sie konstituierenden Werke herausfordert. Der typologische Vergleich fokussiert dagegen Ähnlichkeiten, die (ohne Kontakt) durch ähnliche Produktionsvoraussetzungen entstanden sind. Auch hier regt die Gattung des Epos zu Vergleichen an, da in fast allen Kulturen Epen erhalten sind, die trotz gegenseitiger Unkenntnis motivische und strukturelle Ähnlichkeiten aufweisen. Dieses duale Modell basiert zum einen auf der Differenzierung zwischen bloßen „Analogien" und „Kontakt", wie sie der russische Germanist und Komparatist Viktor M. Žirmunskij vorschlug, streng zwischen typologischen Analogien und literarischen Einflüssen unterscheidend (→ KAPITEL 3.2):

... und typologischer Vergleich

> „Eine auf internationale Beziehungen zurückgeführte Ähnlichkeit literarischer Fakten kann einmal auf einer *Analogie* der literarischen und sozialen Entwicklung der Völker, zum anderen aber auch auf einem kulturellen oder literarischen *Kontakt* beruhen" (Žirmunskij 1973, S. 105).

Zum anderen beruft sich Zimas Modell auf eine feingliedrigere Typologie, die der Komparatist Manfred Schmeling Anfang der 1980er-Jahre vorgeschlagen hat. Darin wird mitunter auch der „direkte genetische Bezug" bloßen „Kontextanalogien" gegenübergestellt. Zwischen diesen beiden Typen unterscheidet Schmeling Mischformen, für die der genetische Zusammenhang weniger wichtig ist als außerliterarische Gemeinsamkeiten, die aus dem historischen Prozess resultieren. Beispielsweise bestehen zwischen Gotthold Ephraim Lessings *Miss Sarah Sampson* (1755) und George Lillos *The London Merchant* (1731) über den Einfluss hinausgehende gesellschaftspolitische Gemeinsamkeiten, die beide Dramen unter dem Begriff des Bürgerlichen Trauerspiels zusammenführen. Des Weiteren nennt Schmeling den ahistorischen, nach strukturellen Gemeinsamkeiten und Unterschieden suchenden Vergleich, für den auf die Rhetorik und die Linguistik zurückgegriffen wird, sowie den literaturkritischen Vergleich, der Werke vor einem übergreifenden Bewertungsmaßstab (z. B. dem Humanismus) miteinander verhandelt und beurteilt (vgl. Schmeling 1981, S. 11–18). Die Dramatisierungen des Antigone-Stoffes haben Interpreten immer wieder zu ihrem Vergleich in dieser humanistischen Hinsicht herausgefordert.

Mischformen

Strukturvergleich

Literarkritischer Vergleich

Abhängigkeiten und Parallelen

Gemäß dem dualen Modell von genetischer und typologischer Analogie zielt also das Vergleichen auf zweierlei ab: auf den Nachweis direkter Abhängigkeiten und auf die Entdeckung von Parallelen. Folglich treten dadurch entweder historisch-genetische oder systematische Beziehungen zutage.

Das Vergleichen als Leitmethode der Komparatistik

Angesichts des Umstandes, dass in jüngeren Definitionsversuchen des Faches Komparatistik „der Vergleich tatsächlich kaum noch eine Rolle" (Lamping 2007, S. 217) spiele, die Komparatistik also mit der vergleichenden Methode wie noch im 19. Jahrhundert nicht mehr identisch gesetzt wird, ist die Rechtfertigung der vergleichenden Methode als der heuristischen Leitmethode umso notwendiger geworden. Sicherlich findet sich der Vergleich als abstrakte Methode in anderen Wissenschaften: In jeder Nationalphilologie wird verglichen, aber ebenso in anderen Geisteswissenschaften und in den Naturwissenschaften. Umgekehrt stehen der Komparatistik neben der Analyse, der empirischen Statistik, der Werkinterpretation und der historischen Rekonstruktion verschiedene Methoden zur Verfügung, die miteinander kombiniert werden (vgl. Lamping 2007, S. 222). Aber letztlich zeichnet sich die komparatistische Disziplin gegenüber ihren Nachbardisziplinen durch die Fähigkeit aus, den Vergleich verschiedener Gegenstände als eine leistungsstarke Erkenntnismethode anzuwenden, der die anderen Methoden zuarbeiten. Das Vergleichen als Leitmethode aufzugeben, hätte auch Folgen für den Gegenstand des Faches, der Weltliteratur, die selbst gemäß einer ihrer Definitionen ein Produkt des Vergleichs ist (→ KAPITEL 2.3).

Idealerweise erschließen sich aus dem Vergleich des Partikulären darüber hinausgehende größere Zusammenhänge. Deshalb kann man mit dem Philosophen und Wissenschaftstheoretiker Wilhelm Dilthey die komparativen Wissenschaften als Brücke zwischen den individualisierenden und den generalisierenden Wissenschaften verstehen (vgl. Lamping 2007, S. 221). Eben hierin wird nun wieder die Beziehung zwischen Vergleichender und Allgemeiner Literaturwissenschaft sichtbar, denn die besagten Generalisierungen befördern die Theoriebildung.

Zusammenfassung

Zusammenfassend kann man also sagen: „Vergleich" meint Feststellung von Unterschieden und Gemeinsamkeiten mit dem Ziel, die jeweilige Eigenart der verglichenen Phänomene herauszustellen und das Verhältnis der beiden ebenso wie das darin enthaltene Allgemeine zu erkennen. Der Vergleich hat grundlegende Funktion für ästhetische Urteilsbildung.

Konkret umgesetzt bedeutet dies in der Komparatistik: Verglichen werden Texte aus verschiedenen Literaturen bzw. Kunstwerke aus verschiedenen Kulturen, die (aufgrund intendierter oder nicht intendierter Bezüge) historisch oder systematisch miteinander in Zusammenhang gebracht werden können. Hinzu kommen über Einzelphänomene hinausgehende Epochen-, Gattungs-, Künstevergleiche etc. Die Praxis des Vergleichens etablierte sich lange vor der Institutionalisierung des Faches Komparatistik. Denn wiewohl die Komparatistik eine relativ junge Wissenschaft ist, beschäftigt man sich mit ihren Gegenständen und Fragestellungen schon seit der Antike (→ KAPITEL 2).

Fragen und Anregungen

- Skizzieren Sie den Gegenstandsbereich der Komparatistik, bestehend aus den beiden Teilbereichen „Allgemeine" und „Vergleichende" Literaturwissenschaft.
- Wichtigste Denkfigur der Komparatistik ist der Vergleich. Erläutern Sie Sinn und Zweck des Vergleichens.
- Worin besteht der Unterschied zwischen dem typologischen und dem genetischen Vergleich?

Lektüreempfehlungen

- **Hendrik Birus: Komparatistik**, in: Klaus Weimar (Hg.), Reallexikon der deutschen Literaturwissenschaft, Bd. 2, Berlin/New York 2000, S. 313–317. *Dieser Artikel versammelt Definitionsversuche des Faches Komparatistik und informiert über die Methodik des Vergleichens.*
- **Peter Brockmeier: Der Vergleich in der Literaturwissenschaft**, in: Hartmut Kaelble/Jürgen Schriewer (Hg.), Vergleich und Transfer. Komparatistik in den Sozial-, Geschichts- und Kulturwissenschaften, Frankfurt a. M. 2003, S. 351–366. *Der Aufsatz stellt auch einen Zusammenhang her zwischen dem Vergleich als Mittel der literarischen Produktion und Erneuerung sowie als wissenschaftlicher Methode.*

- G.[ünter] Schenk / A.[ndrej] Krause: [Art.] **Vergleich**, in: Historisches Wörterbuch der Philosophie, herausgegeben von Joachim Ritter, Bd. 11, Darmstadt 2001, Sp. 676–679. *Der Artikel nennt überblicksartig wichtige Positionen zum Vergleichen und dem Vergleich aus der Philosophie von der Antike bis zur Gegenwart.*

- George Steiner: **Was ist Komparatistik?**, in: ders., Der Garten des Archimedes, München 1996, S. 115–140. *Es handelt sich hierbei um Steiners Oxforder Antrittsvorlesung von 1994, die das komparative Verfahren als Prinzip aller Literaturbetrachtung entwickelt.*

- Carsten Zelle: **Komparatistik und comparatio – der Vergleich in der Vergleichenden Literaturwissenschaft. Skizze einer Bestandsaufnahme**, in: Komparatistik 2004/2005, S. 13–33. *Analytischer Beitrag zur Methodik des Vergleichens mit Berücksichtigung aller wesentlichen Begriffe.*

2 Die Tradition des literarischen Vergleichens

Alexander Nebrig

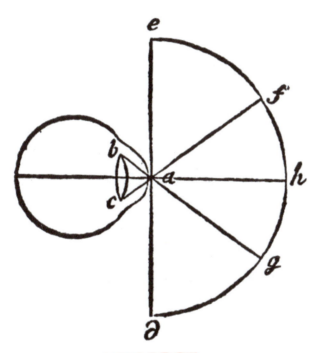

Abbildung 2: Gesichtskreis, aus: Johann George Sulzer: Allgemeine Theorie der Schönen Künste (1771)

Das Schema des Blickfeldes, wie es in Johann George Sulzers „Allgemeiner Theorie der schönen Künste" abgebildet ist, erinnert daran, dass Wahrnehmung perspektivisch und begrenzt ist. Inwiefern Wissen und Sehen miteinander verbunden sind, bringt das Wort Gesichtskreis zum Ausdruck, das der Dichter Philipp von Zesen im 17. Jahrhundert als Äquivalent für das griechische ‚Horizont' prägte. Das Wort Horizont leitet sich ab aus dem griechischen Verb für begrenzen (horízein). Der Terminus bezeichnet die Grenze, die man am Ende des Blickfeldes sehen kann und die vornehmlich der Orientierung im Raum dient: die Grenze zwischen Himmel und Erde bzw. zwischen Himmel und Wasser (Kimmlinie). Von hier ausgehend fand das Wort Verwendung für abstrakte Bereiche, sodass sich die Begriffe ‚Gesichtskreis' bzw. Horizont inzwischen auf sämtliche Wissensgebiete beziehen, um anzuzeigen, wo die Grenze zwischen Wissen und Nichtwissen verläuft.

Der Blick zurück in die Vergangenheit zeigt die Entwicklung, welche die Praxis des Vergleichens seit den Anfängen schriftlicher Kultur bis zu ihrer wissenschaftlichen Disziplinbildung als Komparatistik genommen hat. Zugleich klärt er über die eigenen Lern-, Lehr- und Forschungsinteressen auf. Im Lichte des historischen Horizonts gewinnt die komparatistische Praxis erst das Problembewusstsein, das eine Orientierung in den Weiten des Wissensraums ermöglicht, den eigenen Standpunkt festigt und das Urteilsvermögen schärft. Gegenstand des folgenden Kapitels bildet die Praxis des literarischen Vergleichens in vorwissenschaftlichen Formen, die sich hauptsächlich dadurch kennzeichnen, dass sie wertend sind. Erst mit der Romantik, in der zugleich die Komparatistik als wissenschaftliche Disziplin begründet wird, werden nicht wertende Formen des Vergleichens möglich und der wertende Vergleich wandert ab in das Gebiet der Literaturkritik.

2.1 **Der Vergleich als Wettstreit in der Antike**
2.2 **Die Autorität des antiken Modells in der Neuzeit**
2.3 **Das Ende des wertenden Vergleichs**

2.1 Der Vergleich als Wettstreit in der Antike

Die Griechen hatten eine Vorliebe für den Wettstreit (Agon). Der Erfindung des sportlichen Wettkampfs in Olympia korrespondiert auf musischer Ebene der Dramenwettstreit, der im fünften vorchristlichen Jahrhundert Bestandteil der Großen Dionysien wurde. Zu Ehren des Gottes Dionysos hielt man in Athen im Frühjahr Tragödien- und Komödienwettstreite ab: Fünf Komödien verschiedener Autoren standen zur Wahl, im Anschluss wurde über die sogenannte Tetralogie eines Autors entschieden, die aus einer Trilogie von Tragödien und einem Satyrspiel bestand.

Der Agon als Prinzip

Die Kunst des Streitens (Eristik) fand auch Eingang in die griechische Literatur, die einen „Hang zu Dialektik und Eristik, die Freude am Spalten, Zerlegen, Sondern, am Begrenzen und Bestimmen, am Entzweien und Vereinen" zeigt (Focke 1923, S. 362). Von diesem agonalen Verständnis geleitet war gleichfalls die literarische Kritik. Ein wesentlicher Unterschied gegenüber der wissenschaftlichen Praxis des Vergleichens liegt im ab- bzw. aufwertenden Moment begründet, was aus heutiger Sicht als unwissenschaftlich gilt. Dieses wertende Moment steckt auch im griechischen Wort für das Vergleichen: *sýnkrisis*. Bis weit ins 18. Jahrhundert steht der literarische Vergleich im Zeichen der Synkrisis. Gemeint ist damit ein Urteil, das sich eindeutig zugunsten der einen und gegen die andere Sache entscheidet.

Synkrisis

Die Synkrisis betrifft nicht nur die Formen der literarischen Kritik, sondern begegnet auch als literarisches Motiv. Eine mythologische Ursprungsszene des wertenden Vergleichs ist die Parabel von Herakles am Scheideweg (überliefert in Xenophons *Memorabilien* 2,1, 21–34). Der antike Halbgott traf an einer Weggabelung auf zwei Frauen, die allegorisch für die Tugend (*areté*) und die Lust (*hedoné*) stehen. Letztere versprach ihm ein Leben in Glückseligkeit, die erste hingegen einen beschwerlichen Weg und ein Leben im Leiden; dafür aber sei ihm die Achtung der Menschen und Götter gewiss. Herakles wog beides gegeneinander und entschied sich für die Tugend, was ihm einen guten Ruf bei den Menschen einbrachte. Auch zahlreiche von Aesops berühmten Fabeln sind als Vergleich zweier Prinzipien konzipiert, die in Naturerscheinungen oder Tieren Gestalt gewinnen: *Der Winter und der Frühling*, *Der Wolf und das Lamm*, *Das Schilfrohr und der Ölbaum*. Aus der moralistischen Dichtung sind sogenannte Typenagone bekannt, die jeweils ein positives und ein negatives Beispiel kontrastieren.

Literarisches Motiv

Lobrede

Ihren systematischen Ort hat die Synkrisis innerhalb der Rhetorik, wo sie ein wichtiges Element der Lobrede (Enkomion) ausmacht. Dort besitzt der Vergleich die Funktion, das zu Lobende durch Bezug auf ein Beispiel aus Geschichte oder Mythos aufzuwerten. Ist der Vergleich in der *Rhetorik* des Aristoteles (Aristoteles 1999, S. 47f. [1368a]) eine Figur der Auffüllung (lateinisch *amplificatio*) und dient der Argumentation, so dient er in der Lobrede vornehmlich der Charakterisierung. Die enkomiastischen Vergleiche besitzen topischen Charakter, sind also nie originell. In den antiken Rhetorenschulen erlangte diese Art der Vergleichung als Teil der Vorübungen (*progymnasmata*) bildungsgeschichtliche Bedeutung. Zu ihnen zählen Vergleiche historischer Personen oder mythischer Helden, aber auch Vergleiche zwischen Pflanzen oder zwischen Schifffahrt und Ackerbau. Personenvergleiche wurden nach folgendem Schema aufgebaut: Heimat, Herkunft, Erziehung, Handlung, Tod.

Autorenvergleiche

Die vergleichende Literaturkritik im eigentlichen Sinn beginnt mit der Gegenüberstellung von Homer und Hesiod ab dem 5. vorchristlichen Jahrhundert. Der Vergleich ihrer epischen Dichtungen prägt die Literaturkritik der griechischen Antike. Die Dichter werden vornehmlich hinsichtlich ihrer ethischen Vorbildlichkeit analysiert (so z. B. bei Platon), es wird diskutiert, inwiefern die Dichtung das Gute befördert und erzieherisch brauchbar ist. Daneben gewinnt der Vergleich der griechischen Tragiker weite Verbreitung. Wenn es um den Nachweis geht, welcher der drei Tragiker Aischylos, Sophokles und Euripides einen Stoff besser behandelt habe, dann korrespondiert diese Form der Kritik mit den agonalen Entstehungsbedingungen der dramatischen Dichtung (s. o.). Auch in der Komödie bleibt das Wettkampfprinzip maßgeblich, beliebt sind Vergleiche der Rivalen Menander und Philemon. Solche dramatisierten Gegenüberstellungen treten in der Literaturgeschichte immer wieder auf.

Aristophanes: Frösche

Ein berühmtes Beispiel sind die *Frösche* (griechisch *Bátrachoi*) des Aristophanes. Darin streiten die Tragödiendichter Aischylos und Euripides um den Titel des besten Tragödienschreibers. Euripides beansprucht den Titel:

„Der Ehrensitz ist mein, ich lass' ihn nicht;
Nicht er, ich bin der Meister der Tragödie!"
(Aristophanes 1845, Bd. 1, S. 176)

Nach heftigsten Wortgefechten holt Aischylos die Waage:
„Ich hab' auch genug!
Zur Waage führ' ich jetzt ihn noch: *sie* wird
Allein entscheiden über unsre Kunst,

Kund gebend, was ein Wort von jedem wiege"
(Aristophanes 1845, Bd. 1, S. 200).
Dionysos, der entscheiden soll, ist ratlos:
„So kommt, da ich zu guter Letzt wie Käs
Auswägen soll so großer Dichter Kunst!"
(Aristophanes 1845, Bd. 1, S. 200)
Am Ende siegt der ältere der beiden Tragiker, Aischylos, und dies ist ein Urteil auch gegen die moralisch zwielichtige moderne Welt des jüngeren Euripides.

Einen zentralen Gegenstand der vergleichenden Literaturkritik stellen bis weit in die Neuzeit Rednervergleiche dar. Unter den stilcharakterologischen Untersuchungen ist die Abhandlung *Über die Rednergewalt des Demosthenes vermittelst seiner Schreibart* des Grammatikers Dionysios von Halikarnass ein Musterbeispiel vergleichender rhetorischer Kritik: Sie gibt eine Lebensbeschreibung und geht auf den Wortgebrauch ein; anhand von Vergleichen gegenüber anderen Rednern wird das Gemeinsame und Trennende herausgearbeitet mit der Absicht, die Überlegenheit des Demosthenes gegenüber den anderen attischen Rednern zu erweisen. An diesem Beispiel wird deutlich, dass die Vergleiche auch zur Kanonisierung der Autoren beitragen sollten. Ganz im Sinne des antiken Wettkampfgedankens stiegen die Chancen jener Autoren, tradiert zu werden, die in den vergleichenden Kritiken der Philologen als ‚Sieger' hervorgegangen waren.

> Redner im Vergleich

Die lateinische Literatur hat als Äquivalent für die griechische *sýnkrisis* die *comparatio* eingeführt. Insofern die lateinische Literatur vornehmlich aus der Nachahmung und Übersetzung der griechischen Literatur hervorgegangen war, verwundert es nicht, dass römische Autoren ihr Verhältnis zum griechischen Vorbild in diversen Vergleichen ausgelotet haben. Der Epiker Ennius vergleicht sich zu Beginn des Epos *Annales* mit Homer. Cicero stellt in seinem Dialog *De natura deorum* (*Vom Wesen der Götter*) griechische und römische Philosophen gegenüber und Horaz fordert in *De arte poetica* (Horaz 2002, S. 6f.) nachdrücklich das Lesen der griechischen Vorbilder, insbesondere Homers (→ KAPITEL 8.2).

> Griechen vs. Römer

Die Gegenüberstellung griechischen und römischen Wesens kulminiert bei Plutarch. Mit dessen sogenannten *Parallelbiographien* (*Bíoi parálleloi*) vom Beginn des zweiten nachchristlichen Jahrhunderts, welche 23 berühmte Männer der griechischen und römischen Geschichte zusammenführen, erreichte die Parallele als literarische Gattung einen Höhepunkt. Plutarch unterliegt dabei einem hohen Gat-

> Plutarchs *Parallele*

tungsbewusstsein, welches sich in der griechischen Literatur in Jahrhunderten ausgebildet hatte. Wie der Name besagt (griechisch *para* = gegen, *allelos* = einander), werden in der Parallele zunächst zwei Sachen ‚gegeneinander' gestellt, um am Ende vergleichend (d. h. synkritisch) bewertet zu werden. Für die Literaturgeschichte bedeutsam ist dabei Plutarchs Vergleich zwischen den beiden größten Rednern der Antike: dem Griechen Demosthenes und dem Römer Cicero. Auch verfahrenstechnisch bleibt die Vergleichung ein Produkt der Rhetorik. Antithetisch zugespitzte Urteile, die Topik der Herkunft, der Umstände, das Fazit deuten auf die rhetorische Schultradition des Vergleichens hin (vgl. Focke 1923, S. 354–358).

2.2 Die Autorität des antiken Modells in der Neuzeit

Eine für den literarischen Vergleich neue Situation trat in dem Moment ein, als die Antike im Ganzen (griechisch und römisch) der eigenen Gegenwart gegenübergestellt wurde. Dieser Prozess begründete die Renaissance, die zugleich eine wetteifernde Nachahmung mit der Antike forcierte. Ein maßgebliches Produktionsprinzip, das von der Renaissance bis (mindestens) ins 18. Jahrhundert hinein in der Poesie wirksam blieb, stellt die *aemulatio* dar: Als eine Form der Nachahmung literarischer Vorbilder basiert die *aemulatio* auf dem Gedanken, das ‚Original' hinsichtlich der literarischen Darstellungsmöglichkeiten zu überbieten. Hieraus erklärt sich z. B. das Vorhandensein zahlreicher neuzeitlicher Nachahmungen antiker Tragödien oder die Wiederaufnahme von Mythen und Stoffen. Die *aemulatio* kann in gewisser Hinsicht als poetischer Vergleich bezeichnet werden.

<small>Aemulatio</small>

Mit der Wiedergewinnung der Antike lebte außerdem die vergleichende Literaturkritik wieder auf. Die Nachahmung der antiken Vorbilder machte auch die Übernahme ihrer Kritik in methodischer und inhaltlicher Hinsicht erforderlich. Iulius Caesar Scaligers *Criticus*, das fünfte Buch seiner bis ins 18. Jahrhundert für ganz Europa maßgeblichen Poetik (*Poetices libri septem*, 1561), bildet dabei qualitativ und quantitativ den Maßstab und zugleich eine Synthese der vergleichenden Kritik in der Renaissance.

<small>Die Kritik in der Renaissance</small>

Das fünfte Buch (liber V) widmet sich ausschließlich der vergleichenden Kritik. Gleich zu Beginn wird der Zusammenhang von Nachahmung und ihrer Beurteilung erläutert. Da Literatur im Verständnis der Renaissance Nachahmung von literarischen Mustern (*imitatio auctorum*) ist, bedarf die Kritik notwendig einer vergleichenden Beurteilung. Als vorbildlichste analysiert Scaliger die Nachahmung der griechischen Literatur durch die Römer. Die epische Gattung steht als Leitgattung im Zentrum seiner Aufmerksamkeit. Bis in die Aufklärungsepoche hinein werden an ihr, aber auch an der Tragödie, zentrale poetologische Diskussionen geführt (Kappler 1976, S. 152–170). Scaligers Vergleich der wichtigsten Vertreter des Epos – des Griechen Homer und des Römers Vergil – läuft darauf hinaus, Vergils *Aeneas* zum Maß nicht nur der epischen, sondern der gesamten Poesie zu erheben. Die Ursache sieht Scaliger darin, dass Homer ohne künstlerische Formung geblieben sei: Homers Begabung sei sehr groß, seine Kunst aber von der Art, dass er sie eher erfunden als sorgfältig ausgearbeitet zu haben scheint. Deshalb finde sich bei ihm zwar eine Art Urbild der Natur, jedoch keine künstlerische Formung. Noch bei dem antiken Kritiker und Rhetoriker Quintilian (*Institutio oratoria* 10, 1, 86) wurde der Vergleich nicht in dieser Ausschließlichkeit geführt: Homer wurde zwar weniger kunstvoll gewertet, die Kunsthaftigkeit aber wurde ihm nicht abgesprochen. Scaliger spitzt also zu, wenn er schreibt:

Scaligers Homer-Vergil-Vergleich

„Vergil aber führte die Kunst, die von jenem [Homer, Anm. d. Verf.] in rohem Zustand auf ihn kam, durch sein Streben nach stärkerer ausgewählter Natur und durch sein künstlerisches Urteil auf den höchsten Gipfel der Vollendung." (Scaliger 1998, Bd. IV, S. 47)

Scaliger belegt seine These, Vergil sei kunstvoller mit der Sprache umgegangen, in einer umfangreichen Gegenüberstellung einzelner Verse. Gleich zu Beginn verurteilt er Homers Gebrauch der Beiwörter bzw. Attribute. Wenn zum Beispiel Achill, als er gerade weint, als „schnellfüßig" bezeichnet wird, sei dies „frostig, kindisch oder fehl am Platze." (Scaliger 1998, Bd. IV, S. 65) Vergils Bezeichnung des Aeneas als „Vater" sei hingegen folgerichtig: „Da man nämlich Jupiter deshalb als Vater verehrt, weil [...] alle Geschlechter auf ihn zurückgeführt wurden, so nennt er Aeneas ‚Vater', weil er der Ursprung der Römer war" (Scaliger 1998, Bd. IV, S. 65). Ein solcher Vergleich wäre nach heutiger Erkenntnis nicht mehr möglich. Man würde Scaliger entgegenhalten, dass Homers formelhafter und anscheinend unüberlegter Gebrauch der Beiwörter aus der mündlichen Tradition herrührt, der sein Epos entstammt. Formelhafte Elemente haben in mündlicher Dichtung auch die Funktion, den Text besser memorieren zu können. Vergil dagegen kann bereits als Dichter eines allein aus der Schriftlichkeit entstandenen ‚Buchepos' semantisch viel

Homers Beiwörter

bewusster mit den Beiwörtern umgehen. Niemand würde heute mehr wie Scaliger argumentieren, aber bis ins 18. Jahrhundert wirkte sein Urteil fort mit der Folge, dass sich die Dichter vornehmlich an Vergil orientierten. Scaligers vergleichende Tätigkeit machte die intertextuellen Beziehungen zwischen der griechischen und lateinischen Literatur sichtbar. Die zahlreichen Belegstellen, aber auch die sich anschließenden Gegenüberstellungen anderer Autoren und ihrer verschiedenen Bearbeitungen einzelner Motive und Stoffe sind eine Fundgrube für spätere Dichter und Kritiker gewesen. Der Vergleich mit der volkssprachlichen Literatur hatte allerdings noch keinen Platz darin.

<small>Vergil als Stilideal</small>

Seit der Renaissance wurde es notwendig, das historisch Verschiedene herauszustellen, um die Bedeutung und die Besonderheit einer Nationalliteratur zu profilieren. Verbunden ist dies mit einer vergleichenden Betrachtung der Sprachen, vor allem der Volkssprachen mit dem Lateinischen. Damit hatte Dante Alighieri um 1300 begonnen und in *De vulgari eloquentia* die Bedeutung der aus dem Vulgärlatein hervorgegangenen Volkssprache betont. In dieser Schrift leistet Dante neben dem Sprachvergleich auch einen Vergleich unterschiedlicher Stilgrade. Die Gleichsetzung der lateinischen Literatursprache mit den einzelnen Volkssprachen, wie sie in Joachim Du Bellays *Deffence et illustration de la langue françoise* (1549; Verteidigung und Illustration der französischen Sprache) gefordert ist, war für die Entwicklung der europäischen Poesie von großer Bedeutung. Im deutschen Sprachraum betraf sie durch das Wirken Martin Luthers als Bibelübersetzer und Reformator zunächst weniger den poetischen als vielmehr den theologischen Bereich.

<small>Latinität vs. Volkssprache</small>

Dennoch bleibt die antike Literatur, insbesondere die lateinische, als maßgebliche Referenz vergleichender Reflexion sowie der literarischen Produktion bestehen. Der literarische Vergleich mit der antiken Autorität hatte die Funktion, die eigenen, neu und noch nicht kanonisierten Autoren sichtbar und beurteilbar zu machen. Anders gesagt, konnte sich das Eigene erst im Vergleich als literaturgeschichtliche Größe behaupten.

Der stete Bezug auf die antike Autorität führte zur Diskussion, welcher Rang ihr gegenüber der jeweils eigenen Literatursprache zufalle. Es war nur eine Frage der Zeit, bis man die antike Mustergültigkeit in Zweifel zog. Erste Anzeichen eines emanzipatorischen Bewusstseins bildeten Vergleiche mit den sich seit der Renaissance herausbildenden nationalen Literatursprachen. Die zunehmenden Vergleiche der volkssprachlichen Literatur mit ihren antiken Modellen enthielten latent eine Infragestellung der Antike. Sie erlebte einen

Höhepunkt im 17. Jahrhundert in der sogenannten *Querelle des Anciens et des Modernes* (Streit der Alten und der Modernen), einer von Frankreich als dem seinerzeit kulturellen Zentrum Europas ausgehenden Debatte (→ ASB D'APRILE/SIEBERS; ASB MEYER). Der auf breiter Front ausgetragene Streit diskutierte die Mustergültigkeit nicht nur von antiker Literatur, sondern aller antiker Wissenschaften. Der Vergleich mit der Antike, der bis dahin die kulturelle Abhängigkeit von ihr zementieren sollte, diente nunmehr vornehmlich dazu, sich von ihrer Autorität zu lösen. Fontenelles *Digression sur les Anciens et les Modernes* (Ausführungen über die Alten und die Modernen, 1688) und die vierbändige *Parallèle des anciens et des modernes en ce qui regarde les arts et les sciences* (1688–96; Parallele der antiken und modernen Künste und Wissenschaften) von Charles Perrault, dem Auslöser des Antikestreits, zogen in ganz Europa um 1700 vergleichende Studien von Parteigängern der Alten und der Neuen nach sich.

Querelle

Das agonale Moment, das dem Vergleich innewohnt, gewann in der Aufklärung in Form der literarischen Streitschrift neue Aufmerksamkeit. Schon vor der *Querelle* wurden ästhetische Debatten in sogenannten Literaturfehden (vgl. Kappler 1976, S. 135–146) gern fiktionalisiert. Antoine Furetière inszenierte einen Krieg zwischen einer preziös-manieristischen und einer nach rationalen Kriterien verfahrenden Beredsamkeit, auch die *Querelle* selbst wurde umgehend in einer Satire gestaltet (François de Callières: *Histoire poétique de la guerre nouvellement déclarée entre les anciens et les modernes* [1688; Poetische Geschichte des erneut deklarierten Krieges zwischen den Alten und den Neuen]). Jonathan Swifts *The Battle of the Books* (Die Bücherschlacht, 1704) oder der anonym erschienene *Deutsche Dichterkrieg* (1741) übertragen diese Form auch in andere europäische Literaturen (vgl. Hölter 1995).

Literaturfehden

2.3 Das Ende des wertenden Vergleichs

Allein das neue historische Denken beendete den sogenannten Vorzugsstreit bis zum Ende des 18. Jahrhunderts, indem Autoren wie Johann Gottfried Herder jeder Epoche ihr eigenes historisches Recht zusprachen. Ein wichtiges Ergebnis des Vorzugsstreits war, dass der Vergleich mit der Antike nunmehr seiner apologetischen (rechtfertigenden) oder polemischen Funktion entledigt war und für das wissenschaftlich-historische Interesse frei wurde. Die emanzipatorische

Aufklärung

und aufklärerische Bedeutung der *Querelle* betraf mehr noch als die Poesie die Wissenschaften, immerhin wurden vorher auch Geografie, Medizin oder Geschichtsforschung auf der Basis antiker Autoren wie z. B. Plutarch betrieben.

Die im deutschsprachigen Kontext innovativste Vergleichung vor dem Auftreten Gotthold Ephraim Lessings und Johann Gottfried Herders stellt Johann Elias Schlegels *Vergleichung Shakespeares und Andreas Gryphs* (1741) dar. Die Vergleichung betrifft die Gliederung, die Charaktere und die Affekterregung im Drama, Schlegels Hauptkriterium ist die Frage nach der tragischen Wirkung auf den Zuschauer. Von seinem klassizistischen und universalistischen Standpunkt aus weist Schlegel sowohl Shakespeare als auch Gryphius Fehler nach, die er auf den literarischen Geschmack der Zeit zurückführt. Beiden Autoren attestiert er eine schwülstige Darstellung der Leidenschaften und einen übermäßigen Gebrauch der Metaphorik. Zugleich jedoch verschafft Schlegels Vergleichung zwei bis zu diesem Zeitpunkt in Deutschland unbekannten bzw. geschmähten Autoren Geltung. Die Arbeit entstand vor der von Goethe und Herder ausgelösten Shakespeare-Euphorie in den 1770er-Jahren.

Mit Johann Gottfried Herder gewinnen die Literaturkritik und ihre vergleichende Methode in der zweiten Hälfte des 18. Jahrhunderts schließlich eine neue Qualität. Hatte bereits der italienische Philosoph Giambattista Vico zu Beginn des 18. Jahrhunderts ein historisches Denken entwickelt, so trug Herder zu seiner Durchsetzung in hohem Maße bei. Jeder literarischen Erscheinung spricht er ihr eigenes historisches Recht zu. Damit aber erübrigen sich Vergleiche, die nur prüfen, ob die jeweilige Tragödie oder das jeweilige Epos universalen Normen gerecht wird – welche in einem nur scheinbar objektiven Regelkanon festgelegt sind. Ebenso erübrigt sich die gesamte wertende Kritik, wie sie seit der Antike bestand. Als Vorläufer für Herder kann Voltaire gelten, der 1733 im ersten Kapitel zu seinem *Essai sur la poésie épique* (Versuch über die epische Poesie) die Verschiedenheit des literarischen Geschmacks bei den einzelnen Völkern nicht als Abweichung von einer Norm begriff. Herder bringt einerseits das Vergleichen auf ein neues Niveau (besonders in seinen *Briefen zur Beförderung der Humanität* (1793–97; Achte Sammlung, Nr. 107: *Resultat der Vergleichung der Poesie verschiedener Völker alter und neuer Zeit*); andererseits warnt er „am konsequentesten vor dem Vergleich des Unvergleichbaren, des zu weit Auseinanderliegenden, des Beziehungslosen, vor jedem bloß analogischen Vorgehen, das für ihn nicht mehr als ein intellektuelles Spiel mit zufälligen Ergebnissen ist" (Kappler 1976, S. 205). In seiner Schrift *Homer und Ossian* (1795) geht es denn auch gar nicht mehr darum – wie noch in der Antike, Renaissance oder Klassik –, eine Seite zu bevorzugen, sondern das beiden Eigentümliche herauszustellen. Zugleich wird der Vergleich zu einem Reflexionsmedium: Erst die Gegenüberstellung der beiden Vertreter einer ‚Naturpoesie' ermöglicht auch die Reflexion dieses Phänomens in seiner Vielfalt. Herders Liedsammlung *Volkslieder* (1778/79) stellt eine Gründungsleistung der späteren vergleichenden Volksliedphilologie dar. Das bei Herder als *tertium comparationis* wirkende Moment bildet die Schönheit: Sie wird zum maßgeblichen Ziel des Vergleichs erhoben (Kappler 1976, S. 182f.). Herder über Homer und Ossian

Auch der Wettstreit der Künste (Paragone), der bis in die Antike zurückreicht, wird modifiziert. In Lessings *Laokoon oder über die Grenzen der Mahlerey und Poesie* (1766) werden, anders als im Rangwettstreit unter den Künsten der Renaissance, nicht mehr die einzelnen Künste gegeneinander ausspielt, sondern Unterschiede zwischen bildender Kunst und Poesie hinsichtlich ihrer spezifischen Weisen und Mittel der Darstellung erörtert (→ KAPITEL 11). Vergleich der Künste

In der Romantik gelangte das neue wertfreie Vergleichen verschiedener Literaturen mit dem Zweck, sie von ihren eigenen Entstehungsbedingungen her zu begreifen, zum Durchbruch. Den Weg für eine vergleichende Literaturbetrachtung bahnte vor allem August Wilhelm Schlegel in seinen Vorlesungen (*Vorlesungen über schöne Literatur und Kunst*, Berlin 1801–04; *Vorlesung über dramatische Kunst und Literatur*, Wien 1809–11), in denen er Dramen verschiedener europäischer Literaturen miteinander in Beziehung setzte. Friedrich Bouterwecks *Geschichte der Poesie und Beredsamkeit seit dem Ende des XIII. Jahrhunderts* (1801–19) zählt zu den wichtigen multinationalen Literaturgeschichten (vgl. Kappler 1976, S. 122–128). Romantik

Im Zuge dieser Entwicklung erfuhr auch die Tradition der synkritischen Parallele oder *comparatio* eine Umwertung. August Wilhelm Schlegels *Comparaison entre la Phèdre d'Euripides et celle de Racine* (1807; Vergleich zwischen der Phaidra des Euripides und der des Racine) ist ein Angriff auf die hegemoniale Stellung des französisch-klassizistischen Paradigmas in der dramatischen Poesie, zugleich aber macht sie das historische Denken für die literaturkritische Vergleichung fruchtbar und erklärt Unterschiede zwischen der griechischen Tragödie und ihrer französischen Nachahmung sozialhistorisch. Die Argumentation versucht zu zeigen, inwiefern mit der Aufgabe des antiken Schicksalsbegriffes seit der Ausbreitung des Christentums auch Schlegels Comparaison die Nachahmung der antiken Tragödie fragwürdig geworden sei. Jean Baptiste Racines Version der *Phèdre* (1677) etwa stehe im Kontext der christlichen Religion, der mythologische Zusammenhang der Griechen sei aber längst verloren. Der Vergleich führt also zu einer generellen Infragestellung der Wiederaufnahme antiker tragischer Stoffe in der Neuzeit (vgl. Nebrig 2007, S. 108f.). Auch wenn sich im 19. Jahrhundert die Form dieser *comparatio* weiterhin nachweisen lässt, kommt dieses seit der Antike wirksame Genre der rhetorischen Literaturkritik mit Schlegels *comparaison* an ein Ende. Schlegel gelingt es, literaturpolitische Polemik und Wertung mit einer differenzierten Analyse zu verbinden.

Im Zuge der Flüchtlingsbewegung, die seit der Französischen Revolution (1789) von Frankreich nach Deutschland führte, waren viele Franzosen gezwungen, sich mit ihrer neuen Kultur auseinanderzusetzen, zugleich hatten sie einen kritischen Blick auf ihre eigene Nation. Für den Kulturvergleich war diese Situation sehr fruchtbar. Madame de Staëls Buch *De l'Allemagne* (1813; Über Deutschland) ist eine Werbeschrift für die deutsche Kultur in Frankreich und basiert auf einem permanenten Kulturvergleich. Wichtiger aber ist ihre Studie *De la littérature considérée dans ses rapports avec les institutions sociales* (1800; Die Literatur betrachtet in ihren sozialen Verhältnissen), in der sie die Abhängigkeit der Literatur von ihren äußeren Entstehungsbedingungen systematisch vergleichend analysiert. Komparatistische Studien zu einem spezifischen Aspekt sind um 1800 noch äußerst selten, insofern kann Charles de Villers' *Érotique comparée* (1806; Vergleichende Erotik) als originell bewertet werden. Villers kulturvergleichende Praxis korrespondiert mit derjenigen Madame de Staëls. Auch wenn das Erkenntnisinteresse seines Vergleichs nicht die Literatur, sondern die verschiedenen Nationalcharaktere sind, so entnimmt er seine Beispiele sämtlich der Poesie (Kappler 1976, S. 150).

Zwar zeigt sich auch in diesen Beispielen durchaus der Wille, eine Seite gegen eine andere auszuspielen, doch erklärt sich dies aus den apologetischen oder polemischen Absichten der Autoren und nicht so sehr aus der internen Logik der Vergleichung. Seit der zweiten Hälfte des 18. Jahrhunderts fand ein Umbruch statt, den man insofern als einen Fortschritt betrachten kann, als nunmehr der Anspruch hörbar wurde, qua Vergleichung das jedem ästhetischen Gegenstand inne Wohnende vorurteilsfrei darzustellen.

Die allmähliche Loslösung vom synkritischen Prinzip, das in seinem agonalen Bestreben eine Vergleichspartei über eine andere stellen will, zeigt sich auch auf anderen Gebieten. In Goethes Begriff der Weltliteratur (→ KAPITEL 1.1), den er 1827 eingeführt hat, manifestiert sich das Ende der wertenden Kritik, da prinzipiell alle Phänomene gleichwertig miteinander ins Verhältnis treten. Weltliteratur meint bei Goethe ein Medium, in dem sich über die nationalen Grenzen hinweg alle Literatur zusammenführen lässt. Dem korrespondiert, dass Goethe ein „Meister des Vergleichs" (Lamping 2007, S. 219) war. Der Begriff der Weltliteratur ist dabei unter dem Gesichtspunkt des Vergleichens weiterhin von dem seit Herder bekannten Paradox geprägt. Dieser hatte nämlich seine Vergleichsgegenstände als unvergleichlich ausgewiesen. Es ist daher versucht worden, Herders Vergleich zwischen Homer und Ossian als Vorwegnahme des Begriffes der Weltliteratur zu verstehen (vgl. Strich 1957, S. 92f.). Beide Konzeptionen schließen nämlich das Prinzip der Wertung aus. Damit aber stellt sich umso mehr die Frage, wozu überhaupt verglichen werden soll. Herder wie Goethe sehen die Antwort (implizit) darin, dass der Vergleich Medium der ästhetischen Reflexion sei. Weltliteratur entsteht dann allerdings nicht *per se*, sondern erst im Moment der Vergleichung, d. h. wenn konkrete Phänomene in Relation zueinander gesetzt oder auf ihrer Grundlage allgemeine Aspekte erörtert werden.

Weltliteratur als Vergleich

In dem Moment, wo das Vergleichen in eine wissenschaftliche Praxis übergeht, die sich am Objektivitätsideal orientiert, wandert das wertende Moment ab in die Literaturkritik, deren Ort die nichtwissenschaftliche Publizistik oder das Feuilleton ist. Hier werden weiterhin Bücher oder Autoren synkritisch gegeneinander gehalten, um abschließend ein positives und ein negatives Urteil zu fällen. In der Romantik setzt dagegen eine zunehmende Verwissenschaftlichung des literarischen Vergleichens ein.

Wertende Literaturkritik

Fragen und Anregungen

- Was versteht man unter Synkrisis?
- Welche Gattungen wurden in der Antike miteinander verglichen?
- Skizzieren Sie, inwiefern sich die *aemulatio* als ein Vergleich auffassen lässt.
- Wodurch zeichnet sich nach Scaliger der römische Ependichter Vergil gegenüber seinem griechischen Vorbild Homer aus?
- Nennen Sie Beispiele romantisch-vergleichender Literaturkritik.

Lektüreempfehlungen

- **Hendrik Birus: Vergleichung. Goethes Einführung in die Schreibweise Jean Pauls,** Stuttgart 1986. *Ausgehend von Goethes Vergleichung des Jean Paul'schen Stils mit der orientalischen Poesie, insbesondere ihrer Metaphorik, diskutiert die Studie den Vergleich als poetisches und kritisches Verfahren um 1800.*

- **Friedrich Focke: Synkrisis,** in: Hermes 58 (1923), H. 3, S. 327–368. *Immer noch wertvolle Materialsammlung zum synkritischen Verfahren in der griechischen Literatur, die fokussiert ist auf Plutarchs „Parallelbiographien".*

- **Arno Kappler: Der literarische Vergleich. Beiträge zu einer Vorgeschichte der Komparatistik,** Bern 1976. *Kommentierte Materialdokumentation zur Theorie und Praxis des Vergleichens in der Zeit vor der wissenschaftlichen Komparatistik. Von der Antike bis zur Renaissance werden Beispiele vorgestellt. Enthält eine chronologisch aufgebaute Quellenbibliografie (S. 10–32).*

- **C[orneille] H[enri] Kneepkens: comparatio,** in: Historisches Wörterbuch der Rhetorik, hg. von Gert Ueding, Bd. 2, Tübingen 1994, Sp. 293–299. *Artikel, der den Ort des Vergleichens in der Rhetorik bestimmt, mit zahlreichen Literaturangaben.*

- **Carsten Zelle: Comparaison / Vergleichung. Zur Geschichte und Ethik eines komparatistischen Genres,** in: ders (Hg.), Allgemeine Literaturwissenschaft – Konturen und Profile im Pluralismus, Opladen 1999, S. 33-59. *Zelle diskutiert die Frage, was Komparatistik gewesen war, bevor es eine Wissenschaft von ihr gegeben hat, am Genre der Vergleichung bzw. der Parallele seit Plutarchs Parallelbiographien, wobei er zahlreiche Beispiele nennt.*

3 Vergleichen als Wissenschaft: Zur Fachgeschichte

Alexander Nebrig

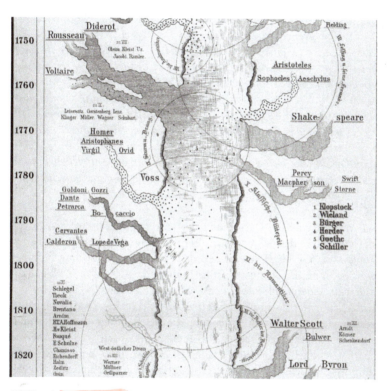

Abbildung 3: Cäsar Flaischlen: Graphische Litteratur-Tafel. Die dt. Litteratur u. d. Einfluss fremder Litteraturen auf ihren Verlauf vom Beginn e. schriftl. Überlieferung an bis heute in graphischer Darstellung, [Ausschnitt 1745–1820] (1890)

Der Ausschnitt aus Cäsar Flaischlens großformatigem Flussdiagramm aus dem 19. Jahrhundert zeigt die ‚Einflüsse', die den Strom der deutschen Literatur um 1800 angereichert haben. Flaischlen greift den alten Vergleich der Poesie mit einem Fluss auf, um literarische Beziehungen zu veranschaulichen, die den Gegenstand der Komparatistik bilden – einer Komparatistik allerdings, wie sie das 19. Jahrhundert konzipiert hatte. Längst ist die genetische Einflussgeschichte an den Rand gedrängt, andere, stärker typologisch und netzartig konzipierte Relationsbegriffe bestimmen das wissenschaftliche Denken des Faches. Noch in anderer Hinsicht ist das Bild überholt. Denn was dieser implizierte Vergleich von Fluss und Poesie nicht zeigt, sind die Felder, die sich an seinem Verlauf angeordnet haben. Der Fluss befruchtet das an ihn grenzende Land. Um die Erträge zu vergrößern, ist eine systematische Bewirtschaftung der Felder wichtig. Wissenschaft zeichnet sich dadurch aus, dass sie ihr Wissen ordnet, indem sie einzelne Gebiete voneinander abgrenzt. Wird ein Forschungsfeld besonders intensiv ‚beackert' – wie etwa zu Beginn des 19. Jahrhunderts die deutsche Sprache und Literatur –, kann sich aus der Praxis eine neue Disziplin bilden wie die Germanistik während der Romantik. Auch die Komparatistik ist eine Disziplin, im Sinne der Metaphorik ein Forschungsfeld, das sich am Fluss der Poesie entlang entwickelt hat. Sie zielt letzten Endes aber auf die Zusammenführung der verschiedenen Teilfelder auf dem Gebiet der Literaturwissenschaft.

Im Anschluss an die Darstellung der vordisziplinären und voruniversitären Praxis des literarischen Vergleichens stehen nun die Bemühungen im Vordergrund, die seit dem 19. Jahrhundert unternommen wurden, um die Komparatistik analog zur Klassischen Philologie und den neueren Philologien als wissenschaftliche Disziplin an den Universitäten zu institutionalisieren. Bis in die Gegenwart lassen sich verschiedene Tendenzen erkennen, die als Paradigmen zeitlich aufeinander folgen, sich aber nicht endgültig ablösen, sondern nebeneinander bestehen bleiben. Dabei ist neben der Überwindung der ‚Einflussgeschichte', die unser Eingangsbild veranschaulicht, die Zurücknahme der literaturgeschichtlichen Kritik ein wesentliches Moment, das seit dem 20. Jahrhundert die Komparatistik bis heute kennzeichnet.

3.1 Ein Universitätsfach entsteht
3.2 Wege aus der (Einfluss-)Geschichte

3.1 Ein Universitätsfach entsteht

Als wissenschaftliche Disziplin ist die Komparatistik in Geschichte und Gegenwart gebunden an nationale Wissenschaftskulturen und politische Entwicklungen. Sie werden im Folgenden zu berücksichtigen sein, um zu erkennen, dass das vergleichende Denken auf dem Gebiet der Literatur nicht losgelöst von ihnen stattfindet. Neben diesen äußeren Faktoren partizipiert die Komparatistik an der Methodengeschichte der Geistes- und Humanwissenschaften, die wiederum in Korrelation zur Methodik der Naturwissenschaften steht. Veranschaulicht werden die Veränderungen anhand von komparatistischen Arbeiten, welche mittlerweile nicht nur klassische Geltung beanspruchen dürfen, sondern darüber hinaus als Modell für das eigene wissenschaftliche Arbeiten vorbildhaft sein können. Geschichte erweist sich als Lehrmeisterin für Gegenwart und Zukunft. Der Rückgang in die Geschichte der Komparatistik, die man im deutschen Sprachraum kurioserweise im siebenbürgischen Klausenburg durch Hugo Meltzls Herausgabe der zehnsprachigen Fachzeitschrift *Acta comparationis* (1877–88) festmachen kann (vgl. Fassel 2005), besitzt damit nicht nur historischen Charakter. Denn der Umstand, dass Meltzls Wissenschaft an den äußeren Grenzen der Vielvölkermonarchie Habsburgs entstand, ist noch gegenwärtig relevant und zeigt, inwiefern kulturelle Grenzerfahrungen für eine literaturwissenschaftliche Komparatistik stimulierend sein können (vgl. Damrosch 2006). In der Fachgeschichte lässt sich die Beobachtung machen, dass komparatistische Impulse oftmals von Wissenschaftlern ausgingen, deren Biografie von der Erfahrung und Auseinandersetzung mit kultureller Fremdheit geprägt ist, sei es durch gezielten Kontakt oder aber negativ durch den Verlust staatlicher Identität. In Frankreich beispielsweise waren es nach 1871 vor allem Elsässer und Lothringer, die für die institutionelle Verankerung der vergleichenden Perspektive einstanden.

<small>Geschichte als Lehrmeisterin</small>

Bevor aber überhaupt erst die Komparatistik als Fach innerhalb des Wissenschaftssystems möglich werden konnte, waren zu Beginn des 19. Jahrhunderts bildungs- und universitätsgeschichtliche Umbrüche vorausgegangen. Der Anfang der Komparatistik als einer wissenschaftlichen Disziplin, der sich in die Romantik zurückverfolgen lässt, ging einher mit dem Ende jenes rhetorisch-wertenden Verfahrens, das seit der griechischen Antike die Vergleichspraxis auf dem Gebiet der Literatur dominierte (→ KAPITEL 2.1). Die in Synkrisis, *comparatio* und ‚Vergleichung' anzutreffende Tendenz der Auf- und Ab-

<small>Anfang der Komparatistik</small>

wertung verschwand nun zugunsten des objektiven Wissenschaftsideals. Das historische Denken verhalf den unterschiedlichsten literarischen Erscheinungen zu ihrem eigenen Recht, der Kanon der Klassiker wurde erweitert, die poetischen Verfahren als vielseitig akzeptiert. Neue Ordnungen wurden um 1800 erforderlich, um das vermehrte Wissen über Literatur zu beschreiben.

Zunahme des Wissens

Wissenschaftliche Disziplinen entstehen, sobald das Wissen auf einem Gebiet zunimmt und widersprüchlich diskutiert wird. Die Disziplin wird institutionalisiert, sobald sie an einer Forschungseinrichtung gelehrt und praktiziert wird. Die Frage nach der Komparatistik als wissenschaftlicher Disziplin stellte sich unweigerlich im Zusammenhang mit der Bildung neuer philologischer Disziplinen bzw. der Reformierung der Klassischen Philologie im 19. Jahrhundert. Doch das neu geweckte Interesse an literarischer Bildung führte hauptsächlich zur gegenseitigen Abgrenzung verschiedener Nationalphilologien bzw. zu disziplinären Zusammenschlüssen genetisch verbundener Sprachen und Literaturen (Germanistik, Romanistik, Slavistik). Die Komparatistik als Disziplin, welche die verschiedenen Nationalphilologien miteinander verbindet und ihnen durch diesen Übertragungsprozess neue Impulse verschafft, entstand in Deutschland erst in der zweiten Hälfte des 20. Jahrhunderts. Zuvor gab es aber vereinzelte Bemühungen – zumeist auf dem Gebiet der vergleichenden Literaturgeschichte und der vergleichenden Poetik –, das Wissen der verschiedenen Literaturen zusammenzuführen. Als grenzüberschreitende Disziplin bildet die Komparatistik eine Art synthetische Gegenbewegung zur wissenschaftlichen Spezialisierung und knüpft damit an die das Ganze der Poesie im Blick habenden Anfänge der modernen Wissenschaft in der Romantik an. Denn obgleich die wissenschaftliche Beschäftigung mit Literatur in der Romantik zunahm, steht die darauf folgende disziplinäre Entwicklung der romantischen, auf Entgrenzung von Wissenschaft, Poesie und Leben abzielenden Programmatik paradoxerweise entgegen.

Die romantische Literaturforschung, repräsentiert von August Wilhelm Schlegel (*Vorlesungen über schöne Literatur und Kunst*, gehalten in Berlin 1801–04; *Vorlesungen über dramatische Kunst und Literatur*, Wien 1809–11), schuf ein Dilemma: Sie öffnete den Blick auf die Literaturen der Welt; im Zuge ihrer Erforschung aber neigte die neue Wissenschaft, die sich mit der Beobachtung der verschiedenen Literaturen befasste, zu einer Vereinseitigung, deren Ergebnis die nationalen Einzelphilologien waren. Die Konzepte der Germanistik, Indogermanistik, Slavistik und Romanistik wollten die Vereinzelung zwar aufheben (so werden etwa die französische, italienische und portugiesische, rumänische und spanische Sprache den aus dem Lateinischen hervorgegangenen romanischen Sprachen zugeordnet und gehören mit ihren Literaturen und Kulturen zur Romanistik) – allerdings nur in klarer Abgrenzung zu anderen Sprachräumen.

Nicht nur auf dem Gebiet der Literatur entstanden im 19. Jahrhundert neue Wissenschaften. Revolutioniert wurde im Zuge der Durchsetzung der empirischen Methode auch die Erforschung der Natur und des Menschen, in der man sich des Vergleichs bediente, um Zusammenhänge sichtbar zu machen. ‚Komparatistik' sowie ‚Vergleichende Literaturwissenschaft' besaßen im frühen 19. Jahrhundert ein Pendant in der Vergleichenden Anatomie, die in Frankreich ihr Zentrum hatte. Georges Cuviers Arbeiten zur vergleichenden Anatomie (*Leçons d'anatomie comparée*, 1798–1805) sind hier beispielhaft (vgl. Corbineau-Hoffmann 2004, S. 84f.; Willer 2011). Die Nähe des sprach- und literaturwissenschaftlichen Denkens zur Biologie zeigt sich in der gleichzeitigen Ausbildung des genetischen Denkens. Ausgehend von der genetischen Aufteilung der Literaturen in Sprachgruppen (‚Familien'), hat sich – etwa bei Franz Bopp und Jacob Grimm – eine besonders rege vergleichende Tätigkeit auf dem Gebiet der Sprachwissenschaft ausgebildet.

Vergleich als Methode

Das Interesse an den nationalen Literaturen und Sprachen sowie an ihrer Vergleichbarkeit war im 19. Jahrhundert eng mit der politischen Frage nach dem Nationalstaat verbunden. Seit dem 19. Jahrhundert, im Zuge der Nationalisierung europäischer Staatlichkeit, gewann die Zugehörigkeit zu einem nationalen Staatenbund für die Identität des Einzelnen existenzielle Bedeutung. Traditionelle Vielvölkerstaaten wie das Osmanische Reich oder die Habsburger Monarchie lösten sich allmählich auf und gingen in Nationalstaaten über.

Vielvölkerstaaten und Nationalstaaten

Analog zu den Konzepten der Nationalliteratur entwickelte sich das Denken der Völkerpsychologie, welche kulturelle Einheiten als unveränderliche Wesenseinheiten postulierte. Wenn demnach die Literatur einer Nation Ausdruck ihres Wesens sei, stehen mit dem Vergleich der verschiedenen Literaturen immer auch die mit ihr korrespondierenden nationalen Identitäten auf dem Spiel (vgl. Fischer 1981, S. 44–51). Im politisch zersplitterten deutschsprachigen Raum, der erst 1871 eine nationalstaatliche Ordnung erhielt, war die Philologie viel zur sehr mit der ideellen Konstruktion der eigenen Nationalstaatlichkeit beschäftigt, was der Ausbildung einer international orientierten Komparatistik sicherlich im Wege stand.

Völkerpsychologie

VERGLEICHEN ALS WISSENSCHAFT: ZUR FACHGESCHICHTE

Vergleichende Poetik

Frankreich dagegen, wo der Universalismus seit dem Rationalismus des 17. Jahrhunderts fester verankert war als in Deutschland, wurde nicht zufällig Entstehungsland der vergleichenden Literaturgeschichte. Von der frühen Institutionalisierung des Faches zeugen die Vorlesungen von Abel François Villemain (*Examen de l'influence exercée par les écrivains français du XVIIIe siècle sur les littératures étrangères et l'esprit européen*, 1828; Untersuchung des Einflusses französischer Schriftsteller des 18. Jahrhunderts auf die fremden Literaturen und den europäischen Geist) und Jean-Jacques Ampères (*De la littérature française dans ses rapports avec les littératures étrangères au moyen âge*, 1832; Von der französischen Literatur in ihrer Beziehung zu den fremden Literaturen des Mittelalters). Aber auch an den deutschen Universitäten, die im 19. Jahrhundert Hochburgen der Philologie waren, befassten sich Wissenschaftler mit der alten und der neuen Literatur, mit komparatistischen Fragen, ohne dass es zu einer Institutionalisierung des Faches in Lehrstühlen und Seminaren gekommen wäre. So hat die Germanistik schnell eine „*Methode der wechselseitigen Erhellung*" (Scherer 1888, S. 67) der Literaturen gefordert, um die Gesetze der Poetik zu verstehen. Wilhelm Dilthey verlangte in den Bausteinen für eine Poetik *Die Einbildungskraft des Dichters* (1887), dass eine empirisch vorgehende Literaturforschung „die Grenzen der bisherigen Literaturgeschichte nirgend respectiren" könne (Dilthey 1887, S. 425). Besonders für die Poesie oraler Kulturen (,primitiver Naturvölker') empfahl Dilthey das vergleichende Verfahren.

Verwandtschaft zwischen nationalen und vergleichenden Philologen

Die Verwandtschaft zwischen nationalen und vergleichenden Philologen alten Schlages zeigt sich daran, dass jeder Literarhistoriker prädestiniert für Fragen der vergleichenden Literaturgeschichte ist. In Deutschland war es neben der Romanistik immer wieder die Germanistik (vgl. Birus 1995), von der aus das komparatistische Denken seinen Ausgang nahm. In dem Maße, in dem das literaturgeschichtliche Wissen wächst, häufen sich die Versuche, es miteinander in Beziehung zu setzen. Der Roman des 18. Jahrhunderts ist ein westeuropäisches Ereignis, wie die ihm zugehörige Epoche der Empfindsamkeit (→ ASB D'APRILE/SIEBERS). Das war dem Germanisten Erich Schmidt kein Geheimnis (*Richardson, Rousseau und Goethe. Ein Beitrag zur Geschichte des Romans im 18. Jahrhundert*, 1875). Der realistische Roman des 19. Jahrhunderts verlangt noch stärker eine gesamteuropäische Perspektive (→ ASB STOCKINGER). Zwar konnte die Komparatistik für ihr Programm schon früh eine wissenschaftliche Methode ausbilden und diskursive Freiräume gewinnen: Dreh- und

Angelpunkt für vergleichende Fragestellungen war im deutschen Sprachraum die *Zeitschrift für vergleichende Literaturgeschichte* (1886–1910). Als Lehr- und Studienfach dagegen stieß sie auf Widerstand in den Fakultäten, nur selten konnte sich die Komparatistik institutionelle Geltung verschaffen.

Institutionelle Vorläufer der modernen Komparatistik, wie sie nach dem Zweiten Weltkrieg entstand, hatte es an verschiedenen Universitäten Europas und Nordamerikas gegeben (vgl. Corbineau-Hoffmann 2004, S. 80–86). Der Dichter Georg Herwegh sollte 1861 auf einen Lehrstuhl nach Neapel berufen werden, trat aber nicht an. In Genf gab es seit 1865 eine *littérature moderne comparée*. Seit 1896 lehrte Louis-Paul Betz in Zürich. Besonders einflussreich wurden in der ersten Hälfte des 20. Jahrhunderts die Lyoner und die Pariser Komparatistik (Fernand Baldensperger). In Großbritannien setzte die Institutionalisierung spät ein (vgl. Leerssen 1984), obgleich Hutcheson Macaulay Posnetts Buch *Comparative Literature* (1886) zu den frühesten methodologischen Beiträgen zur Disziplin gehört. An der Harvard University gibt es das Fach seit 1890, an der Columbia University in New York seit 1899, weitere Universitäten folgten. Die Universität Straßburg, die nach 1871 als Reichsuniversität politisch motiviert auf die Germanistik setzte, installierte nach dem Ersten Weltkrieg, als Stadt und Universität wieder zu Frankreich gehörten, verstärkt eine bedeutende Komparatistik. Der als expressionistischer Dichter bekannte Ernst Stadler (1883–1914), der seine wissenschaftliche Schulung in der deutschen Germanistik Straßburgs erhalten hatte, begann seine Lehre in Straßburg mit einer Antrittsvorlesung zur vergleichenden Literaturgeschichtsschreibung. In Deutschland wurden seit dem ersten Drittel des 20. Jahrhunderts vereinzelt germanistische und romanistische Lehrstühle mit einer venia legendi (Lehrbefugnis) für Vergleichende Literaturgeschichte ergänzt: in Leipzig (1923), Würzburg (1927) und Tübingen (1934). Aber erst nach dem Zweiten Weltkrieg begann eine systematische Institutionalisierung der Komparatistik in der Bundesrepublik, zunächst in der französischen Besatzungszone, nämlich in Mainz (1946) und Saarbrücken (1949), 1965 gründete Peter Szondi das Institut für Allgemeine und Vergleichende Literaturwissenschaft an der Freien Universität Berlin. In der DDR wurde die Komparatistik als bürgerliche Wissenschaft kritisch betrachtet (vgl. Pütz 1992). Gleichwohl entwickelte sich in den sozialistischen Ländern zwischen 1960 und 1970 ein produktives vergleichendes Denken (vgl. Kaiser 1980).

Auch wenn die Komparatistik als universitäres Fach im 19. Jahrhundert keine Bedeutung erlangte, entstanden durch Philologen unterschiedlichster Literaturen zahlreiche vergleichend angelegte Studien. Das umfangreiche, knapp 6 000 Titel umfassende komparatistische Schrifttum, das im 19. Jahrhundert in Nordamerika, Russland und Westeuropa erschien, dokumentiert die Bibliografie des in Zürich lehrenden Louis-Paul Betz (1861–1904), *La littérature comparée* (1904). Die Leistungen der Komparatistik auf historisch-philologischer Grundlage, zumal der deutschen und der französischen, lagen vor allem in der Aufdeckung von Literaturbeziehungen, in der Stoffgeschichte und in der Übersetzungsphilologie (vgl. Schröder 1979, S. 59–139).

Einflussgeschichte

Das zentrale komparatistische Paradigma bis in die erste Hälfte des 20. Jahrhunderts hinein war die Einflussforschung. Genetische Zusammenhänge zwischen Werken verschiedener Literaturen werden hierbei ausfindig gemacht und analysiert. Nicht allein Zusammenhänge, die sich aus einem bewussten Traditionsbezug ergeben, also in imitatorischer Absicht entstanden sind, sondern auch die von Dichtern verschwiegenen oder vergessenen ‚Quellen' bilden dabei ein maßgebliches Forschungsinteresse. Dass etwa Heinrich von Kleist den Aufklärer und Pädagogen Jean-Jacques Rousseau und den Lustspielautor Molière gelesen hat, wissen wir von ihm selbst; gelesen hat er jedoch noch deutlich mehr Autoren, auf die er sich aber nicht explizit bezieht, wie Racine.

3.2 Wege aus der (Einfluss-)Geschichte

Krise von Positivismus und Historismus

Für die weitere Entwicklung des vergleichenden Denkens entscheidend war, dass das historische Paradigma in den philologischen Wissenschaften in eine Krise geraten war, welche auch als Krise des Positivismus oder Historismus bezeichnet wird. Die Kritik am Positivismus richtete sich gegen die Vermehrung von Fakten um ihrer selbst willen; die Kritik am Historismus gegen die Relativierung des Geschichtlichen, die eine vergleichende Beurteilung unmöglich macht, weil in der historischen Betrachtung alles nur aus den jeweiligen historischen Bedingungen zu verstehen ist. Epochenvergleiche (→ KAPITEL 5) gelten in nationalphilologischer Perspektive schnell als anachronistisch. Gerade jedoch die Kenntnis so vieler Zeiten ließ den Wunsch nach solchen Anachronismen wachsen: der antike, barocke oder romantische Mensch wurde vorbildhaft für den modernen. Seit Beginn des 20. Jahrhunderts suchten Wissenschaftler Auswege aus diesem historisch-positivistischen Determinismus.

René Wellek (1903–95), Sterling Professor für Comparative Literature an der University of Yale, sah 1958 die Komparatistik in einer Krise befindlich (vgl. Wellek 1963). Hauptsächlich zielte seine Kritik gegen die historisch-genetische Einflussforschung der dominierenden französischen Schule in der Nachfolge Gustave Lansons. Schnell wurde daraufhin ein Konflikt zwischen amerikanischer und französischer Komparatistik beschworen. Obgleich Wellek selbst die Unterscheidung ablehnte (vgl. Strelka 1997, S. 53f.), wird seither zwischen amerikanischer *comparative literature* als ahistorischer und französischer *littérature comparée* als historischer Methode geschieden (vgl. Fischer 1981, S. 79–86; Zima 2011, S. 36–47). Mittlerweile wird die französische „old-style *littérature comparée*" (Lubrich 2006, S. 56) nur noch als Kontrastfolie gebraucht, um den Innovationsgehalt anderer Methoden zu beglaubigen. Damit entsteht zugleich ein Problem, weil mit der Brandmarkung der historisch-philologischen Komparatistik als „fact-based positivistic reception history (what the French call *rapports de fait*)" (Lubrich 2006, S. 56) das Paradigma einer vergleichenden Literaturgeschichte aus dem Selbstverständnis der Disziplin ausgeschieden wird. Die Vergleichende Literaturgeschichte spielt in der Komparatistik nicht mehr die einstige dominante Rolle.

Französische vs. amerikanische Schule

Ob man die alte Komparatistik nun als Einflusswissenschaft zur Erörterung historisch-genetischer Prozesse begreift, als Hilfsmittel oder Kontrastmittel der nationalen Literaturgeschichte oder als eine Disziplin, die im Dienst einer allgemeinen Poetik ähnliche Strömungen anscheinend disparater historischer Kontexte in Bezug setzen will – als historische Disziplin war sie in der Literaturgeschichte gegründet. Das grenzte den wissenschaftlichen Spielraum stark ein. Die interdisziplinäre, sich nicht allein auf die Literatur konzentrierende Kulturgeschichte, wie man sie schon in Jacob Burckhardts *Die Cultur der Renaissance in Italien* (1860) findet, stellte einen bis heute gangbaren Ausweg aus dieser Verengung dar.

Kulturgeschichte

In der Ideengeschichte, also der Annahme transhistorischer Ideen, die sich zu verschiedenen Zeiten und in verschiedenen kulturellen Räumen verschieden realisieren, fand die Komparatistik des 20. Jahrhunderts eine weitere wichtige methodische Stütze. Denn durch sie war es möglich, die historische und nationale Vielfalt miteinander in Bezug zu setzen (vgl. Schröder 1982).

Ideengeschichte

Einen Ausweg aus dem Determinismus der oben erwähnten völkerpsychologischen Betrachtung von Literatur bot die Imagologie (→ KAPITEL 10.3), wie sie sich im 20. Jahrhundert entwickelte. Gerade

Imagologie

indem sie nationale Fremd- und Selbstbilder in der Literatur herausarbeitete, erhoffte sie sich, diese abzubauen im Zeichen eines *nouvel humanisme* (vgl. Fischer 1981, S. 95–156).

Zu Beginn des 20. Jahrhunderts gingen vor allem von der Kunstwissenschaft Bemühungen aus, das geschichtliche Denken zugunsten stiltypologischer Ansätze zu überwinden. Der Kunsthistoriker Heinrich Wölfflin entwickelte in den *Kunstgeschichtlichen Grundbegriffen* (1915) transhistorische Gegensatzpaare, die auch in der Literaturwissenschaft Anwendung fanden, wie der Unterschied von Offenheit und Geschlossenheit (besonders in Bezug auf das Drama: offenes vs. geschlossenes Drama). Solche Typen stellten neue Grundlagen dar, Texte verschiedener Gattungen und Epochen miteinander in Beziehung zu setzen. Gemeinsam mit dem Marburger Kunsthistoriker Richard Hamann (1879–1961), einem Schüler Wölfflins, veranstaltete der Romanist und spätere Komparatist Leo Spitzer schon in den 1920er-Jahren vergleichende Seminare: „wir interpretieren Texte des 17. Jhs., ich philosophisch-sprachhistorisch, er [Hamann] bringt nun die genauen künstlerischen Analogien dazu", schrieb er im November 1925 an Viktor M. Žirmunskij. Dieses interdisziplinär-vergleichende Arbeiten führe „oft zu einer frappanten Übereinstimmung", genauso häufig aber auch falle es schwer, „das Gemeinsame zu fassen" (Spitzer 1925).

Der Literaturwissenschaftler Viktor M. Žirmunskij (1891–1971) wirkte als Forscher komparatistisch, ohne dass er einer Disziplin angehört hätte, die den Namen Komparatistik trägt. Dafür gibt es wissenschaftsgeschichtliche Ursachen, da es weder an den Universitäten des Russischen Zarenreiches noch in der UdSSR, wo Žirmunskij bis zu seinem Tod 1971 tätig war, eine institutionell verankerte Komparatistik gegeben hat. Als er seine Karriere begann, war Komparatistik nur als Vergleichende Literaturgeschichte und unmöglich als Vergleichende Literaturwissenschaft denkbar. Žirmunskij betrieb teilweise jene sogenannte und von ihm später überwundene Einflussforschung. Er begann mit Arbeiten, in denen er die vergleichende Methode als Hilfsmittel nutzte, um Besonderheiten der eigenen russischen Literaturgeschichte darzustellen (*Byron und Puškin*, 1924). Fachgeschichtliche Bedeutung aber erlangte er mit einer anderen Spielart der Vergleichenden Literaturgeschichte, dem sogenannten historisch-typologischen Konzept der Komparatistik (→ KAPITEL 1.3). Ihm liegt die Annahme zugrunde, dass ähnliche geschichtliche Entwicklungsstadien einer Kultur oder einer Gesellschaft ähnliche literarische Formen zeitigen.

Dass Žirmunskij dieses Konzept nicht nur implizit anwandte, sondern auch stetig auf seine Stichhaltigkeit prüfte und bis an sein Lebensende programmatisch verfocht, hängt mit zwei Faktoren zusammen: Einem wissenschaftspolitischen und einem wissenschaftsbiografischen. Beide verschränken sich und bedingen sich gegenseitig.

Žirmunskij als Begründer einer typologischen Komparatistik

- *Wissenschaftspolitisch* war die Komparatistik, die im Zarenreich ohnehin keine Tradition begründen konnte, in der jungen UdSSR bald diskreditiert als westlich-bürgerliche Wissenschaft. Der Stalinismus machte die Komparatistik, die während Žirmunskijs Anfängen nur eine französisch geprägte Einflussforschung war, in der Sowjetunion unmöglich, weil man sich davor fürchtete, die russische Kultur, aber auch die übrigen Kulturen der Sowjetunion würden zu offensichtlich als ganz einseitig vom Westen geprägt dargestellt. Komparatistik, wollte sie weiter betrieben werden, musste mit Beginn des stalinistischen Terrors in den 1930er-Jahren neu definiert werden.

Wissenschaftspolitisch ...

- *Wissenschaftsbiografisch* bildet Žirmunskijs Sozialisation in einem Vielvölkerstaat, dem Zarenreich, einen wesentlichen Auslöser für seine Neigung, die Dinge zu vergleichen. Zudem postulierte der Nachfolger Sowjetunion nichts weniger als die kulturelle Gleichwertigkeit aller Nationen der Union der sozialistischen Sowjetrepubliken (UdSSR). Anthropologie und Folklorestudien waren in der UdSSR, wo die Gleichheit aller Kulturen und Völker ideologisch fundiert war, von Anfang an ein wesentlicher Bestandteil der Humanwissenschaften gewesen. Wenn nun ein nach der skizzierten Typologie assoziativ verfahrender Philologe, der polyglott und vielgereist war, in diesem Umfeld Karriere machen wollte, ohne politisch aufgerieben zu werden, dann erscheint es aus heutiger Sicht geradezu notwenig, dass dieser Mann zum Begründer der Komparatistik in Russland werden sollte.

... und wissenschaftsbiografisch

Žirmunskijs *Vergleichende Epenforschung* (deutsch 1961), worin sich der historisch-typologische Ansatz am deutlichsten zeigt, ist der Versuch, Gemeinsamkeiten zwischen den Epen der Südslaven und denen Westeuropas sichtbar zu machen. Hatte sich die Epenphilologie im 19. Jahrhundert vornehmlich mit der Rekonstruktion historisch-genetischer Zusammenhänge befasst, d. h. mit der Frage, aus welchen Traditionen ein bestimmtes Epos hervorgegangen ist, so ging sie im 20. Jahrhundert verstärkt typologisch vor. Neben der russischen suchte auch die angelsächsische Forschung nach typologischen Analogien. Cecil Maurice Bowras Buch *Heldendichtung* (vgl. Bowra 1964) unternimmt auf vergleichender Basis vormoderner

Vergleichende Epenforschung

Epen sämtlicher Völkern und Zeiten eine Charakteristik der Gattung.

Dass sich für Žirmunskijs historisch-typologischen Vergleich die damals junge Wissenschaft der Soziologie als tragend erweisen sollte, verdeutlicht, inwiefern die Geschichte der Wissenschaft von anderen Disziplinen (→ KAPITEL 4) und ihren Methoden abhängt. Dabei gibt es, von der vergleichenden abgesehen, keine Methode, die nur der Komparatistik eigen wäre. Vielmehr betrifft die Methodengeschichte alle philologisch-literaturwissenschaftlichen Disziplinen. Der Positivismus des 19. Jahrhunderts orientierte sich an der Naturwissenschaft, mit der Herausbildung der textimmanenten Interpretation, der Semiotik und des Strukturalismus entstanden im 20. Jahrhundert Angebote, Texte auch zu vergleichen, ohne ihre äußeren Entstehungsbedingungen zu berücksichtigen.

Neben der wissenschaftsinternen Methodenentwicklung waren es, wie gesehen, äußere politische Faktoren, die den Lauf der Fachgeschichte geändert haben. Ein Antrieb für die Komparatistik als Disziplin ergab sich, als zahlreiche deutschsprachige Philologen durch die Nationalsozialisten von ihren Lehrstühlen ins Exil vertrieben wurden, dort aber, in einer anders organisierten Universitätslandschaft, kein institutionelles Äquivalent für ihre Arbeit fanden und sich neu orientieren mussten. Erich Auerbachs Buch *Mimesis. Dargestellte Wirklichkeit in der abendländischen Literatur* (1946), das zu den Gründungsbüchern der modernen Komparatistik gehört, entstand in Istanbul, wo auch Leo Spitzer zunächst lebte. Spitzer, der Romanist, wurde im amerikanischen Exil zu einem wichtigen Anreger einer ideengeschichtlichen Komparatistik. Der in Deutschland gebliebene Romanist Ernst Robert Curtius, der als Spezialist für französische Gegenwartsliteratur bekannt geworden war, zog sich nach 1933 in das europäische Mittelalter zurück und verfasste auf der methodischen Grundlage einer literarischen Topik sein komparatistisches, hochgelehrtes Buch *Europäische Literatur und lateinisches Mittelalter*, das nach dem Zweiten Weltkrieg 1948 erschien.

Wie eng Wissenschaftsgeschichte mit der politischen Geschichte des jeweiligen Landes verknüpft ist, zeigt sich weiter an dem politisch motivierten Ausbau der sogenannten *Area Studies* an Universitäten der USA während des Kalten Krieges. Es handelt sich dabei um regional organisierte Studien, die interdisziplinär angelegt sind und vornehmlich der Sprach- und Kulturvermittlung dienen (vgl. Szanton 2004). Vor 1945 gab es an US-amerikanischen Universitäten hauptsächlich literaturwissenschaftliche Fächer, die die Literatur westlicher Kulturen behandelten. Wichtige Stiftungen wie die Ford Foundation setzten sich deshalb für die Etablierung neuer regionaler Studien an den Universitäten ein, um im politischen Konflikt mit der UdSSR und China Ausbildungsstätten zu schaffen, die auf die außenpolitischen und strategischen Bedürfnisse des Staates abgestimmt waren. Für die kulturkomparatistische Forschung nach 1989 bildeten die *Area Studies* trotz ihrer Instrumentalisierung durch die Politik eine wichtige Grundlage. Die Tradition der Area Studies mag erklären, warum in den USA das wissenschaftliche Arbeiten in Lehre und Forschung in sogenannten Studien organisiert ist (Gender, Postcolonial Studies usf.). Diese Studien gehen mit der Komparatistik gern eine Union ein und spielen für die Methodenreflexion eine wichtige Rolle.

In den letzten Jahrzehnten hat sich das Selbstverständnis des Faches grundlegend geändert, indem zunehmend versucht wurde, der Globalisierung gerecht zu werden (→ KAPITEL 12). War die Komparatistik bis weit ins 20. Jahrhundert eine eurozentristische Angelegenheit, werden nun Fragestellungen gesucht, die das gesamte literarische Spektrum der Welt erfassen könnten. Kulturstudien wie die *Area Studies*, die dazu dienten, das kulturell Fremde verfügbar zu machen, werden von der postkolonialen Literaturwissenschaftlerin Gayatri Chakravorty Spivak etwa eingespannt in eine kulturverbindende Wissenschaft, die auf dem Prinzip der Alterität gründet, womit eine bewusste Auseinandersetzung mit dem Anderen als dem Fremden gesucht ist, nicht im Sinne einer die Fremdheit aneignenden Hermeneutik, sondern als Geltenlassen dieser Fremdheit. Das bedeutet zugleich, den eigenen Standpunkt permanent zu problematisieren. Angesichts dieser neuen ethischen Aufgabe des Faches, die die traditionellen Erkenntnisziele und ihre Methoden in Frage stellt, verkündete die Autorin mit dem plakativen Buchtitel *Death of a Discipline* (vgl. Spivak 2003) das Ende der Komparatistik. Übersehen wird bei solchen groß angelegten Selbstbestimmungsversuchen, dass die Komparatistik als solche gar nicht existiert, sondern stark an den jeweiligen nationalen und institutionellen Ort gebunden ist, an dem sie praktiziert wird (vgl. Lubrich 2006, S. 49). — Tod der Disziplin?

Eines der tragenden Auffangkonzepte wurde das der Alterität auch deshalb, da es eine einheitliche Perspektive auf die Weltkultur und ihre Literatur ermöglicht, die in besonderem Maße als Kulturträger nobilitiert ist. Prinzipiell kann jeder Text befragt werden auf seinen Fremdheitsgehalt, jedoch ergibt sich aus den weltweiten Migrationsbewegungen eine eigene thematische Literatur für diese Form der Komparatistik. Sie untersucht Texte von Autoren, die ihren inne- — Alterität ren Kulturkonflikt thematisieren (→ KAPITEL 10). Vor allem von der *American Comparative Literature Association* gingen in den letzten zwei Jahrzehnten Impulse aus, die Komparatistik stärker kulturwissenschaftlich auszurichten und sie vom Standpunkt der Globalisierung neu zu definieren (vgl. Bernheimer 1995; Saussy 2006). Indem sich die Komparatistik im politischen Sinn als Katalysator und als Beobachter der Globalisierung der Kultur im Medium der Literatur versteht, werden zugleich zahlreiche traditionelle Bereiche des Faches wie die Vergleichende Literaturgeschichte in den Theoriedebatten marginalisiert, wenngleich weiterhin literaturgeschichtlich vergleichend geforscht wird.

Im Unterschied zu den Nationalphilologien beansprucht die Komparatistik mit ihrem Gegenstand einer Weltliteratur, eine globale Disziplin zu sein. Tatsächlich war sie lange Zeit nur in Westeuropa und Nordamerika angesiedelt (vgl. Moretti 2000, S. 54). Doch könnte diese Beobachtung selbst wieder einen Eurozentrismus darstellen, der aus Unkenntnis der nicht-westlichen philologischen und literaturwissenschaftlichen Praxis resultiert (vgl. Gould 2011).

Geografie der Disziplin

Fragen und Anregungen

- Was versteht man unter Einflussforschung?
- Was kennzeichnet die historisch-typologische Methode?
- Was versteht man unter Area Studies?
- Skizzieren Sie, wie die zunehmende Globalisierung die Komparatistik verändert hat.

Lektüreempfehlungen

- Erich Auerbach: **Mimesis. Dargestellte Wirklichkeit in der abendländischen Literatur**, Bern 1946; 10. Auflage Bern 2001. *Im Exil in Istanbul, nahezu ohne Bibliothek verfasste Auerbach verschiedene vergleichende Studien zur Wirklichkeitsgestaltung von Homer bis in die Moderne.*
- Ernst Robert Curtius: **Europäische Literatur und lateinisches Mittelalter**, Bern 1948; 11. Auflage Bern 1993. *Curtius belegt anhand unzähliger Beispiele, wie stark die europäischen Litera-*

turen des Mittelalters und der Renaissance über die Rhetorik, speziell die Topik (→ KAPITEL 5) *miteinander verbunden waren.*

- David Damrosch / Natalie Melas / Mbongiseni Buthelezi (Hg.): The Princeton sourcebook in comparative literature. From the European enlightenment to the global present, Princeton 2009. *Umfassender Reader mit internationalen Positionsbestimmungen zur Komparatistik vom 19. Jahrhundert bis heute.*

- Peter V. Zima: Zur Wissenschaftsgeschichte der Komparatistik, in: ders., Komparatistik. Einführung in die vergleichende Literaturwissenschaft, 2. Auflage, Tübingen 2011, S. 19–68. *Diese Fachgeschichte arbeitet die europäischen Traditionsstränge des Faches heraus.*

4 Interdisziplinarität: Interaktion mit Nachbardisziplinen

Evi Zemanek

Abbildung 4: Tim O'Brien: Fences make good Neighbors

INTERDISZIPLINARITÄT: INTERAKTION MIT NACHBARDISZIPLINEN

„*Good fences make good neighbors*" – *so lautet ein englisches Sprichwort. Laut* „*Oxford Dictionary*" *ist dieses Sprichwort, mit dem Firmen für Zäune werben, seit dem 17. Jahrhundert nachgewiesen. In die Poesie fand es durch den amerikanischen Autor Robert Frost (1874–1963) Eingang: In seinem Gedicht* „*Mending Wall*" *(1914) kommt es sogar zweimal vor, einmal davon als Schlusswort im letzten Vers. Frosts Gedicht beschreibt das Nachbarschaftsverhältnis zweier Farmer, die jedes Jahr den Zaun zwischen ihren Ländereien erneuern. Der eine tut dies ungern, ihm ist diese Grenzziehung zuwider, doch er fügt sich, weil ihn der andere stets daran erinnert, dass ‚gute Zäune gute Nachbarn machen'. Die Lebensweisheit ist ein ironischer Kommentar zu Nachbarschaftsbeziehungen, die nicht selten angespannt sind, weil es letztlich darum geht, das eigene, größtmögliche Territorium gegen ungewollte Übergriffe zu sichern. Es empfiehlt implizit, Streitereien durch klare Grenzziehung vorzubeugen und sich auf das eigene Gebiet zu konzentrieren.*

Die skizzierte Situation lässt sich auf den Wissenschaftsbetrieb übertragen, in dem benachbarte Disziplinen um Forschungsfelder und Gelder konkurrieren. Dem Sprichwort entspräche wohl eine isolationistische Strategie, wonach jede Disziplin ausschließlich das originär eigene Forschungsfeld bearbeitet und den methodischen Austausch mit den Nachbarn meidet. Tatsächlich aber wurde in den letzten drei Jahrzehnten eine beachtliche Reihe von Zäunen niedergerissen. Im folgenden Kapitel wird aufgezeigt, wie die Literaturwissenschaft unter dem Vorzeichen der Komparatistik die Fachgrenzen verschiedenster Nachbardisziplinen überschreitet und dadurch das eigene Gebiet erweitert – übrigens ohne dass der jeweils betreffende ‚Nachbar' geschädigt würde. Im Gegenteil: Die Grenzerweiterung in der Wissenschaft ist idealiter eine wechselseitige.

4.1 **Wissenschaft interdisziplinär**
4.2 **Interaktionsfelder**

4.1 Wissenschaft interdisziplinär

Wissenschaft ordnet sich in Disziplinen (vgl. Posner 1988). Ein Blick auf die geisteswissenschaftliche Forschungslandschaft in Deutschland wie auch im anglophonen Raum zeigt unschwer, dass Interdisziplinarität in den letzten drei Jahrzehnten zu einem zentralen Forschungsparadigma avanciert ist (vgl. Arnold/Fischer 2004). Sichtbar machen dies viele neuere Studien und unzählige interdisziplinär angelegte Forschungsprojekte, wird doch Interdisziplinarität gemeinhin als Synonym von Innovation verstanden und demzufolge als Erfolgsgarant bei jeglichen Anträgen für Forschungsfördermittel angesehen. Seit sich die Universitäten in stetig wachsendem Konkurrenzverhältnis um öffentliche Gelder befinden, versuchen sie sich durch interdisziplinäre Ansätze gegenüber dem *mainstream* zu profilieren.

Interdisziplinarität als Forschungsparadigma

Auch im Bereich der Lehre setzen sich Kooperationen verschiedener distinkter Disziplinen durch, die bisweilen sogar zur Gründung neuer Disziplinen führen. Als Beispiel kann die mittlerweile schon an einer Reihe von Universitäten gut etablierte Buchwissenschaft gelten, die Wissensinhalte aus der Betriebswirtschaftslehre, der Kommunikations- und Medienwissenschaft mit kulturhistorischen und philologischen fusioniert (vgl. Rautenberg 2010). Durch immer neue interdisziplinäre Konzepte wollen seit der Studiengangreform viele Masterstudiengänge attraktiv sein.

Lehre

Beispiel Buchwissenschaft

Abgesehen von den äußeren und inneren Zwängen, die Wissenschaftspolitik und Innovationsdruck geschuldet sind, wurzelt der Trend zur Interdisziplinarität im wachsenden Bewusstsein von einer Komplexität wissenschaftlicher Fragestellungen und in der Erfahrung, dass Forschungsprojekte von der Vereinigung spezifischen Fachwissens, wie es eine Person kaum vorweisen kann, enorm profitieren können.

Komplexität

Eine bisweilen problematische Herausforderung interdisziplinären Arbeitens bleibt zwar die Methodendivergenz zwischen den Einzelwissenschaften. Jedoch entstehen nicht selten besonders innovative Studien auch durch den Import einer Methode aus einer anderen Disziplin. Gerade in der Literaturwissenschaft wächst die Öffnung auf Ansätze anderer Disziplinen kontinuierlich, was unerlässlich ist, wenn Gegenstände aus fachfremden Wissensgebieten behandelt werden.

Methodenimporte

Zwar lässt sich die Literaturwissenschaft gerade neuerdings vermehrt auch von Disziplinen inspirieren, die man *per se* nicht unbedingt als ‚Nachbarn' bezeichnen würde, doch kennzeichnet sie ein besonders enges Verhältnis zu Disziplinen, die wesentlich auf tradier-

Textbasierte Wissenschaften

ten Texten und deren Auslegung basieren, was allgemein für die Geisteswissenschaften gilt. Diese Interaktion ergibt sich aus der Tatsache, dass die Gegenstände derselben als ‚Kontexte' der Literatur anzusehen sind – so zum Beispiel die Geschichte, die Philosophie und die Religion.

Beispiel Religion und Literatur

Im Hinblick auf die Religion lässt sich die Verzahnung mit der Literatur etwa in der eminenten Bedeutung des Mythos sichtbar machen. Eben daran wird zugleich deutlich, wie schwierig die Grenzziehung zwischen Einzeldisziplinen sein kann. Im Rahmen der traditionsreichen Nachbardisziplinen entstanden lange vor deren Institutionalisierung und vor der Spezifizierung der Textproduktion eigene Textsorten, die als Medium und Gedächtnis des jeweiligen Wissensgebiets fungierten. Dies erklärt die vorhandenen weitläufigen Überschneidungen zwischen anderen textbasierten Geisteswissenschaften und der Literaturwissenschaft. Insbesondere Artikulationsformen und Textsorten aus religiös-rituellen Zusammenhängen stehen in enger (entweder bloß analoger oder sogar genealogischer) Beziehung zu literarischen: Man denke nur an die Verwandtschaft von Gesang, Gebet, Lied und Gedicht oder an die verschiedenartige narrative Vertextung von Mythen. Doch dies betrifft die Objektebene, während es im Folgenden vorrangig um die Forschungspraxis geht.

Inter-, Multi-, Transdisziplinarität

Mit welcher anderen Disziplin die Komparatistik das engste Bündnis eingeht, kann man nicht generalisierend sagen, denn jeder Komparatist setzt – entsprechend der eigenen Studienfächer, Interessen oder auch Lehrverpflichtungen – individuelle Schwerpunkte und arbeitet demnach mit Bezug auf unterschiedliche Disziplinen. Im Folgenden werden Wissenschaften und mit ihnen verbundene Theorien mit Blick auf die Literaturwissenschaft kurz vorgestellt. Aus der Zusammenarbeit kann sich ein inter-, multi- oder transdisziplinärer Zusammenhang ergeben; trennscharfe Verwendungsweisen sind nicht immer möglich. Man kann sagen, dass die Komparatistik interdisziplinär arbeitet, d. h. Brücken zwischen verschiedenen Disziplinen schlägt; multidisziplinär deutet auf eine Kombination mehrerer Disziplinen hin; bisweilen entsteht durch multi- und interdisziplinäres Arbeiten sogar eine neue Disziplin, je nachdem, inwiefern man diese selbst als Einzelwissenschaft oder als Wissensgebiet begreift.

4.2 Interaktionsfelder

Literatur-, Sprach-, Medien- und Kunstwissenschaften

Aus der Perspektive der deutschen Leser sind die Erkenntnisziele der Komparatistik bis zu einem gewissen Grad deckungsgleich mit denen der Germanistik. Dies betrifft nicht nur sämtliche rein philologische Fragestellungen, sondern auch kulturwissenschaftliche, die neuerdings erstarken, aber kein absolutes Novum darstellen, war doch die germanistische Philologie mindestens bis Mitte des 19. Jahrhunderts in die Forschung zur nationalen Kulturgeschichte integriert, bevor sie als Disziplin Eigenständigkeit erlangte (→ KAPITEL 3). Ebenso nahe steht die Komparatistik auch den anderen Nationalphilologien, zumal mehrere davon wie die Romanistik maßgeblich an der Genese der Komparatistik beteiligt waren.

<small>National- und Einzelphilologien</small>

Begreift man die Komparatistik nach klassischer Definition als Literatur- oder Textwissenschaft, so überschneidet sich ihr Terrain gegenstandsbedingt mit dem der Linguistik (vgl. Haß/König 2003). Sprachgeschichtliches und -philosophisches ebenso wie psycholinguistisches oder texttheoretisches Wissen kann für literaturwissenschaftliche Untersuchungen hilfreich, ja sogar notwendig sein. Aus einer Kombination der Arbeitsweisen beider Disziplinen gingen einflussreiche Schulen und Interpretationsansätze hervor wie der Strukturalismus Roman Jakobsons oder die Stilistik Leo Spitzers. Auch eine anthropologisch-kulturgeschichtlich ausgerichtete Literaturwissenschaft bedarf linguistischen Know-hows, geht man davon aus, dass allgemein kulturelle Prozesse und speziell interkulturelle Kommunikation wesentlich an die Sprachen der beteiligten Kulturen gebunden sind. Für Arbeiten mit inter- und transkultureller Perspektivierung, die verschiedensprachige Literaturen betrachtet, ist also die komparatistische Linguistik eine wichtige Bezugsgröße (→ KAPITEL 9). Außerdem sind linguistische Erkenntnisse bedeutsam für diverse Konzepte literarischer Übersetzung (→ KAPITEL 8).

<small>Linguistik</small>

Auf der Schnittstelle zwischen Linguistik und Informatik ist die Computerlinguistik situiert, die sich mit fortschreitender Entwicklung der Informationstechnik (IT) etablierte und sowohl als eigenständiges Fach studiert als auch im Rahmen der Linguistik praktiziert wird. Ihr geht es nicht etwa nur um den Einsatz von Computertechnologie in der linguistischen Forschung, sondern um die Entwicklung von Programmen, welche die Textverarbeitung automatisieren (von der Informationsextraktion und -auswertung bis zu Textkorrektur, -generierung und Übersetzung).

<small>Computerlinguistik</small>

INTERDISZIPLINARITÄT: INTERAKTION MIT NACHBARDISZIPLINEN

Computerphilologie

Als Fachbezeichnung konkurriert damit seit den 1990er-Jahren die Computerphilologie, die sich auf die Einsatzmöglichkeiten des Computers in der Literaturwissenschaft konzentriert, sich also mit den produktiven und rezeptiven Möglichkeiten digitaler (Hyper-) Texte aller Art befasst. Dabei können je nach Fragestellung narrative, ästhetische, didaktische, kognitive oder emotionale Aspekte im Vordergrund stehen. In der Praxis hat man es als Literaturwissenschaftler seit dem ausgehenden 20. Jahrhundert am häufigsten mit zweierlei Neuerungen in der Aufbereitung von Primär- und Sekundärtexten zu tun: zum einen mit digitalen Editionen, zum anderen mit Online-Fachzeitschriften, die beide Vorteile von Hypertextstrukturen nutzen. Ein neuer Forschungsgegenstand auch für Komparatisten sind sämtliche Formen digitaler Literatur (→ KAPITEL 12.2), die in Kenntnis ihrer medialen Vorzeichen analysiert werden müssen.

Medienwissenschaft

Im letzten Drittel des 20. Jahrhunderts wurde in den Geisteswissenschaften eine massive Konjunktur medienbezogener Fragestellungen spürbar, lang bevor man begann, die Medienwissenschaft als eigene Disziplin anzusehen und dem durch Institutionalisierung Rechnung zu tragen (vgl. Hickethier 2010). Deshalb wurden und werden mediengeschichtliche und -theoretische Fragen oftmals (ähnlich wie bei komparatistischen Fragen selbst) in anderen Fächern behandelt und in Kombination mit verwandten Fächern als Studiengänge angeboten: Man denke an Medienkulturwissenschaft, Theater- und Medienwissenschaft oder Medien- und Kommunikationswissenschaft, die je nach Ausrichtung entweder näher an der Soziologie, an der Kultur- oder Literaturwissenschaft oder auch an der Publizistik sind. Demgemäß liegen ihnen derart unterschiedliche Medienverständnisse zugrunde, dass man kaum von *einer* Medienwissenschaft sprechen kann. Die primär philologisch geschulten Komparatisten bedürfen in erster Linie einer literaturwissenschaftlichen Medienwissenschaft, welche die Medialität von Text/Schrift im Kontrast zu anderen Medien untersucht. Für dieses Forschungsgebiet kursiert die Bezeichnung Medienkomparatistik.

Medienkomparatistik

Kunstwissenschaften

Die Beziehung zwischen den Künsten, die man als die ‚Schönen Künste' zusammenfasst – Bildende und Darstellende Kunst, Musik und Literatur, alle mitsamt ihren verschiedenen Sparten bzw. Gattungen –, ist seit jeher gegeben. Sie bedingt, in Ermangelung einer übergreifenden Wissenschaft der Schönen Künste, die Interaktion der für sie zuständigen akademischen Disziplinen. Eine davon ist die mit missverständlichem Begriff bezeichnete ‚Kunstwissenschaft', bestehend aus Kunstgeschichte und -theorie, im klassischen Sinne Malerei und Grafik, Bildhauerei und Architektur, heute jedoch längst auch Fotografie, Konzeptkunst, Performancekunst und Medienkünste wie Film-, Video-, Netzkunst u. a. Zwischen Literatur- und Kunstwissenschaft scheint ein enges Verhältnis zu bestehen, ordnen sie doch ihre jeweiligen Gegenstände historisch großteils mithilfe derselben (Stil-)Epochenbezeichnungen (→ KAPITEL 5) und benutzen vielfach dieselben Kategorien zur ästhetischen Beurteilung. Das liegt nicht zuletzt daran, dass sich bei der Reflexion über die Darstellungsbedingungen in Wort und Bild beide auf die Ästhetik berufen.

Die Literatur und die Bildende Kunst stellen auf die ihnen je eigene Weise dieselben Gegenstände dar und thematisieren ihre Verwandtschaft im Sinne von ‚Schwesternkünsten‘ (→ KAPITEL 11). Übertragen werden Termini literarischer Verfahren auf Bilder (z. B. ‚Zitat‘) und umgekehrt von bildkünstlerischen Techniken auf Texte (z. B. Porträt, Stillleben, Collage). Folglich haben sich die beiden Wissenschaften einander in der Betrachtungsweise der Gegenstände angenähert – man denke an die kunstgeschichtliche Hermeneutik –, zumal Sprache und Schrift auch den kunstwissenschaftlichen Metadiskurs dominieren.

<small>Bildende Kunst</small>

Andererseits ist die Macht der Bilder in der Kultur um die Jahrtausendwende nicht zu unterschätzen; dank der massenmedialen Bilderflut spricht man von einer *visual culture*. Als Reaktion darauf ist in der Forschung seit den 1990er-Jahren vom *iconic* bzw. *pictorial turn* die Rede, der letztlich eine visuell basierte ‚Wissenschaft vom Bild‘ von der Schriftlichkeit emanzipieren will (→ ASB BRUHN). Die gegenwärtige Dominanz der Bilder spiegelt sich auch in literarischen Texten wider, die eine starke Neigung zu deskriptiven Verfahren erkennen lassen, auf die ihrerseits die literaturwissenschaftlich-komparatistische Intermedialitätsforschung anspricht.

<small>Visual culture und iconic turn</small>

Letztere baut auch eine Brücke zur Musikwissenschaft. Das Verhältnis von Musik und Sprache bzw. Dichtung (vgl. Gier / Gruber 1997) wird ebenfalls bereits seit der Antike im Rahmen des Künstevergleichs thematisiert, wenn auch damals noch nicht anspruchsvoll theoretisiert. In manchen musikalischen Gattungen ist das Zusammenspiel von Text und Musik bzw. Wort und Ton offensichtlicher als in anderen – man denke an das Lied, die Oper oder an Programmmusik. Wichtige Anregungen für eine interdisziplinäre Zusammenarbeit von Literatur- und Musikwissenschaft kamen aus dem Objektbereich selbst, zum Beispiel von Richard Wagners musikpoetischem Œuvre. Aus logozentristischer Perspektive wurde für die Musik eine ‚Sprachähnlichkeit‘ konstatiert und demnach die ‚Musikspra-

<small>Musikwissenschaft</small>

che' untersucht (vgl. Adorno 1990). Die Übertragbarkeit texttheoretischer Methoden auf die Musik zeitigte eine musikalische Hermeneutik und Musiksemiotik. Will man jedoch konzeptuelle, strukturelle und kompositorische Analogien zwischen Text und Musik herausarbeiten, ist philologisches und musikologisches Grundwissen gleichermaßen vonnöten.

<small>Melopoetics</small>
Verschiedene intermediale Phänomene fielen lange Zeit jeweils entweder vorrangig in den Forschungsbereich der Literatur (so z. B. die Librettoforschung) oder aber in den der Musikwissenschaft, werden nun jedoch zunehmend interdisziplinär erforscht, nämlich im Rahmen von *interart studies* bzw. Intermedialitätsstudien und seit dem ausgehenden 20. Jahrhundert speziell unter dem Signum ‚melopoetics', das gerade die Syntheseleistung und die Interdependenzen betont und nicht mehr nur die Literatur oder die Musik in Bezug zur jeweils anderen Kunst setzt (vgl. Scher 1999).

<small>Theaterwissenschaft textbasiert vs. -emanzipiert</small>
Im Fall der Theaterwissenschaft ist das Interaktionsfeld mit der Literaturwissenschaft noch evidenter. Bis vor wenigen Jahrzehnten wurden Dramen noch primär als Lesetexte analysiert und daher ganz selbstverständlich in der Literaturwissenschaft behandelt. Die klassische Dramenanalyse als reine Textanalyse wird jedoch dem schon von Gotthold Ephraim Lessing erkannten transitorischen (von lateinisch *transitorius* = vorübergehend, vergänglich) Charakter eines Theaterstücks nicht gerecht. Entschiedene Aufmerksamkeit verdient die Ereignishaftigkeit mitsamt all ihren nicht textbezogenen Aspekten wie der Schauspielkunst und der Interaktion zwischen Bühnengeschehen und Zuschauern. Deshalb begann sich Anfang des 20. Jahrhunderts eine eigene Theaterwissenschaft von der Philologie abzukoppeln, um sich gezielt der Aufführungsanalyse zu widmen und dramaturgische Aspekte zu fokussieren, aber auch um eine eigene Theatergeschichte und -semiotik zu fundieren. Schlagwörter, die das Forschungsinteresse des Faches im Kern benennen, sind Theatralität und Performanz.

Im Hinblick auf das historische Theater ist die ereignisorientierte Aufführungsanalyse freilich auf schriftliche Quellen angewiesen und durch deren Mangel limitiert. Problematisch war wegen eines ungenügenden Notationsverfahrens auch lange die Transkription multimedialer Kunstwerke zu Dokumentationszwecken. Seitdem aber die Möglichkeit der Videoaufzeichnung besteht, scheint die Aufführungsanalyse von einer zuvor notwendigen Schriftbasiertheit entbunden, was ihre Distanzierung von literaturwissenschaftlichen Methoden stärkt. Gleichwohl interpretieren viele Literaturwissenschaftler auch ohne fundierte theaterwissenschaftliche Kenntnisse Dramen weiterhin als Texte, sodass eine gewisse Konkurrenzsituation bestehen bleibt.

Die Theaterwissenschaft greift aber auch ihrerseits in andere Fachbereiche, insbesondere in die heutige Medienwissenschaft, aus, indem sie sich neben den Bühnenkünsten wie dem Schauspiel/Sprechtheater, dem Musik- und dem Tanztheater vermehrt auch mit Film, Fernsehen, Hörfunk und Videokunst beschäftigt. Gleichzeitig überschneidet sie sich in ihrem Interesse für historische und kulturelle Praktiken des Theaters, das als soziale Institution und als kulturelles System verstanden wird, mit der Kulturwissenschaft. In diesem Sinne entwickelt sich derzeit ein enger Dialog zwischen den Theater-, Kultur-, Literatur- und Medienwissenschaften, oftmals unter dem Dach der Komparatistik.

Theater- und Medienwissenschaft

Historische und hermeneutische Wissenschaften

In einem kategorial andersartigen Verhältnis stehen die Literaturwissenschaft und damit auch die literaturwissenschaftlich-zentrierte Komparatistik zu den Nachbardisziplinen Philosophie, Theologie und Geschichte.

Immer wieder werden philosophische Themen und Fragestellungen in als solche ausgewiesenen literarischen Texten verschiedenster Gattungen und Sprachen verhandelt. Zugleich teilen zahlreiche dem philosophischen Kanon zugerechnete Schriften strukturelle und ästhetische Eigenschaften mit literarischen.

Grundsätzliche Anliegen von Literaturwissenschaft und Philosophie überschneiden einander zum Beispiel in der Ästhetik, die von beiden Disziplinen ebenso wie von der Kunstwissenschaft als Teilbereich reklamiert wird. Weiterhin konvergieren die Interessen der Disziplinen in der Sprachphilosophie, deren Grundgedanken über die Verwendung von Sprache literarische Texte oft mindestens implizit thematisieren. Die vor allem im 20. Jahrhundert innerhalb der literarischen Produktion zu beobachtende Tendenz, die Grenzen von Poesie und Philosophie aufzuheben, erfordert die Kooperation beider Disziplinen (vgl. Brink/Solte-Gresser 2004).

Philosophie

Besonders eng war das Zusammenwirken von Philosophie und Literaturtheorie unter den Vorzeichen der Ästhetik etwa im Kontext des deutschen Idealismus, so zum Beispiel bei Georg Wilhelm Friedrich Hegel. Andere Beispiele sind die gesellschaftsphilosophisch geprägten literaturtheoretischen Beiträge von Vertretern der Frankfurter Schule um Theodor W. Adorno oder von Jean-Paul Sartre. Seit dem letzten Drittel des 20. Jahrhunderts fällt eine geradezu enthusias-

Literaturtheorie

tische Anwendung philosophischer Theorien in der literaturwissenschaftlichen Textanalysepraxis auf. Literaturwissenschaftler inthronisieren ihre eigenen ‚Modephilosophen', die einander in rascher Folge ablösen – man denke an Michel Foucault, Jacques Derrida, Giorgio Agamben, Richard Rorty u. a., die über die Grenzen jeder Nationalliteratur hinweg rezipiert werden. Dabei sind die philosophischen Theoreme in unterschiedlichem Maß für die literaturwissenschaftliche Anwendbarkeit konzipiert worden. Die Dekonstruktion Derridas zielt als Kritik des Verstehens auf die Auslegung literarischer Texte, die Diskursanalyse Foucaults bezog sich dagegen ursprünglich auf die soziale und geschichtliche Welt.

Ethical turn   Unabhängig davon herrscht unter Literaturtheoretikern die Meinung, die Reflexion ethisch-philosophischer Fragen gehöre zu den Aufgaben der Literatur (vgl. Nussbaum 1990). In Abgrenzung von der Postmoderne wird in der jüngsten Literatur mit dem Schlagwort *ethical turn* neuerdings eine Rückkehr zu ethisch-moralischen Fragestellungen konstatiert.

Theologie   Eine wechselseitige Abhängigkeit besteht auch zwischen Theologie und Philologie: Während die Erstgenannte alte Quelltexte nur mithilfe philologischer Methoden erschließen kann – man denke an die Bibelexegese ebenso wie an die Bibelübersetzung –, bedarf die Zweitgenannte theologischer Kenntnisse für die Erschließung mittelalterlicher, humanistischer und noch barocker Literatur, die im religiösen Kontext entstand. Jene ‚Literatur' ist genau wie mystische und mythische Texte gleichermaßen Forschungsgegenstand beider Disziplinen. Gleichfalls unterscheiden sich narrative religiöse Texte wie Bibelerzählungen strukturell nicht von ‚literarischen' Texten, das heißt, die Grenzen verschwimmen. In vielen literarischen Werken werden religiöse Modelle wie Theodizee, Eschatologie und Apokalypse reaktualisiert (vgl. Detering 1990). Entsprechend der Emanzipierung ‚literarischer' von ‚religiösen' Texten kann man die Literaturwissenschaft aus der *philologia sacra* bzw. *hermeneutica sacra* als der philologischen Ergründung der Heiligen Schrift bzw. hermeneutischen Interpretation ihres vierfachen Schriftsinns ableiten (→ ASB JOISTEN). Dem Pluralitätsgrundsatz ver-
Vergleichende Religionswissenschaft   pflichtet, hat sich analog zur Komparatistik die Vergleichende Religionswissenschaft als akademisches Fach etabliert.

Geschichtswissenschaft   Im komplexen Zusammenspiel von Kulturwissenschaft und Komparatistik als Literatur- und Kulturwissenschaft spielt die Geschichtswissenschaft eine tragende Rolle. Ihre Interaktion mit der Literaturwissenschaft (vgl. Fulda/Tschopp 2002) beruht darauf, dass beide hauptsächlich und traditionell Textquellen interpretieren. Dabei verfolgen sie allerdings unterschiedliche Erkenntnisinteressen: zum einen für die Zusammenhänge historischer Ereignisse, zum anderen für den Text als Kunstwerk. Wie die Historiker, so unterziehen auch die Literaturwissenschaftler ihren Gegenstand in vielen Fällen einer historischen Kontextualisierung. Die Gegenstände selbst jedoch könnten, zugespitzt formuliert, gegensätzlicher nicht sein: Geschichte vs. Fiktion – wobei beides relativiert werden muss, denn erstens ist ‚Geschichte' nichts objektiv Gegebenes, sondern muss erst rekonstruiert werden, und dies geschieht vor allem narrativ; zweitens involviert Literatur zwar auch Historisches, die Literaturwissenschaft fokussiert jedoch gerade stilisierende (und meist fiktionalisierende) Formgestaltung der Geschichtsschreibung, während die Literaturgeschichte nur ein Aspekt des Faches ist. Auf der Basis dieser Einsicht wurde seit den 1980er-Jahren emphatisch eine Annäherung der beiden Disziplinen proklamiert, namentlich u. a. von dem Historiker Hayden White, der die Literarizität der Geschichtsschreibung betonte (vgl. White 1986).

Der Geschichtsschreibung näherte sich die Literaturwissenschaft ihrerseits mit dem (maßgeblich von Stephen Greenblatt initiierten) *New Historicism* (‚Neuer Historismus') als einer Methode, die der Geschichtlichkeit von Texten neue Aufmerksamkeit verschafft, indem sie den historischen Hintergrund als ‚KonText' liest und (kreativ) mit einbezieht. Während die Kontextualisierung im mittleren Drittel des 20. Jahrhunderts vor allem in der angloamerikanischen Literaturwissenschaft geradezu verpönt war, wurde sie nicht in allen nationalen Literaturwissenschaften gleichermaßen verschmäht, sondern unter verschiedenen Vorzeichen praktiziert; die Germanistik beispielsweise schrieb in den 1970er-Jahren eine Sozialgeschichte der Literatur. Dennoch war der in den 1980er-Jahren entwickelte *New Historicism*, der eine *poetics of culture* (Kulturpoetik) hervorbringt, global ein zentraler Impuls für die Neuorientierung der Literatur- als Kulturwissenschaft (→ KAPITEL 10).

New Historicism

Die bereits mehrfach erwähnte(n) Kulturwissenschaft(en), geprägt von einem regional unterschiedlichen Kulturbegriff und demnach von einem Methoden- und Gegenstandspluralismus, beinhaltet/n Fragestellungen, die bis dato u. a. in die Bereiche der Soziologie, der Politologie, der Ethnologie, der Anthropologie, der Philosophie und der Kunst-, Theater- und Medienwissenschaft fielen. Das Fächerbündel verweist darauf, dass die Kulturwissenschaften auf einer anderen Ebene als die bisher genannten angesiedelt sind: Obgleich ihre Entstehungsgeschichte länger ist, als man heute gern annimmt, erneuern sie, nicht zuletzt aus universitätspolitischen Gründen, die traditionellen, Ende des 20. Jahrhunderts in eine Legitimationskrise geratenen Geisteswissenschaften.

Kulturwissenschaft

Programmatisch neu ist mitunter ihr Verständnis der Medien, die ihrerseits die Kultur prägen, sowie die globale und zugleich kulturkomparatistische Perspektive. Ebenso grenzenlos wie die Forschungsgebiete der Kulturwissenschaft sind die Berührungspunkte mit den anderen Geistes- und Sozialwissenschaften, auch mit der Literaturwissenschaft. Geschuldet ist dies mitunter einem Verständnis von Kultur als Text, das auf den Kulturtheoretiker Clifford Geertz zurückgeht und wonach Kulturen wie Texte gelesen und derart interpretiert werden können (vgl. Geertz 1987). Selbstverständlich findet eine Interaktion statt, wann immer Kulturwissenschaftler Textanalysekompetenz benötigen bzw. wenn Literaturwissenschaftler, aus einer von der Kulturwissenschaft inspirierten Perspektive, über den (Teller-)Rand des Textes hinausblicken. Versteht man andererseits Literatur- als Kulturwissenschaft, so können die einzelnen Disziplinen kaum mehr isoliert betrachtet werden. Während so manche germanistische Philologen die Vereinnahmung der Literaturwissenschaft seitens der Kulturwissenschaft beklagen, ist komparatistisches Arbeiten immer schon in besonderem Maß und ohne dass dies extra thematisiert werden müsste ‚kulturwissenschaftlich'.

Kultur als Text

Trotz der beschriebenen Fusionen unter dem neuen Etikett lohnt der Blick auf die Interaktion der Literaturwissenschaft mit den einzelnen gesellschaftswissenschaftlichen Fächern.

Soziologie

Der zentrale Überschneidungsbereich mit der Soziologie wird mit der naheliegenden Bezeichnung markiert: Literatursoziologie. Der soziologische Blick auf die Literatur interessiert sich im Wesentlichen für die gesellschaftlichen Rahmenbedingungen der Produktion, Distribution und Rezeption von Texten – ein Terrain, das auch die jüngere Buchwissenschaft bearbeitet. Dieses Interesse schlägt sich in einer literatursoziologischen Interpretation nieder, wobei bestimmte Gesellschaftsmodelle (etwa von Georg Lukács oder der Frankfurter Schule das marxistische Gesellschaftsmodell) auf den Text übertragen werden. Hierbei findet oft auch ein Rekurs auf die Politikwissenschaft statt. In der Komparatistik ist die soziologische Sichtweise stark betont in der Einführung von Peter V. Zima (vgl. Zima 2011). Grundsätzlich steht ein literaturwissenschaftlich-textbezogener Ansatz einer empirischen Erforschung des Literaturbetriebs mitsamt der Bildung von Sozialtheorien gegenüber (vgl. die Studien von Zima 1980 vs. Schmidt 1989).

Demnach konkurrieren zwei Sichtweisen: das Verständnis der Gesellschaft als ‚Text' und die Auffassung von Literatur bzw. Text als Sozial- und Kommunikationssystem. Letztere verbindet man in der

Literaturwissenschaft vor allem mit Niklas Luhmann, der die soziologische Systemtheorie mithilfe kommunikationstheoretischer Grundgedanken transdisziplinär fruchtbar machte. Vereinfacht dargestellt, wird hierbei das Text-Kontext-Verhältnis mit der System-Umwelt-Relation analogisiert. Ähnlich beliebt ist Pierre Bourdieus literatursoziologische Feld- und Habitustheorie, welche die künstlerischen Handlungsmöglichkeiten von Akteuren im literarischen Feld kalkuliert. Beide Theorien sind ihrerseits schon interdisziplinär ausgerichtet und ergänzen genuin soziologische Fragestellungen bereits durch medien-, kommunikations-, politik- und wirtschaftswissenschaftliche oder werden von kulturwissenschaftlichen absorbiert. Unter den Vorzeichen der Globalisierung, mit deren Phänomenen die Komparatistik ständig zu tun hat (→ KAPITEL 11), können sich System- und Feld-Theorie gerade bei der Bestimmung aktueller Veränderungen der literarischen Landschaft verdient machen.

Systemtheorie

Feldtheorie

Die Systemtheorie eignet sich auch zur Erforschung der Interferenzen von Literatur und Politik, Recht oder Wirtschaft. Politische Systeme prägen das literarische Feld – man denke an die Literaturpolitik des Nationalsozialismus oder des Sozialismus. Dabei entsteht in totalitären Systemen nicht unbedingt offenkundig politische Literatur, doch besteht eine Opposition zwischen systemtreuen und dissidenten Werken. Literatur und Politik können also wechselseitig als Regulative aufeinander wirken, durch Zensur bzw. Systemkritik, wobei das Wirkungspotenzial von Literatur auf Politik freilich beschränkt ist. Einige für die Komparatistik wichtige literaturwissenschaftliche Ansätze des ausgehenden 20. Jahrhunderts basieren auf politischen Veränderungen, so die postkolonialistische Theorie (*postcolonial studies*), die immer auf einen Kulturvergleich abzielt.

Politik

Postcolonial studies

Jede Auslotung soziopolitischer Transformationen berührt übrigens unweigerlich auch die Ökonomie. Und spätestens seit diese stets in globalen Zusammenhängen gesehen wird, interessiert sich die Komparatistik für die Darstellung ihrer Dynamik unter Einbeziehung wirtschaftswissenschaftlicher Theorien. Ein weiteres innovatives interdisziplinäres Gebiet wird unter dem Schlagwort ‚Literatur und Recht' in Auseinandersetzung mit rechtswissenschaftlichen Fragestellungen erschlossen.

Ökonomie

Recht

Älter als diese neuen Trends ist die Affinität der Literaturwissenschaft zur Psychologie, die als empirische Wissenschaft weder eindeutig zur Natur- noch zu den Sozial- oder den Geisteswissenschaften zählt. Literarische Texte bezeugen schon seit der Aufklärung ein thematisches Interesse an ‚psychologischen' Fragestellungen, das im

Psychologie

frühen 20. Jahrhundert dank der Entwicklung der Psychoanalyse kulminiert. Viele Autoren modellieren ihre Figuren bewusst oder unbewusst im Horizont ihres psychologischen Wissens. Ebenso zeichnet sich in psychologischen Texten ein Interesse für die Literatur ab, zunächst weil sie gewissermaßen exemplarische Fallstudien bereitstellt – so ist Sigmund Freuds aus der Literatur gewonnene Begriffsprägung des Ödipuskomplexes ein Beispiel für die literaturpsychologische Interpretation. Ansonsten schlug sich die wechselseitige Faszination zunächst kaum in akademischer Zusammenarbeit nieder. Im Verlauf des 20. Jahrhunderts etablierte sich jedoch die Literaturpsychologie als Methode der Literaturwissenschaft, die außer der Inhaltsebene des Textes mitsamt Figurengestaltung auch den Autor und seine psychische Disposition im künstlerischen Schaffensprozess sowie des Lesers Lektüreerfahrung untersucht. Letzteres ist heute auch Gegenstand der empirischen Leserforschung, die kognitive und emotionale Reaktionen fokussiert.

Natur- und Umweltwissenschaften

Einen regelrechten Boom erlebt derzeit die aus literaturwissenschaftlicher Sicht scheinbar so entlegene Naturwissenschaft als Bezugsdisziplin auf dem Feld interdisziplinärer Aktivität. Was die Literaturwissenschaft etwa mit der Biologie gemeinsam hat, ist auf den ersten Blick nicht ohne Weiteres zu erkennen. Bedenkt man jedoch als eine der Aufgaben der Biologie die umfassende Erforschung (auch) menschlichen Verhaltens, so deutet sich ihr Potenzial für Erklärungen des Kunstschaffens an.

Mit Bezug auf die alte Feststellung, dass Kunst Vergnügen bereitet und uns bei der Kunstrezeption sogar Schreckliches erfreut, stellt eine soziobiologisch orientierte Literaturwissenschaft die Frage, warum dies so ist und wie sich dies biologisch oder evolutionspsychologisch begründen lässt. Damit sucht sie eine Antwort auf literaturwissenschaftliche Grundfragen – wie auch der zu den Hintergründen ästhetischen Geschmacks –, welche die Soziobiologie (als Teildisziplin der Biologie) an sich kaum interessieren. Für die Literaturwissenschaft erweist sich der Rekurs darauf aber als fruchtbar. Eine ‚darwinistische' Literaturwissenschaft fokussiert schon länger die Gedächtnisfunktion von Literatur, d. h. die Tradierung nützlichen menschlichen Wissens in Werken. Seit dem Aufkommen der Evolutionären Psychologie im letzten Jahrzehnt des 20. Jahrhunderts wird auch diese bei der Literaturanalyse berücksichtigt, etwa zur Erklärung der speziellen menschlichen Reaktionsweise auf Kunstwerke und deren Informationsgehalt im Sinne eines Spiels.

Außerdem geben auch neurophysiologische Erkenntnisse Antwort auf die Grundfrage nach dem evolutionären Sinn zweckfreier ästhetischer Lust (vgl. Eibl 2004) und dienen damit letztlich als Erklärungshilfen für das spezifische Wesen jeglicher Kunst. Unter dem Etikett *biopoetics* firmiert neuerdings eine ‚evolutionäre Ästhetik'. Mittlerweile bekannte Beispiele für den poetischen und gar poetologischen Rekurs auf die Neurobiologie finden sich in der Dichtung Durs Grünbeins, die ihrerseits eine interdisziplinäre Betrachtungsweise inspiriert. Biopoetics

Zwar ist sie keine Naturwissenschaft im strengen Sinn, doch wird die Mathematik oft als eine solche angesehen. In der mittelalterlichen Wissensorganisation wurde sie den Sieben Freien Künsten zugerechnet, da sie es mit künstlich geschaffenen Welten zu tun hat, und auch heute wird sie von einem neuen interdisziplinären Forschungszweig gern wieder als Kunst und Sprache betrachtet, während respektive das Mathematische in der Literatur beleuchtet wird (vgl. Albrecht/ von Essen/Frick 2011). Analogien werden unter anderem in den Verfahren der Abstraktion, der Aleatorik und der Kombinatorik festgestellt. Um ein konkretes Beispiel eines der Textanalyse zuträglichen Wissensimports zu nennen: Hilfreich sind mathematische Kenntnisse im Umgang mit kombinatorischer Poesie, da diese zum Teil mit komplexen Zahlenverhältnissen operiert, die in Sprache übersetzt werden. Mathematik

Auf dem Boden der Tatsachen bleiben demgegenüber viele Texte, die ökologische Transformationen thematisieren und damit die Umweltwissenschaften – ihrerseits ein Konglomerat mehrerer Fachrichtungen – aufrufen. Diese spenden der Literatur (als Thema) und der Literaturwissenschaft (für die Textinterpretation) ständig neue Untersuchungsergebnisse zu Klimawandel, Artensterben u. a. Auf die Aktualität und Brisanz der Thematik reagierend, hat sich in interdisziplinärem und internationalem Zusammenschluss – ursprünglich von den USA ausgehend, inzwischen in Europa angekommen – der *Ecocriticism* formiert, um, vereinfacht gesagt, Veränderungen im Verhältnis von Mensch und Natur bzw. Umwelt zu registrieren, die Literatur und Kunst reflektieren. Umweltwissenschaften

Die Reihe der Interaktionsfelder, in denen die Komparatistik – in dieser Darstellung vor allem als Literaturwissenschaft – mit ihren Nachbardisziplinen kollaboriert und dabei neue, interdisziplinäre Forschungszweige generiert, ließe sich fortsetzen, ist jedoch unabschließbar ...

Fragen und Anregungen

- Überlegen Sie, ob und warum die Unterteilung der Wissenschaften in Disziplinen sinnvoll ist und wo sie an ihre Grenzen stößt.
- Welche Möglichkeiten eröffnet ein interdisziplinäres Arbeiten?
- Erläutern Sie anhand eines Beispiels, was man unter einem Theorie- oder Methodenimport versteht.

Lektüreempfehlungen

- **Thomas Anz (Hg.): Handbuch Literaturwissenschaft, Bd. 2: Methoden und Theorien,** Stuttgart / Weimar 2007, S. 373–495. *Hier empfohlen wird das von mehreren Fachgelehrten erstellte Kapitel ‚Literaturwissenschaft und ihre Nachbarwissenschaften', das zu unserem Kapitel Vertiefungen und weiterführende Literaturhinweise enthält.*
- **Johann Heilbron: Das Regime der Disziplinen. Zu einer historischen Soziologie disziplinärer Wissenschaft,** in: Hans Joas / Hans G. Kippenberg (Hg.), Interdisziplinarität als Lernprozess. Erfahrungen mit einem handlungstheoretischen Forschungsprogramm, Göttingen 2005, S. 23–45. *Der Beitrag geht der Entstehung der modernen wissenschaftlichen Disziplinen nach und vergleicht sie dabei mit der Ausdifferenzierung moderner Gesellschaften. Der Verfasser setzt sich darüber hinaus kritisch mit Forschungsliteratur zu den Begriffen der Disziplin und der Interdisziplinarität auseinander.*
- **Lothar van Laak / Katja Malsch (Hg.): Literaturwissenschaft – interdisziplinär,** Heidelberg 2010. *Der Band vertieft den Überblick dieses Kapitels anhand von 14 Einzelstudien, die sich der Integration fremder Disziplinen in die Literaturwissenschaft widmen.*
- **Niklas Luhmann: Liebe als Passion. Zur Codierung von Intimität,** Frankfurt a. M. 1994. *Das Buch des Soziologen argumentiert vorwiegend mit literarischen Beispielen aus dem Liebesdiskurs des 17. und 18. Jahrhunderts, um zu zeigen, wie das Konzept der Intimität und romantischen Liebe aus einem von der Literatur produzierten semantischen Überschuss entsteht.*
- **Winfried Menninghaus: Wozu Kunst? Ästhetik nach Darwin,** Berlin 2011. *Das Buch diskutiert – unter Rückgriff u. a. auf die Musikwissenschaften, die Literaturwissenschaft, die Soziobiologie, die Entwicklungspsychologie, die Neurobiologie – Charles Darwins evolutionstheoretische Thesen zur Entstehung der Kunst.*

5 Interrelationen (trans-)historisch: Epochen

Dirk Kretzschmar

Abbildung 5: Gustav Heinrich Eberlein: *Goethe bei Betrachtung von Schiller's Schädel* (1887)

INTERRELATIONEN (TRANS-)HISTORISCH: EPOCHEN

Die im Jahr 1887 entstandene Marmorbüste Gustav Heinrich Eberleins (1847–1926) mit der Inschrift „Goethe bei Betrachtung von Schiller's Schädel" veranschaulicht retrospektiv Epochenbildungsprozesse: Am 11. Mai 1805 wurde Friedrich Schiller (*1759) in einem Massengrab bestattet. Als man ihn 1826 umbetten wollte, ließen sich seine Überreste nicht mehr zweifelsfrei ausmachen. Daraufhin ‚identifizierte' man einfach den größten Schädel – aber, wie man heute weiß, den falschen – als denjenigen Schillers, um ihn, einer Reliquie gleich, in der Großherzoglichen Bibliothek Weimar im Postament einer lorbeerbekränzten Schillerbüste zu verschließen. Anlässlich dieses Ereignisses schrieb Johann Wolfgang Goethe ein Gedicht, in dem Schiller zwar nicht namentlich erwähnt wird, das Johann Peter Eckermann dennoch nach Goethes Tod mit dem auf Eberleins Büste zitierten Titel „Bei Betrachtung von Schillers Schädel" versah.

Schon die Zeitgenossen und die unmittelbare Nachwelt konstruierten sich ihr eigenes Bild von Goethe und Schiller, das nicht immer den historischen Fakten entsprach, dafür aber umso mehr zur kultischen Verehrung taugte. Vordringlich darum ging es auch dem Literaturhistoriker Georg Gottfried Gervinus, als er Mitte der 1830er-Jahre erklärte, in Goethe und Schiller sei das Kunstideal der Antike wiedererstanden. Seither verbindet die deutsche Literaturgeschichtsschreibung das Duo mit einer eigenen Epoche: der „Weimarer Klassik".

Epochenbegriffe und -konzepte sind stets standortgebundene Vergegenwärtigungen der literarischen Vergangenheit, und damit (Re-)Konstruktionen, die keinesfalls immer eine innere Angelegenheit der Literaturwissenschaft sind. Die Geburt der „Weimarer Klassik" aus dem Geiste kultureller, politischer und nationaler Sinnstiftungsmuster zeigt dies eindrücklich. Aus komparatistischer Perspektive tritt der Konstruktcharakter dieser Epoche noch deutlicher hervor. So hat die englische oder französische Literarhistoriografie erhebliche Probleme damit, Goethes und Schillers Epoche als ‚Klassik' zu betiteln – wir werden sehen, warum. Im Folgenden werden zunächst verschiedene Epochenmodelle mitsamt ihren teils problematischen Prämissen und Resultaten beschrieben. Anschließend werden alternative Konzepte vorgestellt, die einem supranationalen Blickwinkel besser entsprechen.

5.1 Nutzen und Nachteile etablierter Epochen(begriffe)
5.2 Alternative Epochenmodelle

5.1 Nutzen und Nachteile etablierter Epochen(begriffe)

Die Literaturgeschichtsschreibung als Teildisziplin der Literaturwissenschaft sieht eine ihrer Kernaufgaben darin, das historische Kontinuum der Literatur in Epochen einzuteilen. Dabei stellt sie zunächst fest, dass jeweils über einen gewissen Zeitraum hinweg Texte entstanden sind, die über gemeinsame poetologische, formale und inhaltliche Merkmale verfügen, um dann den betreffenden Abschnitt auf der literarischen Zeitachse zu markieren, mit einem Epochentitel zu versehen und als Einheit zu behandeln. Unter „Epoche" wird allerdings erst seit dem 18. Jahrhundert eine länger andauernde historische Phase verstanden. Vorher bezeichnete der Begriff – gemäß der griechischen Bedeutung von *epoché* = Haltepunkt – lediglich den Moment des Beginns einer neuen Entwicklung. Ebenfalls erst im 18. Jahrhundert wird es möglich, Epochen miteinander zu vergleichen, ohne zwischen ihnen zwangsläufig agonale, das heißt, auf Wettbewerb, Kampf und Überbietung ausgerichtete Beziehungen herstellen zu müssen (→ KAPITEL 2).

Das Konzept Epoche

Epochen sind also geschichtlich veränderliche literaturwissenschaftliche Ordnungskategorien, die dabei helfen, ein zunächst unüberschaubares ‚Chaos' von Texten in die Form eines chronologischen und systematischen, durch Epochenbezeichnungen rubrizierten ‚Kosmos' zu bringen. Da Namensgebungen jedoch immer auch mit bestimmten Konzepten und Interpretationen verbunden sind, gehört die Benennung von Epochen zu den strittigsten Fragen der Literaturgeschichtsschreibung. Eines der Hauptprobleme liegt darin, dass Epochenbezeichnungen auf höchst heterogenen Unterscheidungs- und Periodisierungskriterien basieren.

Probleme der Epochenbezeichnung

Epochentitel wie Literatur um 1900, Literatur des 18. Jahrhunderts oder Gegenwartsliteratur nehmen rein zeitliche Fixierungen vor. Epochentitel wie Elizabethan Literature, Italienisches Risorgimento, Literatur der Russischen Revolution oder Postkoloniale Literatur stellen hingegen – theoretisch nicht immer sauber fundiert – Beziehungen zwischen der Literaturgeschichte und nationaler Herrschaftsgeschichte bzw. politischen Umbrüchen und Zäsuren her.

Kulturspezifische und politische Epochentitel

Paneuropäische Epochennamen wie Humanismus, Reformation, Gegenreformation oder Aufklärung verweisen nicht nur auf die Gemeinsamkeiten zwischen den einzelnen Literaturen, sondern wiederum stärker auf die Verflechtung zwischen der Literatur und dominierenden philosophischen/ideengeschichtlichen Strömungen. Ein ebenfalls

Paneuropäische Epochennamen

gesamteuropäisch konzipierter Epochentitel wie Barock orientiert sich demgegenüber stärker an den gemeinsamen ästhetischen und formalen Merkmalen aller Künste dieser Zeit. Zugleich sind Epochen wie der Barock oder die Aufklärung durch eine komplexe Gemengelage literarisch-künstlerischer, ideengeschichtlicher, politischer und wissenschaftlicher Diskurse geprägt (→ ASB KELLER; ASB D'APRILE / SIEBERS).

Transmediale Epochentitel

Gleiches gilt für den Zeitraum um 1900. Mit der Décadence, dem Symbolismus und dem Impressionismus bilden Literatur und Kunst dieser Phase allerdings derart heterogene und nationalspezifische Binnensysteme, Strömungen und Schulen aus, dass die Literaturgeschichtsschreibung keinen vereinheitlichenden Epochentitel prägte, sondern es bei rein zeitlich fixierenden Bezeichnungen wie Literatur um 1900 (→ ASB AJOURI), Literatur der Jahrhundertwende oder *fin de siècle* beließ.

Weit problematischer als zeitliche, wenig aussagekräftige Epochentitel sind allerdings solche, die auf wertend-normativen Konzepten basieren. Darunter fallen Bezeichnungen wie Goldenes oder Silbernes Zeitalter, die schon in der antiken Mythologie und lateinischen Literaturgeschichte gebraucht wurden. Die Silberne Latinität meint beispielsweise die Literatur des nachaugusteischen Zeitalters, die gegenüber Cicero, Horaz, Vergil und Ovid abfällt. In Spanien spricht man von den Siglos de Oro (16./17. Jahrhundert, also Renaissance und Barock) mit Miguel de Cervantes, Lope de Vega und Luis de Góngora. In Russland wird mit der Epochenbezeichnung „serebrjannyj vek" (Silbernes Zeitalter) der Zeitraum um 1900 bezeichnet. Er umfasst Strömungen wie den Akmeismus und Symbolismus und Autoren wie Aleksandr Blok, Anna Achmatova, Osip Mandel'štam, Boris Pasternak oder Marina Cvetaeva.

Wertende Epochentitel

Solche Kategorisierungen müssen nicht immer im Nachhinein von der Literaturgeschichtsschreibung vorgenommen werden, sondern können auch von den Literaten selbst stammen, die sich damit bewusst in bestimmte Traditionslinien einschreiben oder neue eröffnen wollen. Im Zuge von teils expliziten, teils impliziten Hierarchisierungen beschwören sie die Idee besonders ‚hochwertiger', weil mit einer Fülle ‚großer' Autoren gesegneter Epochen herauf – entsprechend der Konzepte einer ‚Blüte- oder ‚Reifezeit'. Ihr wertendes und damit zugleich kanonbildendes Potenzial macht ein Grunddilemma jedes (literar-)historiografischen Projekts augenfällig: Um in das unüberschaubar große Feld der Literatur Ordnung zu bringen, muss zwangsläufig – aber eben immer standortgebunden und voreingenommen – ‚Wichtiges' von ‚Unwichtigem', ‚Epochemachendes' von ‚Nebensächlichem'

Blüte- und Reifezeiten

getrennt werden. Inklusionsbewegungen (die Aufnahme bestimmter Werke und Autoren in das Epochenmodell) sind untrennbar mit Exklusionsbewegungen (dem Auslassen oder nur kursorischen Erwähnen von vermeintlich peripheren Erscheinungen) verbunden (→ KAPITEL 13).

Zu besonders fragwürdigen Resultaten führen Wertungs- und Ausschlussmechanismen im Fall von Konzepten, die nur einzelne Autoren zum Dreh- und Angelpunkt einer Epoche machen. Ein Beispiel aus der deutschen Literaturgeschichtsschreibung ist der von dem Literaturhistoriker Hermann August Korff geprägte Begriff „Goethezeit" für die Jahre zwischen 1770 und 1830 (*Geist der Goethezeit*, 4 Bde., 1923–55). Das legitime Bedürfnis der Literaturgeschichtsschreibung nach Komplexitätsreduktion führt hier allerdings zu gravierenden Folgeproblemen. So eignet sich der pauschalisierende Begriff „Goethezeit" kaum dazu, alle literarischen Erscheinungen dieses Zeitraums (etwa Sturm und Drang, Klassik und Romantik) adäquat zu erfassen. Zudem suggeriert er, dass eine mehrere Jahrzehnte umfassende Phase der Literaturgeschichte allein durch das Werk eines Autors geprägt wurde. Ähnliches gilt, wenn Geschichten der englischen Literatur von der „Shakespearezeit" sprechen (vgl. Gelfert 2005). Werden lediglich einzelne oder nur wenige Autoren zu alleinigen Protagonisten einer Epoche (v)erklärt, so stellt man zudem andere zeitgenössische Autoren gänzlich in den Schatten. Und schließlich ist man auch gezwungen, die betreffende Epoche abrupt enden zu lassen: nämlich mit dem jeweiligen Todestag des vermeintlich allein ‚epochemachenden' Autors. Personenzentrierte und biografistische Konzepte werden den komplexen Verläufen und der internen Heterogenität von Epochen also kaum gerecht. Ihre allzu starren Zeitraster verstellen zudem den Blick auf die längerfristigen Vorgeschichten und Nachwirkungen einer Epoche.

Im Rahmen eines erweiterten Interesses für weltliterarische (vgl. Damrosch 2008) und interkulturelle Zusammenhänge, wie es die Komparatistik kennzeichnet, verlieren manche Epochenbegriffe und -zäsuren ohnehin ihre – aus rein nationalliterarischer Perspektive – vermeintlich festen Konturen. So firmieren Epochen wie die Romantik, der Realismus oder der Naturalismus in vielen europäischen Nationalliteraturen und -kulturen zwar unter demselben Titel. Aufgrund der jeweils stark divergierenden politischen, soziokulturellen und (literar-)historischen Kontexte der jeweiligen Länder können sie jedoch unterschiedliche Zeiträume umfassen.

So erklärt sich etwa der – verglichen mit England (ab ca. 1780) oder Deutschland (ab 1795) – verzögerte Beginn der spanischen Ro-

Personenzentrierte Epochentitel

Epochen aus supranationaler Sicht

Beispiel Romantik

mantik, die sich erst mit der Rückkehr liberaler Exilanten Anfang der 1830er-Jahre entwickelt, durch die vorherige Unterdrückung jeglicher bürgerlicher und literarischer Emanzipationsbestrebungen seitens des politischen und kulturellen Establishments. Ähnliches ist aufgrund der autokratischen Machtverhältnisse in Russland zu beobachten. Dort entwickelt sich die Romantik ebenfalls erst in den 1830er-Jahren – und auch dort großenteils aus der Rezeption westeuropäischer, primär deutscher, Vorbilder (→ ASB EBERT).

Beispiel Moderne

Von einem solch verzögerten Kulturexport lässt sich auch im Fall der europäischen Erfindung ‚Moderne' sprechen, deren Beginn je nach Verständnis und Kontext zeitlich sehr unterschiedlich situiert werden kann, nämlich zeitgleich mit der Neuzeit bzw. Renaissance, mit der Industrialisierung oder aber auf der Schwelle zum 20. Jahrhundert. So setzt beispielsweise die Türkische Moderne erst gegen Ende des 19. Jahrhunderts ein, als literarische Übersetzungen (vor allem aus dem Französischen) hergestellt und mit der gesellschaftlichen Erneuerungsbewegung („Tanzimat") auch ‚moderne' Schreibweisen gegen die ‚klassische' osmanische Literatur in Anschlag gebracht wurden.

Für ostasiatische Literaturen wie die chinesische oder koreanische ist ein ähnlich radikaler Umschwung zur Moderne erst um 1900 anzusetzen. Dieser vollzog sich vornehmlich durch den Import europäischer und amerikanischer Literatur. Asiatische Literaturgeschichten operieren daher meist mit der zweiwertigen Epochenzäsur von ‚klassischer' und ‚moderner' Literatur. Im Zusammenhang mit diesen internationalen Zeitverschiebungen von Epochen trifft man in Literaturgeschichten häufig auf den Begriff der Verspätung. So wertfrei er zunächst daherkommen mag, zeigt sich bei genauerer Betrachtung, dass er die geradezu kulturimperialistische Vorstellung eines originären, höher einzustufenden Kulturguts impliziert, das, nachdem es selbst erst einmal zu voller Blüte gelangt ist, sich die Zeit nimmt, andere Literaturen zu befruchten. Diese werden damit unvermeidlich auf die Position gleichsam selbst ‚verspäteter', also ‚minderwertiger' Literaturen verwiesen. In einer solchen Sicht wäre, zugespitzt formuliert, die zeitlich verschobene Übernahme der originär italienischen Epoche der Renaissance zunächst in Spanien und Frankreich, und dann erst in England und Deutschland nichts anderes als ein Degenerationsprozess der ‚eigentlichen' Renaissance bei ihrem ‚langen Marsch' durch die ‚verspäteten Kulturen'. Bei der Beschreibung solcher Transfervorgänge sollte man daher nicht von „Verspätungen", sondern – weniger hierarchisierend und wertend – von Phasenverschiebungen sprechen.

Phasenverschiebungen im internationalen Vergleich

Epochen bilden sich in den einzelnen Nationalliteraturen jedoch nicht nur phasenverschoben, sondern auch mit jeweils deutlich eigenen konzeptionellen Akzenten heraus. So bezeichnet beispielsweise der französische Classicisme (1660–1715) die von Ludwig XIV. protegierte, der kulturellen Legitimation absolutistischer Herrschaft dienende, durch idealisierende Rückgriffe auf die griechische Antike charakterisierte Kunst und Literatur, darunter besonders das Theater Pierre Corneilles, Jean Racines und Jean-Baptiste Molières. Der englische Neoclassicism, der in seiner zeitlichen Ausdehnung von 1700–80 zugleich die Aufklärung mit einschließt, firmiert hingegen als Augustan Age, da er seine Vorbilder weniger bei den griechischen als vielmehr bei den römischen Autoren aus der Zeit des Kaisers Augustus sucht. Auch die sozialen Voraussetzungen dieser beiden europäischen Klassizismen – und damit zugleich die Produktions- und Rezeptionsbedingungen der Literatur – sind grundverschieden. Da sich der englische Klassizismus in einer bereits weitgehend ausgebildeten bürgerlichen Gesellschaft entwickelt, hat er nur wenig mit absolutistisch-höfischer Repräsentationskultur zu tun. Vor diesem Hintergrund wird auch verständlich, warum sowohl der englischen als auch der französischen Literaturgeschichtsschreibung ein Epochentitel wie „Deutsche Klassik um 1800" „als Kuriosum" (Plumpe 1995, S. 17) erscheinen muss. Denn er bezeichnet etwas, das weder zeitlich noch konzeptionell mit dem übereinstimmt, was in der englischen und französischen Literaturgeschichte unter dem Label Klassizismus firmiert. Mit ihrer Skepsis gegenüber der Deutschen Klassik orientiert sich die außerdeutsche Literaturgeschichtsschreibung im Übrigen erheblich mehr an der Selbstwahrnehmung unserer ‚Klassiker' als die deutsche. Denn zumindest im klassizistischen Sinn wollten sich weder Goethe noch Schiller als „Klassiker" verstanden wissen. In dieser Version des Klassikbegriffs schwang für sie noch die regelpoetisch geforderte Nachahmung der klassischen – also ‚vorbildlichen' antiken – Autoren (*imitatio auctorum*) mit (→ ASB TAUSCH). Und von dieser normativen Übermacht der Antike wollte man sich gerade befreien. Eben aufgrund dieser distanzierten Haltung gegenüber der Regelpoetik und der Autorität der *anciens* ordnen englische und französische Literaturgeschichten Goethe und Schiller eher den *modernes*, also der Romantik mit ihrer dezidiert antiklassischen Literatur und Poetik, zu.

Dies wiederum erklärt, warum Epochenbegriffe wie German Romanticism oder Romanticisme allemand nicht nur Konzepte wie die eigentliche Deutsche Romantik, sondern auch den Sturm und Drang und die Weimarer Klassik mit einschließen.

Divergente europäische Klassizismen

Ähnliche Titel – unterschiedliche Konzepte

Klassik vs. Romantik

Ein Blick nach Südamerika soll den zwangsläufig ausschnitthaften Überblick über Phasenverschiebungen und konzeptionelle Neufassungen von Epochen abschließen. So nimmt der in den 1940er-Jahren entstandene literarische Magische Realismus (*realismo mágico*) einen europäischen Epochentitel und dessen poetologische Prinzipien teilweise auf, reichert beide aber zugleich mit eigenen, vorkolonialen Kulturtraditionen an. Auf diese Weise entsteht eine als „hybrides Drittes" zu bezeichnende Literatur, die sich dezidiert und durchaus in postkolonialer Stoßrichtung gegen die rationalistische Wirklichkeitsauffassung neuzeitlich-westlichen Denkens abgrenzt und dem Wunderbaren einen im realistischen Literatursystem westlicher Provenienz ausgeschlossenen Platz einräumt.

Die Komplexität der Kategorie Epoche, verbunden mit einem Begriffspluralismus sollte allerdings nicht zu der Schlussfolgerung verleiten, es sei besser, auf Epochengliederungen ganz zu verzichten. Ein literaturwissenschaftlich praktikabler und gewinnbringender Umgang mit ihnen sollte jedoch auf Theorien und Methoden basieren, die dazu beitragen, die erörterten Schwierigkeiten und Inkonsistenzen zu minimieren.

5.2 Alternative Epochenmodelle

Zeitgenössische Literaturgeschichtsschreibung verabschiedet sich von jeglicher Teleologie, das heißt von Vorstellungen einer wie auch immer gearteten Gesetzmäßigkeit und Zielgerichtetheit historischer Prozesse (vgl. Nünning 1996). Anstatt also die literarische Entwicklung als Annäherung an ein oder Entfernung von einem gesetzten (idealen) Endziel zu interpretieren – um dann von Jugend-, Reife-, Alters-, Blüte- oder Verfallsphasen sprechen zu können –, geht man vom Eigenwert jeder Epoche aus.

Jurij Tynjanov (1894–1943), ein maßgeblicher Vertreter des russischen Formalismus, hatte eine entsprechende Evolutions- und Epochentheorie der Literatur bereits 1927 ausgearbeitet (vgl. Tynjanov 1971). Demzufolge wird die Entwicklung der Literatur durch den beständigen Wechsel von Automatisierung und Entautomatisierung literarischer Verfahren vorangetrieben – und folgt somit ausschließlich systemimmanenten Gesetzen. Jeder Stil, jede Versform, jedes Erzählverfahren, jedes Motiv, jede Metapher etc. verliert mit der Zeit an Innovationskraft und muss, sollen literarische Texte weiterhin Aufmerksamkeit erzielen, durch neue, unverbrauchte Verfahren ersetzt werden. Doch auch diese ‚überleben' sich mit der Zeit und werden ihrerseits von neuen abgelöst.

Mit ihrer Theorie einer ausschließlich eigenen Gesetzmäßigkeiten unterliegenden Evolution der Literatur – die sich damit auch von autorzentrierten und biografistischen Modellen verabschiedet – lieferte der Formalismus (und darauf aufbauend der Strukturalismus) entscheidende Impulse für solche Konzepte, die unter einer Epoche generell die Formation bestimmter künstlerischer Stile und Verfahren verstehen (vgl. Müller 2009; Kretzschmar 2011). Epoche als Stil und Verfahren

Auf dieser Grundlage können dann dichotomische (einander gegenüberstehende) Epochenstile unterschieden und der Epochenwandel als Ablösung des einen durch den anderen Stil beschrieben werden. Dichotomische Epochenstile

Bekannt geworden ist beispielsweise die Bezeichnung Manierismus (von italienisch *maniera* = Verfahren) für solche Epochen, in denen primär das Ausstellen und Wahrnehmbarmachen der künstlerischen Verfahren und Formen selbst im Mittelpunkt der Kunsttheorie und -praxis stehen (vgl. Hocke 1959; Curtius 1993, S. 277–305). Dies war in Epochen wie dem Barock, der Romantik oder in den verschiedenen ästhetizistischen Strömungen des *fin de siècle* um 1900 der Fall. Was speziell die Literatur betrifft, kommt in diesen manieristischen Epochen die Sprache eher als eigenwertiges, wortkünstlerisches Material zum Tragen. Vor allem die prosodischen (lautlichen), stilistischen und rhythmischen Ressourcen der poetischen Sprache gewinnen eine Eigenqualität, die häufig jeglichen Durchgriff auf eine Wirklichkeit jenseits der Texte versperrt. Für Epochen wie die Romantik oder den Ästhetizismus um 1900 ist zudem konstitutiv, dass ihre Vertreter jegliche außerästhetische Funktionalisierung der Literatur radikal verwerfen – eine Haltung, die unter der Formel *l'art pour l'art* (Kunst um der Kunst willen) bekannt wurde. Manieristische Epochen

Den manieristischen Epochen stehen Epochen gegenüber (bzw. gehen ihnen voraus oder lösen sie ab), in denen die ‚Gemachtheit' der Artefakte eher verdeckt werden soll: etwa, um eine größere Nähe zwischen der Kunst und der empirischen Wirklichkeit herzustellen (Mimesis), und/oder um das Publikum zu belehren, und/oder um Gesellschaftskritik zu üben. Dies ist für Epochen wie die Renaissance, den Klassizismus, die Aufklärung, den Realismus oder den Naturalismus charakteristisch. Die Literatur dieser Epochen verfährt mit der Sprache dementsprechend eher als Träger von Bedeutung. Mimetische bzw. realistische Epochen

Die skizzierte Opposition zweier wiederkehrender Epochenstile wird bisweilen auch als klassi(zisti)sch vs. antiklassi(zisti)sch beschrieben. Klassi(zisti)sche vs. antiklassi(zisti)sche Epochen

Supranationale Stil-Oppositionen

Epochenmodelle, die auf der Unterscheidung von Stilen und künstlerischen Verfahren beruhen, haben eine Reihe von Vorteilen: Sie verfahren weder hierarchisierend noch wertend; sie vermeiden allzu kleinschrittige Epochenzäsuren, die zu mangelnder Trennschärfe und Unübersichtlichkeit von Epochenbegriffen führen; sie kommen ohne simplifizierende Einschränkungen auf einzelne Werke und/oder Autoren aus; ferner umgehen sie theoretisch fragwürdige Ableitungen literarischer Prozesse und Epochenwechsel aus literaturexternen Kontexten; schließlich – und dies ist aus komparatistischer Perspektive entscheidend – lassen sie keine unreflektierten Horizontverengungen auf ausschließlich nationalliterarisch zugeschnittene Epochenkonzepte und -titel zu.

Medienorientierte Epochenmodelle

Außerdem – und dies ist wiederum für den intermedialen Fokus der Komparatistik von besonderem Interesse – widmet die aktuelle Literaturgeschichtsschreibung den von Epoche zu Epoche divergierenden programmatischen und ästhetischen Austauschbeziehungen zwischen der Literatur und den (Massen-)Medien verstärkte Aufmerksamkeit. Auf diese Weise kann eine (Epochen-)Geschichte der Literatur mit einer (Epochen-)Geschichte der Medien verbunden werden (vgl. Kittler 1995; Schmidt 2000; Hörisch 2009). Auf interkultureller Ebene lassen sich Phasenverschiebungen und konzeptionelle Unterschiede zwischen Epochen somit auch auf Differenzen der Medienevolution und des Mediengebrauchs in den verschiedenen Nationalliteraturen und -kulturen zurückführen.

Kulturwissenschaftliche Epochenmodelle

Weiterhin gingen von der kulturwissenschaftlichen Wende (*cultural turn*) in den Geistes- und Sozialwissenschaften seit den 1980er-Jahren erhebliche Einflüsse auf die Theorie und Praxis der Literaturgeschichtsschreibung aus. Eine kulturwissenschaftlich orientierte Literaturwissenschaft (→ KAPITEL 10) richtet ihre Aufmerksamkeit auf die komplexen Wechselwirkungen und Austauschbeziehungen zwischen literarischen und nicht-literarischen, also politischen, wissenschaftlichen, rechtlichen, religiösen, juridischen, mentalitätsgeschichtlichen und anthropologischen Diskursen, Entwicklungen und Praktiken. Dabei findet die Populärliteratur als kulturelles Reflexions- und Speichermedium ebenso Berücksichtigung wie die sogenannte Höhenkammliteratur (vgl. Nünning/Nünning 2003; Nünning/Sommer 2004). Dieser generelle Ansatz ist auf eine kulturwissenschaftlich ausgerichtete Literaturgeschichtsschreibung übertragbar, deren Forschungsspektrum sich damit entsprechend breit auffächert und Gebiete umfasst wie Literatur und Kulturelles Gedächtnis (vgl. Pethes/Ruchatz 2001; Erll/Nünning 2005), Literarische Anthropologie (Riedel 2004; →ASB KOŠENINA), Literatur und Wissen (Klausnitzer 2008) oder Literatur und Gender (Schabert 1995; →ASB SCHÖSSLER). Obwohl sich diese Arbeitsfelder meistens mit jeweils einzelnen Nationalliteraturen und -kulturen befassen, bilden Kulturelles Gedächtnis, Anthropologie oder Geschlechterkonstrukte zugleich Ordnungskriterien für eine – in dieser Form allerdings erst noch zu leistende – interkulturelle Literaturgeschichtsschreibung. Phasen- und Konzeptverschiebungen literarischer Prozesse, darunter auch von literarischen Epochen, ließen sich dann auf raum-zeitliche und kulturelle Differenzen der Entstehung, des gesellschaftlichen Umgangs sowie der literarischen Verarbeitung dieser Diskurse und Kulturpraktiken zurückführen.

Auch für die gegenwärtig maßgeblichen soziologischen und modernisierungstheoretischen Ansätze der Literaturgeschichtsschreibung gilt, dass sie zunächst aus der Beobachtung westeuropäischer Entwicklungen gewonnen wurden, dass ihr Theorieapparat und ihre Forschungsergebnisse aber eine tragfähige Basis für komparatistisch weiter ausgreifende Studien bieten. Übereinstimmend gehen diese Ansätze davon aus, dass sich zwischen 1750 und 1800 – der sogenannten „Sattelzeit" (Koselleck 1987, S. 280f.) – in Westeuropa fundamentale Umbruchprozesse vollziehen, an deren Ende jene soziokulturelle Konstellation steht, die wir „Moderne" nennen.

Soziologische Epochenmodelle

Die Soziologie – besonders der Begründer der soziologischen Systemtheorie, Niklas Luhmann, – steuert zu diesem historischen Befund die Erkenntnis bei, dass Gesellschaften zu dieser Zeit beginnen, sich funktional auszudifferenzieren, das heißt, dass Funktionssysteme wie die Wirtschaft, die Politik, das Recht, die Wissenschaft, die Religion und die Kunst von nun an eigengesetzlich und autonom voneinander arbeiten (vgl. Luhmann 1997). Die Literatur gewinnt auf diese Weise die Möglichkeit, die vormodernen Funktionserwartungen an ihre Erzeugnisse – Herrscherlob, religiöse und moralische Erbauung des Lesers, Popularisierung wissenschaftlicher Wahrheiten etc. – nicht nur zurückzuweisen, sondern offensiv zu hintertreiben, indem sie gerade das Verwerfliche, Blasphemische, Subversive und Falsche auf ästhetisch interessante Weise inszeniert. Dabei umfasst die Autonomie moderner Literatur sowohl ihre thematische als auch ihre formale Seite: Anders als die Mitteilungen der anderen Gesellschaftssysteme können literarische Texte nicht nur ihr *Was* – das Dargestellte –, sondern auch ihr *Wie* – die Art und Weise ihres Darstellens – zur Information machen.

Epochenschwelle um 1800

Eine an solchen Differenzierungs- und Modernisierungstheorien orientierte Literaturgeschichtsschreibung setzt also zunächst nur *eine*

Zwei Makroepochen

Epochenzäsur: die um 1800, die eine Makroepoche der Literatur *vor* von einer Makroepoche der Literatur *nach* ihrer funktionalen Ausdifferenzierung und Autonomisierung trennt. Die Aufklärung mit ihrer umfassenden Indienstnahme der Literatur zur Durchsetzung des aufklärerischen Welt- und Menschenbildes kann somit als letzte Epoche vormoderner Literatur gelten. Die Romantik bildet demgegenüber die erste Epoche moderner Literatur: Die Genieästhetik, die Faszination für das ‚Abseitige', Phantastische und Imaginäre, die Affinität zu Vieldeutigkeit, Ironie und Fragmentarizität, die hohe Bereitschaft zur Selbstreflexion sowie die Zurückweisung jeglicher Fremdansprüche (Wahrheit, Moral, Recht etc.) an die Literatur – all diese Kernbestandteile romantischer Poesie und Poetik bilden das stabile Fundament einer sich als autonom wahrnehmenden und entsprechend agierenden Literatur.

Von der funktionsdifferenzierten Gesellschaft sozusagen in die Unabhängigkeit entlassen, hat moderne Literatur nun die freie Wahl, entweder ihre Umwelt – die außerliterarische Wirklichkeit – oder sich selbst als System – ihre Verfahren, ihre Strukturen sowie die reine Materialität ihres Basismediums Sprache – zum Gegenstand zu machen. Je nach literaturtheoretischer Perspektive lassen sich beide Optionen mit unterschiedlichen Begriffen bezeichnen. So kann man den Wirklichkeitsbezug der Literatur ebensogut ‚mimetisch' (abbildend) oder ‚fremdreferenziell', ihren Rückbezug auf sich selbst hingegen ‚performativ' oder ‚selbstreferenziell' nennen. Diese Unterscheidungen sind ebenso anschließbar an die Opposition zwischen manieristischen und nicht-manieristischen Epochen der Literatur und Kunst (s. o.).

Wellenbewegung: Selbst- vs. Fremdreferenz

Die Differenz zwischen Umweltbezug und Selbstbezug kann nun als Raster zur Unterscheidung weiterer Teilepochen moderner Literatur dienen, indem man die Geschichte der Literatur nach 1800 als Wellenbewegung zwischen diesen beiden Extrempolen rekonstruiert. Einem Vorschlag des Germanisten Gerhard Plumpe folgend (vgl. Plumpe 1995), ergibt sich daraus für die deutsche Literatur folgende Epochenstruktur: Romantik (1795–1840), Realismus / Naturalismus (1848–1900), Ästhetizismus (1900–10), Avantgarde (1910–33) und Postismus (ab 1945 bis heute). Der letzte Epochenbegriff besagt, dass, nachdem alle prinzipiell möglichen Formierungsarten literarischer Texte einmal durchgespielt und ausgereizt worden sind, nur noch Rekombinationen des Verhältnisses zwischen Fremdreferenz und Selbstreferenz präsentiert werden können, die dann in Literaturgeschichten mit dem Präfix „Neo-" versehen werden: Neo-Romantik, Neo-Realismus, Neo-Avantgarde etc. Und auch die sogenannte Postmoderne mit ihren radikal sprach- und sinnkritischen Sprachspielen der späten 1960er- bis 1990er-Jahre wäre aus diesem Blickwinkel keine eigene Epoche, sondern ‚nur' ein Jonglieren mit und Vermischen von allen bislang entwickelten literarischen Verfahren.

Ausgehend von den Grundannahmen der systemsoziologischen und modernisierungstheoretischen Literaturgeschichtsschreibung sowie des daraus ableitbaren Epochenmodells lassen sich nun interkulturelle Vergleiche anstellen. Interkulturelle Vergleiche

So kann auf innereuropäischer Ebene beispielsweise gezeigt werden, dass sich das Epochenprofil der russischen Romantik aufgrund der dort in den 1830er/40er-Jahren noch nicht vollzogenen funktionalen Gesellschaftsdifferenzierung von der englischen, französischen und, vor allem, von der deutschen Romantik signifikant unterscheidet (vgl. Kretzschmar 2002). Zwar wird die deutsche Romantik in Russland ausgiebig rezipiert, doch beschränkt sich dieser Aneignungsprozess weitgehend auf die thematisch-motivische Ebene romantischer Literatur. Die für die deutsche Romantik so konstitutive Autonomiereflexion der Literatur kennt die russische Romantik hingegen nicht. Der Grund dafür liegt darin, dass die vormodernen gesellschaftsstrukturellen Gegebenheiten keine Beschreibungs- und Reflexionsmodalitäten für literarische/künstlerische Autonomie erlauben. Beispiel Romantik

Auch im Fall der literarischen Avantgarden der 1910er-Jahre vermag ein systemsoziologischer Blick, Differenzen zwischen West- und Osteuropa aufzudecken. Zunächst zu den Übereinstimmungen: Wie der italienische hebt auch der russische Futurismus mit seinen Formexperimenten auf die Selbstbezüglichkeit von poetischer Sprache ab. Der Italiener Filippo Tommaso Marinetti fordert in seinem 1909 erschienenen *Manifest des Futurismus* „Freiheit für die Worte" (*parole in libertà*); in Russland sprechen Aleksej Kručenych und Velemir Chlebnikov in den Jahren 1912 und 1913 vom „Wort an sich" (*slovo kak takovoe*) und vom „Buchstaben an sich" (*bukva kak takovaja*). Diese ‚ästhetizistischen' Formenspiele sollten aus Sicht der Avantgardisten – der italienischen wie der russischen – allerdings nicht länger ‚nur' Beiträge zum Kunstsystem sein. Im Gegenteil: Die Avantgarde will keine Kunstrevolution sein, sondern die Kunst einer Revolution, die eine Fundamentalattacke auf das Organisationsprinzip der modernen Gesellschaft – die Differenzierung in autonome Teilsysteme – unternimmt (→ ASB DELABAR). Diesen kulturrevolutionären Anspruch teilen die Avantgarden mit den in den 1920er-Jahren endgül- Beispiel Avantgarde tig zur Macht gelangenden totalitären Systemen des italienischen Faschismus und des sowjetischen Bolschewismus.

Russische Avantgarde

Und nun zu den Differenzen: Die Manifeste der russischen Avantgarde – zu erwähnen wäre hier auch noch das 1912 erschienene, von Vladimir Majakovskij, Velemir Chlebnikov, David Burljuk und Aleksej Kručënych unterzeichnete Pamphlet *Eine Ohrfeige dem öffentlichen Geschmack* (*Poščečina obščstvennomu vkusu*) – fordern neben der politischen Indienstnahme der Kunst ebenso pointiert, wenn nicht gar pointierter, die Befreiung der Kunst von allen bisherigen formalen Konventionen und organisatorischen Eingrenzungen. Anders gesagt: Hier manifestiert sich erstmalig ein Drang nach absoluter Kunstautonomie, der sich in westeuropäischen Literaturen bereits im Zuge der Romantik Bahn gebrochen hatte. Die russischen Avantgardisten deuten – heute muss man sagen, missdeuten – also die kommunistische Revolution als den Beginn einer gesellschaftlichen Entwicklung, die der Kunst erstmals all ihre ästhetischen Eigenrechte zugesteht – also etwas, was es in der russischen Geschichte bis dato noch nicht gegeben hatte. Auf der anderen Seite bieten die ebenso vorhandenen Appelle der russischen Avantgarde an das massenagitatorische Potenzial der Kunst im Rahmen des russischen soziokulturellen Kontextes wenig Neues. Anders als in Westeuropa galt die Kunst in Russland ja ohnehin seit jeher – aufgrund der ausbleibenden gesellschaftlichen Funktionsdifferenzierung – als ein Bereich, der politische, gesellschaftskritische und didaktische Aufgaben mit zu erfüllen hatte. Und eben darin gelangen die russische Avantgarde des frühen 20. Jahrhunderts und der russische Realismus des 19. Jahrhunderts programmatisch zu einer Deckung, die in dieser Konsequenz für westeuropäische Avantgarden keineswegs gilt.

Das Beispiel der Avantgarden zeigt somit auch noch einmal, dass solch komplexer Gegenstand wie eine Epoche erst in der Synthese literaturgeschichtlicher, intermedialer, interkultureller und (kultur-) soziologischer Betrachtungsweisen – und damit in komparatistischer Perspektive – adäquat beschreibbar wird.

Gegenwartsliteratur

Was schließlich, um das historische Panorama bis heute fortzuschreiben, die Gegenwartsliteratur betrifft, für die bislang hauptsächlich dieser rein zeitliche Epochentitel gebraucht wird, so wäre zunächst zu entscheiden, ob sie noch als Teil der Postmoderne zu sehen ist oder als deren Folgezeit. Dementsprechend konträr fällt die Zuordnung zu den zyklisch wiederkehrenden (wellenförmigen) Epochenstilen aus: respektive wäre die aktuell entstehende Literatur entweder noch Teil des selbstreferenziellen, manieristischen Paradigmas oder sie würde einen neuen Wirklichkeitsbezug (freilich mit eigenen zeitspezifischen Themen) einläuten.

Wenngleich die Globalisierung einerseits Gegensätze zwischen verschiedenen Literaturen einebnet und in gewisser Weise damit die Probleme der Phasenverschiebung auf Konzeptdivergenzen reduziert, so schafft die stetige Ausweitung des Blickwinkels auf einen immer größeren Verbund von Literaturen andererseits eine schwer zu bewältigende Komplexität. Der Anspruch, für die globale Literatur ein auf all ihre Teile gleichsam passendes Etikett zu finden – wie es vor einiger Zeit etwa mit postkolonialer Literatur versucht wurde –, ist kein geringer (→ KAPITEL 12). Es wird späteren Generationen von Literaturhistorikern und Epochentheoretikern vorbehalten bleiben, die Literatur unserer Zeit mit einem griffigen Epochentitel zu versehen – wenn sie denn einen finden.

Fazit

Fragen und Anregungen

- Wo liegen die Vor- und Nachteile literaturgeschichtlicher Epochengliederungen?
- Diskutieren Sie mögliche Kriterien für die Unterscheidung von Epochen. Welche sind aus literaturwissenschaftlicher Sicht sinnvoller als andere?
- Nennen Sie zentrale Epochen moderner Literatur und beschreiben Sie deren Merkmale.
- Wie verändert eine weltliterarische Perspektive nationalliterarische Epocheneinteilungen?

Lektüreempfehlungen

- Dieter Lamping: Die Idee der Weltliteratur. Ein Konzept Goethes und seine Karriere, Stuttgart 2010. *Aus komparatistischer Perspektive beschreibt diese Untersuchung Genese und Entwicklung des Begriffs der Weltliteratur vom Zeitpunkt seiner Erfindung durch Goethe bis hin zu seinen aktuellen Bedeutungen und Implikationen unter globalisierten Rahmenbedingungen literarischer Kommunikation.*

- Ansgar Nünning: Kanonisierung, Periodisierung und der Konstruktcharakter von Literaturgeschichten. Grundbegriffe und Prämissen theoriegeleiteter Literaturgeschichtsschreibung, in: ders. (Hg.), Eine andere Geschichte der englischen Literatur: Epochen, Gattungen und Teilgebiete im Überblick, Trier 1996, S. 1–24. *Dieser Aufsatz fasst in konzentrierter Form die theoretischen und methodischen Schwierigkeiten von Epochengliederungen zusammen und zeigt zugleich Lösungen auf, die es ermöglichen, sinnvoll und theoretisch fundiert mit der Kategorie ‚Epoche‘ arbeiten zu können.*

- Miltos Pechlivanos: Literaturgeschichte(n), in: ders./Stefan Rieger/Wolfgang Struck/Michael Weitz (Hg.), Einführung in die Literaturwissenschaft, Stuttgart 1995, S. 170–181. *Einführender Grundlagenartikel über Erkenntnisziele, Theorien und Methoden der Literaturgeschichtsschreibung.*

- Gerhard Plumpe: Epochen moderner Literatur. Ein systemtheoretischer Entwurf, Opladen 1995. *Ausgehend von den problematischen Aspekten herkömmlicher Epocheneinteilungen und -begriffe wird hier ein Alternativmodell präsentiert. Mithilfe systemtheoretischer Kategorien werden fünf Kernepochen moderner Literatur – Romantik, Realismus, Ästhetizismus, Avantgarde und Postismus – unterschieden.*

6 Intergenerische Relationen

Alexander Nebrig

Abbildung 6: Masken für die Tragödie und die Komödie

INTERGENERISCHE RELATIONEN

Die literarische Gattung des Dramas unterteilt sich in Tragödie und Komödie. In der Antike achteten Autoren auf die strenge Scheidung beider dramatischen Gattungen, ihre Mischung beobachtet man dagegen später bei Shakespeare. In der Tragikomödie fand der Widerspruch sogar eine gattungsästhetische Lösung. Fragt man grundlegender nach der Bedeutung der Gattungen, lassen sich von ihnen wiederum Schreibweisen wie das Tragische und das Komische ablösen. Diese sind wie die ihnen entsprechenden Motive und Stoffe nicht an eine bestimmte literarische Gattung gebunden, sondern besitzen transgenerische Qualität. Um den Zirkel zu schließen: Im Unterschied zu einem Vergleich, der sich innerhalb derselben Gattung bewegt, untersucht der intergenerische Vergleich den literarischen Umgang mit Motiven, Stoffen und Schreibweisen in verschiedenen Gattungen.

Ein und derselbe Sachverhalt kann als Tragödie oder als Komödie gestaltet werden: Das Handlungsmuster von Sophokles' „König Ödipus" (um 425 v. Chr.) und Heinrich von Kleists „Der zerbrochne Krug" (1806) ist ähnlich. Beide Dramen handeln von einem Rechtsfall, der dahingehend aufgelöst wird, dass der ermittelnde Richter selbst der Täter ist. Auf einer höheren Ebene gehören beide Texte zum Typus des analytischen Dramas.

Neben der zeitlichen Einteilung der Weltliteratur in Epochen gibt es Klassifikationen, die Texte nach formalen und inhaltlichen Gruppen ordnen. Das System der literarischen Gattungen respektive die Gruppierung nach Stoffen und Motiven sind jeweils die verbreitetsten.

Texte lassen sich aufgrund solcher Ordnungen zueinander in Beziehung setzen. Die Untersuchung generischer, motivischer bzw. stofflicher Beziehungen, in der Texte stehen, ist vor dem Hintergrund gemeinsamer Eigenschaften möglich. Aus dieser Potenzialität heraus realisiert der Komparatist den Vergleich, um Unterschiede zu markieren, die er dann für die untersuchten Werke bedeutsam macht.

6.1 **Gattungen und Schreibweisen**
6.2 **Motive, Stoffe, Themen**

6.1 Gattungen und Schreibweisen

Nicht nur der Ordnung halber versuchen die deskriptive und die normative Poetik die einmal in das Gebiet der Literatur aufgenommenen Texte neuen, der Literatur eigenen Gattungen zuzuordnen. Die Klassifizierung wird von der berechtigten Annahme getragen, Gattungen trügen zur spezifisch poetischen Erkenntnis der Dichtung bei. Sie werden als Tragödie, Komödie, Sonett oder Roman in einer losen Reihung oder in der übergeordneten Trias von Epik, Dramatik und Lyrik samt ihrer Untergattungen erfasst. Sie können nach dem Gegenstand, den Mitteln und der Art der nachahmenden Darstellung unterschieden werden, wobei diese drei Aspekte historisch variabel sind (vgl. Scherpe 1968, S. 6–26).

Literarische Gattungen

Die Gattungsfrage zählt zu den wichtigen Fragen jeder Literaturwissenschaft, so auch der Komparatistik, weil über sie fundamentale Aufschlüsse über das Werkverständnis gewonnen werden. Sie ergänzt die Frage, worum es eigentlich geht, um die Dimension des künstlerischen Verfahrens, mittels dessen der Inhalt zur Darstellung gelangt. Als eine reflektierte Entscheidung des Dichters konstituierten transhistorische Gattungen und historische Genres bis in das 18. Jahrhundert verbindlicher als heute die poetische Produktion. Davon zeugen neben den Poetiken auch die Selbstaussagen der Dichter in Briefen und Vorworten, weiter die Gepflogenheit vieler Dichter der Renaissance, statt eines spezifizierenden Titels die Gattungsbezeichnung anzugeben, und implizit die ähnlichen Formen und wiederkehrenden Gemeinplätze in den Werken selbst. So beschreibt der Germanist Richard Alewyn diese normative Gattungspoetik:

Gattungspoetik

„Bis zum Ende des 18. Jahrhunderts ist eine Gattung ein deutlich umrissenes Modell, in dem nicht nur ein obligater Komplex von Stoffen, Motiven und Personen, nicht nur eine obligate Sprache und Technik, sondern auch ein vorgeschriebenes Weltbild und ein vorgeschriebener Gedankengehalt so zusammengehören, daß keiner seiner Bestandteile verrückbar oder auswechselbar ist." (Alewyn 1963, S. 22)

In der Literaturwissenschaft wurde die seit der Antike sich ständig neu entwerfende normative Gattungspoetik (vgl. Behrens 1940) zunächst abgelöst durch eine spekulative Gattungsästhetik (vgl. Szondi 1974). Mit Beginn der Romantik gab es verschiedene wissenschaftliche Richtungen, die sich der Gattungsreflexion widmeten. Im 19. Jahrhundert war in der Nachfolge Hegels die Gattungsästhetik populär; gegen sie, geschult an biologischen Modellen, entwickelte sich eine betont empirisch-induktive Gattungsphilologie (vgl. Brunetière 1890). Die moderne Gattungstheorie, die aus der struktural-formalen Reflexion in der zweiten Hälfte des 20. Jahrhunderts hervorging, war erstmals bemüht, eine genuin literaturwissenschaftliche Begrifflichkeit für die Probleme der alten Poetik zu entwickeln (vgl. Hempfer 1973; Zymner 2010). Obzwar ihre Systematik mit der historischen Besonderheit jeder Gattung kollidiert (vgl. Zymner 2010, S. 217), bewirkte die Gattungstheorie für die Textanalyse dagegen große Fortschritte. Sie hat verschiedene Bestimmungskriterien herausgearbeitet und Aspekte erörtert, anhand derer sich Gattungen vergleichen lassen.

Eine generische Beziehung ist in der Zugehörigkeit eines Werkes zu einer bestimmten Gattung begründet, die durch einen begrenzten Pool von Eigenschaften gekennzeichnet ist. Für Texte, die wie Gebrauchsanleitungen oder Rechtsvorschriften in eine konkrete Handlungswelt eingebunden sind, oder im Rahmen einer strengen systematischen Klassifizierung der gesamten schriftlichen Überlieferung spricht man stattdessen von Textsorten (vgl. Fricke/Stuck 2003). (Auf diese Diskussion sei hier nur am Rande verwiesen, in komparatistischen und internationalen Kontexten wird der Gattungsbegriff beibehalten.)

Ob Gattungen relevant sind, hängt von der Fragestellung der jeweiligen Untersuchung ab, weshalb die absolute Antwort, Gattungen seien Fiktionen – 1902 wirkungsvoll von dem italienischen Philosophen und Ästhetiker Benedetto Croce vorgetragen (vgl. Croce 1930, S. 38–42) –, der Sache nicht gerecht wird. Hinter der provozierenden Frage nach dem Nutzen der Gattung, wie man sie aus der Epochendiskussion kennt (→ KAPITEL 5.1), steht die Befürchtung, die Dichtung werde mit einer an die Biologie angelehnten genetischen Klassifikation dem ‚Gesetz der Gattung' unterworfen (vgl. Derrida 1980), also ihrer Autonomie und Individualität beraubt und nach dem rigiden Grundsatz beurteilt: Was keiner Gattung zugehört oder der idealen Vorstellung einer bestimmten Gattung widerstrebt, kann folglich nur eine ästhetische Verfehlung sein. Einen frühen Ausweg schlug Walter Benjamin in *Ursprung des deutschen Trauerspiels* (1928) vor, indem er die literarische Gattung als „konstitutive Idee" verstand, die zwar nicht die Phänomene wissenschaftlich erkennen helfe, aber dennoch ihre Sprache geformt habe (Benjamin 1978, S. 22).

Praktikabler ist es, Gattungen konstruktivistisch als Modelle im Rahmen einer Theorie zu verstehen (vgl. Hempfer 1973, S. 122–127). Ein Verzicht auf die Gattungsfrage wäre dagegen wissenschaftlich unproduktiv. Vor allem in der Komparatistik besitzt der Gattungsbegriff als korrelativer Begriff eine heuristische Funktion, weil über die Unterschiede der jeweiligen dichterischen Verwendung einer bestimmten Gattung Aussagen über den formalen Möglichkeitsraum einer Gattung (das Allgemeine) und über das jeweilige Werk (das Besondere) gemacht werden.

Zu beachten ist, dass es neben den transhistorischen, aber dennoch variablen Gattungen (wie etwa der Ode) generische Formen gibt, die als literarische Institutionen der Textproduktion nur für bestimmte Zeiten gültig waren wie z. B. das barocke Trauerspiel. Um diesen Unterschied zu markieren, hat man die universalen Gattungen von den historischen ‚Genres' unterschieden (vgl. Fricke 1981, S. 132–138). Letztere sind für den Gattungsvergleich schwerer dienstbar zu machen, wohingegen Gattungen auch ein Kriterium für Epochen werden können.

Universal vs. historisch

Von den konkreten Gattungen lassen sich als dichterische Grundhaltungen transgenerische (d. h. gattungsübergreifende) Qualitäten ableiten. Dabei kann es sich um poetische Grundformen wie das Epische, das Dramatische und das Lyrische handeln (vgl. Staiger 1946) oder um ‚Schreibweisen' (vgl. Hempfer 1973, S. 27) wie das Groteske, das Komische oder das Tragische.

Transgenerische Schreibweisen

Da ein Großteil von Kunstwerken aus der Übertretung von Gattungsgrenzen entsteht, ist die Annahme eines statischen Gattungsgefüges überholt. Ein solches wurde von der Antike bis weit in die Neuzeit in der Lehre von der Dichtkunst (Poetik) transportiert, wobei die Dynamik sich gerade aus der beabsichtigten Statik des Gefüges ergibt (vgl. Kaiser 1974). Die Poetik der Aufklärung kritisiert die Starrheit des überlieferten Gattungssystems und bereitet die bewusste Gattungsmischung der Romantiker vor (vgl. Gesse 1997). Im Sturm und Drang werden vor allem durch Herder, Jakob Michael Reinhold Lenz, aber auch den jungen Goethe transgenerische Konzepte entworfen. Tragikomödie, Prosagedicht, lyrische Dramen (vgl. Szondi 1975) oder *dramatic monologue* gehören ebenso zu den hybriden Gattungen wie Romane, die zum Beispiel Verseinlagen enthalten (vgl. Beil 2010) oder, wie im zweiten Kapitel von Hermann Brochs *Der Tod des Vergil* (1945), Vers- und Prosarede in lyrischer Prosa aufheben.

Genera mixta

Zur Aufdeckung der semantischen und formalen Merkmale einer Gattung ist der Gattungsvergleich ein maßgebliches Mittel. Naheliegend ist der Vergleich verschiedener Gattungen, also der intergenerische Vergleich, der danach verlangt, den benutzten Gattungsbegriff zu reflektieren. Um zu wissen, was die distinktiven Kennzeichen von

Intergenerischer Vergleich

Lyrik sind, ist ein Vergleich mit der Epik und Dramatik unabdingbar (vgl. Culler 2001, S. X). Aber ebenso ist ein Vergleich zweier Texte derselben Gattung für die Gattungstheorie produktiv. So hat zwar die *short story* Ernest Hemingways die deutschsprachigen Kurzgeschichten nach 1945 geprägt (vgl. Giloi 1983), doch aufgrund der spezifisch deutschen Nachkriegssituation besitzt die Gattung eine andere Bedeutung: Mit der Kurzgeschichte werden die für die Moderne typischen Versuche der nach Totalität strebenden Großerzählung durchkreuzt, deren ästhetische Bemühungen vor dem Hintergrund der politischen Katastrophe des Nationalsozialismus und des Zweiten Weltkriegs letztlich belanglos erschienen. Dass Gattungen auf diese Weise nationalliterarische Semantiken gewinnen und gleichfalls ihre universale Gültigkeit geschichtlich relativieren, zeigen auch Studien zur deutschen Kunstnovelle und zur amerikanischen *tale* (vgl. Hoffmeister 1990) oder zum Briefroman. Aus der Tatsache, dass der vermeintlich erst im 18. Jahrhundert entstandene Briefroman antike Vorläufer hat, lässt sich in Bezug auf Stoff, Wirkungsintention, seelische Ausdrucksmöglichkeit des Briefmediums, Beglaubigung von Geschehnissen, Charakterisierung und die Erzählstruktur überhaupt Vieles kontrastiv darstellen (vgl. Arndt 1994).

Wer sich mit Gattungen beschäftigt, arbeitet *per definitionem* vergleichend, weil der allgemeine Begriff aus der Summe seiner Realisierungen abzuleiten ist. In den Einzelphilologien bewegt sich dieser Vergleich innerhalb einer Literatur (etwa: das deutsche Drama des Barock und der Aufklärung) und berücksichtigt fremde Literaturen, soweit sie über die jeweilige Nationalliteratur Auskunft geben (wie zum Beispiel Senecas Bedeutung für das barocke Trauerspiel und das Drama der Aufklärung). Von dieser Komparatistik im Dienste einer nationalliterarischen Gattungsgeschichte zu unterscheiden ist eine transnationale Komparatistik, deren Gegenstand die gesamte Weltliteratur ist. Aus ihrer Sicht (vgl. Lamping 2010b, S. 271f.) stehen die Struktur und die sozialgeschichtliche Funktion (vgl. Voßkamp 1977) einzelner Gattungen stärker infrage, außerdem untersucht eine weltliterarische Gattungsforschung Formen der Internationalisierung von Gattungen. Ein Beispiel: Im 19. Jahrhundert wurden die arabische Ghasele, später der Haiku in die europäische Literatur eingespeist. Zudem kann die weltliterarische Gattungsforschung die Gattungstheorie selbst erhellen, die leider oftmals exemplarisch an einer bestimmten Nationalliteratur gewonnen wurde. Der Vergleich von Gattungen verschiedener Literaturen führt ansonsten historisch und kulturell heterogene Literaturen zusammen.

Zwei Handbücher sind für konkrete komparatistische Arbeiten hilfreich. Dieter Lampings *Handbuch der literarischen Gattungen* (2009) gibt systematische und historische Überblicksdarstellungen zu zentralen Gattungen aus vergleichender Sicht, stellt Forschungsdiskussionen ebenso vor wie Desiderate (d. h. Themen, die noch zu behandeln sind). Rüdiger Zymners *Gattungstheorie* (2010) versammelt Aspekte, die sich an einer Gattung diskutieren lassen, ohne die Gattung selbst problematisieren zu müssen. Ein umfangreicher Katalog sogenannter Bestimmungskriterien eröffnet methodische Zugänge. So lassen sich Gattungen vergleichend diskutieren nach stilistischen oder pragmatischen Kriterien, nach dem Unterschied von faktualer und fiktionaler Bedeutung, nach dem Stellenwert des Verses oder der Prosa. Problemkonstellationen eröffnen sich, sobald man texttheoretisch fragt, etwa nach dem Zusammenhang von Gattungen mit der Autorintention oder ihrer Edition. Wie zum Beispiel ist ein Epos, das keinen Autor hat (*Nibelungenlied*), zu vergleichen mit einem Kunstepos der Renaissance? Normtheoretisch wiederum ist das Verhältnis von Gattung und Epigonalität interessant. Vergil z. B. ist der Nachahmer Homers, was ihm oft zum Vorwurf gereichte. Wie lässt sich das gattungstheoretisch diskutieren? In bestimmten Epen sind Männer die Handlungsträger, in anderen wie Ariosts *Orlando furioso* treten Frauen gleichberechtigt auf. Hier kann die Gattungsfrage auch unter genderanalytischem Gesichtspunkt diskutiert werden. Eine weitere in Zymners Handbuch bestehende Konstellation betrifft Fragen der Vermittlung und der Rezeption von Gattungen in Bibliotheken, dem Buchhandel, im Unterricht. Dieser Bereich tendiert dazu, die vergleichende Kulturgeschichte zu berühren. Medientheoretische Fragen wiederum könnten die Transposition einer literarischen Gattung in den Film, aber auch auf die Bühne betreffen (vgl. Greber/Zemanek 2012). Eine letzte Konstellation betrifft die Literaturtheorie selbst, welche die Gattungsreflexion ermöglicht. Zum Beispiel hat die Forschung zur Gattungsmetaphorik ergeben, dass sich verschiedene Tiefenmetaphern hinter Gattungsbegriffen verbergen: Biologie, Familie, Institution oder Sprechakt. Diese Metaphern strukturieren die weitere Reflexion über die Gattung. Biologische Modelle etwa werden stärker den generischen Zusammenhang, institutionelle eher die Funktion einer Gattung innerhalb einer Gesellschaft herausarbeiten. Die Konzeption von Gattungen ist häufig auf soziale Gruppen bezogen, z. B. die hohe Tragödie in Frankreich auf den höfischen Adel und das Pariser Großbürgertum. Das pragmatische Modell, beruhend auf der Sprechakttheorie, stellt dagegen

Marginalien:
Problemkonstellationen:
– texttheoretisch
– normtheoretisch
– vermittlungs- und rezeptionstheoretisch
– literaturtheoretisch

die Gattung im Kontext der literarischen Kommunikation vor (vgl. Spoerhase 2010b).

Die Nachahmung (*imitatio*) oder Perfektionierung der Gattung (*aemulatio*) bilden zwei Prinzipien des Dichtens. Bestimmte Gattungen werden dominiert von prototypisch gewordenen Exponenten der Gattung, weshalb der Rückgang auf sie komparatistisch interessant ist. Jeder Bildungsroman regt zu einem Vergleich mit Goethes *Wilhelm Meisters Lehrjahre* (1795/96) an, jedes Epos mit Homers *Ilias*, jede Tragödie mit ihren antiken Vorbildern. Der *Art Poétique* (1674) von Nicolas Boileau war z. B. für das Gattungsverständnis Racines repräsentativ, zugleich haben sich der Tragödiendichter und der Poetiker an der aristotelischen Tragödie orientiert. Versteht man die Gattung als ein gattungsbezogenes literarisches Verfahren der Nachahmung, rücken Kontrafaktur, Parodie, *aemulatio* und Übersetzung in den Blick (→ KAPITEL 7). Besonders die Tragödie, die seit Aristoteles' *Poetik* kanonisiert ist, wurde häufig nachgeahmt. Von Interesse dabei ist, dass Aristoteles die Gattung auch kontrastiv definierte gegenüber dem Epos, mit welchem sie in der Folgezeit konkurrierte. Tragödie und Epos wurden grundlegend für die Begriffe der Dramatik und der Epik, die mit der Lyrik die sogenannte Gattungstrias bilden. Systematiken leiten von dieser Trias sämtliche andere Gattungen ab.

Als eine der für die Komparatistik produktivsten Gattungen erweist sich das Epos (vgl. Bowra 1964), da es zu allen Zeiten, in allen Literaturen, zunächst in mündlicher, dann in schriftlicher Form existiert hat. Anders als der Roman ist es nicht an die Schrift gebunden. Es verleiht dem menschlichen Bedürfnis nach Geschichten Ausdruck. Elemente des Epos, die auf die mündliche Tradition verweisen, sind Wiederholungsmittel wie die topisch gebrauchten *epitheta ornantia*, Parallelismus, Vers, Reim oder sogar Strophen. Aus dem mündlichen Charakter der Dichtung erklärt sich ebenso die didaktische Vorliebe für Sentenzen und Merksprüche. Viele Epen zeigen nicht selten eine Gliederung in parataktisch gereihte, gleichwertige Abschnitte: Gesänge in Homers *Ilias*, Cantos in Dante Alighieris *La Divina Commedia*, Fitten im altsächsischen *Heliand*. Zur Legitimation des Erzählens können Musen oder Götter angerufen werden (*invocatio*). Das Epos eignet sich besonders zur dichterischen Selbstverständigung, die Selbstthematisierung des epischen Singens findet sich bereits bei Homer (Buch 8, V. 266–366). In der europäischen Epik indizieren zahlreiche Veränderungen des Gattungsverständnisses ein hohes Bewusstsein vom Epos als ausgezeichneter literarischer Gattung. Homers Epen (um 700 v. Chr.) wurden zum Diskursbegründer, wenngleich vorher und in anderen Kulturräumen unabhängig von ihnen Epen entstanden waren. Die gewöhnlich Homer zugeschriebene *Odyssee*, obschon ihre Gattungszugehörigkeit in der Antike weniger gesichert war, wurde zum Urtypus des Heimkehrer-Epos. Sie enthält zahlreiche erzähltechnische Kniffe zum Spannungsaufbau (Wiedererkennungsmomente, Rückblenden, Retardation), die mustergültig für episches Erzählen wurden. Das homerische Epos kanonisierte gleichfalls einzelne Szenen, z. B. den Abstieg des Helden in die Totenwelt, die Nekyia (*Odyssee*, 11. Gesang). Zeigte das Epos in zahlreichen Nationalliteraturen des 19. Jahrhunderts hohe Produktivität (vgl. Krauss / Mohnike 2011), so blieb es im 20. Jahrhundert weniger formal denn als ideologisches, Totalität schaffendes Konzept für den Roman der Moderne interessant.

Die Universalität der Gattungen erweist sich gerade darin, dass sie historisch variabel sind, ohne zerstört zu werden, wie es sich besonders am Sonett zeigt (vgl. Greber 1994, S. 60), das selbst noch in Rainer Maria Rilkes Destruktion der Gattung *Die Sonette an Orpheus* (1923) als solches erkennbar bleibt. Gattungsvergleiche reflektieren die formalen Möglichkeiten einer Gattung mit, daher ist jede dichterische Bezugnahme auf eine Gattung ein potenziell poetologischer, genauer: metagenerischer Vorgang. In hohem Maße gilt das für Michelle Gringauds *Poèmes fondus* (1997). In dem Band, der zu Deutsch ‚umgegossene, geschmolzene Gedichte' heißen müsste, übersetzt die Autorin französische Sonette in die Gattung des japanischen Haiku und lotet somit den „Umkreis formaler Möglichkeiten" aus (Müller 1929, S. 147), den beide Gattungen abstecken. Von Sonettmeistern wie dem Renaissance-Dichter Joachim Du Bellay oder dem Symbolisten und Begründer der Moderne Charles Baudelaire wählt die Dichterin Sonette aus, deren Sprachmaterial sie derart reduziert, dass es in die kleinere Form des Haiku passt. Da französische Sonette in Alexandrinern, d. h. in Versen mit zwölf bzw. dreizehn Silben abgefasst sind und aus vierzehn Zeilen bestehen, enthält ein solches Sonett im Durchschnitt 175 Silben. Die Haikuform, in welche nun das Sonett eingepasst werden soll, hat hingegen eine dreizeilige Struktur mit fünf, sieben und fünf Silben, also insgesamt nur siebzehn Silben. Der japanische Haiku gründet auf einer Silbensprache, wobei die Kombinationsmöglichkeiten der Silben beschränkt sind, was zu zahlreichen Homophonen führt. Aufgrund dieser klanglichen Besonderheit kann der Haiku auch als Klanggedicht bezeichnet werden, wie es das Sonett zumindest dem Namen nach ist. Der Haiku nutzt im Japanischen zudem die Möglichkeit der japanischen Spra-

Metagenerische Dichtung

Beispiel: Sonett, poème fondue, Haiku

che, das weder personen- noch numerusgebundende Verb in den Hintergrund treten zu lassen, wodurch der weniger strukturierte Satz assoziativer und vieldeutiger wird. Diese syntagmatische Lockerung kennzeichnet auch die Übertragungen des französischen Sonetts in die Haikuform. Das berühmte Sonett *Correspondances* von Baudelaire aus den *Fleurs du mal* (*Die Blumen des Bösen,* 1857/60/61) wird so transparent gemacht auf seine wesentlichen klanglichen Elemente:

Baudelaire:
Correspondances ...

La Nature *est un* temple où de vivants piliers
Laissent parfois sortir de confuses paroles;
L'homme y passe à travers des forêts de symboles
Qui l'observent avec des regards familiers.

Comme de longs échos qui de loin se confondent
Dans une ténébreuse et profonde unité,
Vaste *comme* la nuit et *comme* la clarté,
Les parfums, les couleurs et les sons se *répondent*.

Il est des parfums frais comme des chairs d'enfants,
Doux *comme* les hautbois, verts *comme* les prairies,
– *Et d'autres,* corrompus, riches et triomphants,

Ayant l'expansion des choses infinies,
Comme l'ambre, *le* musc, le benjoin et l'encens
Qui chantent les transports de l'esprit et des *sens.*
(Baudelaire 1998, S. 22, Kursivierung d. Verf.)

Nach dem ‚Einschmelzen' erscheint das Gedicht in Haikuform, reduziert auf die nach Grangaud tragenden Elemente:

... übertragen in Haikuform

Comme comme comme
le sens est comme comme un
et d'autres répondent. (Grangaud 1997, S. 79)

Das Beispiel zeigt, dass Vergleiche sich nicht in ein und derselben Gattung bewegen müssen, sondern auch gattungsübergreifend sein können. Hier ist der Bezug genetisch gegeben, denkbar sind aber auch typologische Vergleiche zwischen Werken unterschiedlicher Gattungen. Dabei wird das Erkenntnisinteresse jedoch verlagert von der Gattung auf das mit ihr verbundene Ausdrucksproblem.

6.2 Motive, Stoffe, Themen

Systematische Relationen zwischen Texten ergeben sich nicht nur aus ihrer Gattungszugehörigkeit, sondern auch aus ihrem semantischen

Gehalt: Bestimmte Motive, Stoffe und Themen kehren in der Weltliteratur wieder und tauchen in den unterschiedlichsten Gattungen auf. Sie sind dabei zwar gattungsindifferent, d. h. transgenerisch, weil sich kaum ein Motiv oder Stoff nur auf eine Gattung beschränkt, aber sie verändern sich im Zusammenspiel mit der Gattung. Einige Motive und Stoffe sind derart eng an eine bestimmte Gattung gebunden, dass mit dem jeweiligen Motiv oder Stoff auch die Gattung thematisiert werden kann. So ist der Antigone-Stoff mit seinem Thema des ethischen Handelns eher an das Drama geknüpft, das Motiv der unerreichbaren Geliebten eher an die Lyrik, die monologisches Sprechen bevorzugt.

Gattungsverbindende Aspekte

Als semantische Einheiten sind Motive und Stoffe konstitutiv für die Weltliteratur und geben zu komparatistischen Studien Anlass. Als Forschungsbereiche korrespondieren ihnen die Stoff- und die Motivgeschichte sowie die literarische Mythenrezeption. Disziplinäre Überschneidungen (→ KAPITEL 4) gibt es mit der Kunstgeschichte, der Ethnologie und der Religionswissenschaft, insofern mythologische Stoffe Ausdruck des Glaubens und damit einer kulturellen Gemeinschaft sind. All diese Gebiete und Disziplinen, deren Wissen in Lexika versammelt ist, leisten dem Stoff- und Motivvergleich große Hilfe.

Mythenrezeption

Unter den inhaltlichen Kategorien ist das Motiv die kleinste Einheit. Literarische Stoffe werden dagegen von mehreren Struktureinheiten organisiert und sind konkreter. Das bedeutet, dass ein Motiv aufgrund höherer Abstraktheit durch äußere Rahmenbedingungen bestimmt werden muss, es also eines Kontextes bedarf. So wurde das Motiv des Bruderzwistes in Kain und Abel (Gen 4,1–16) oder aber im Antigone-Stoff konkret. Das Motiv, das seinem Namen nach den ‚Beweggrund' einer bestimmten Darstellungseinheit oder des gesamten Werkes meint und deshalb gelegentlich mit dem von Wilhelm Dilthey entwickelten Erlebnisbegriff kollidiert (vgl. Dilthey 1906), dient dazu, den Text hinsichtlich eines bestimmten Moments zu strukturieren. Der ‚Groll' des Achill organisiert zum Beispiel den Stoff der Troja-Sage in Homers *Ilias*-Epos, dagegen sind die Irrfahrten des Odysseus vom Motiv der Heimkehr geprägt. Das Motiv kann sich auch als Leitmotiv formalisieren.

Motiv

Motive können bestimmt werden nach ihrer textuellen Funktion als Haupt- oder Nebenmotiv sowie nach ihrem semantischen Bezug, wobei sie hier in die Nähe der rhetorischen Topik, also der Lehre von den Gemeinplätzen gelangen. So lassen sich Motive ordnen nach Typen wie dem Narren, nach Orten wie dem *locus amoenus* und nach Situationen wie dem Bruderzwist (vgl. Drux 2000, S. 639). Gat-

Generische Motive

tungspoetisch von Interesse ist die Ordnung nach epischen, lyrischen und dramatischen Motiven.

Stoff Mit Stoff ist zunächst das Material der Dichtung gemeint, also all das, was literarisch bearbeitet wird. Dieses liegt zunächst als Sprache vor analog zu den Farben der Malerei, den Tönen der Musik und dem Stein des Bildhauers. In einem abstrakteren Sinn gibt es aber auch eine Stofflichkeit, die sich aus Figurenkonstellationen und Handlungselementen ergibt. Solche Stoffe entstehen nicht selten in der konkreten Wirklichkeit und können narrativ in Sagen und Mythen vorstrukturiert werden. Was ein literarischer Stoff ist, entscheidet sich letztlich daran, ob er literarisiert oder wenigstens mündlich weitergegeben wurde. Ein Pendant zum Fauststoff, den Goethe prominent bearbeitet, aber keineswegs ‚erfunden' hat (→ ASB TAUSCH, KAPITEL 8), stellt die Sage vom *Herzog von Luxemburg* dar. Dem französischen Feldherrn in Diensten Ludwigs XIV. sagte man nach, er habe mit dem Teufel paktiert. In Frankreich und seinen eroberten niederländischen Gebieten entwickelte sich schnell eine umfangreiche volkstümliche Literatur, die die historische Figur und ihre Taten in einen literarischen Stoff umgewandelt hat, der sich im 18. Jahrhundert großer Beliebtheit erfreute (vgl. Kippenberg 1901). Von weltliterarischer Bedeutung sind nicht selten Stoffe geworden, die sich auf realgeschichtliche Ereignisse zurückführen lassen, wie der Alexanderstoff, den noch Klaus Mann bearbeitet hat (1930). Ein Stoff kann verschiedene literarische Motive verbinden, so im Don-Juan-Stoff das Motiv des Verführers mit dem der Ruhelosigkeit.

Thema Lassen sich die inhaltlichen Kategorien Motiv und Stoff noch recht gut voneinander scheiden, ist die Abgrenzung von Motiv und Stoff zum Thema nicht immer leicht (vgl. Zima 2011, S. 351–361). Das Thema betrifft den Grundgedanken bzw. die Idee eines Textes, der bisweilen identisch sein kann mit dem Motiv. Allerdings bleibt das Motiv anschaulicher und konkret fasslich, wohingegen das Thema stärker eine abstrakte Problemkonstellation ausdrückt (vgl. Schulz 2003, S. 634).

Literarische Serientäter Jürgen Wertheimers Untersuchung *Don Juan und Blaubart. Erotische Serientäter in der Literatur* (1999) zeigt, wie sehr Stoff-, Motiv- und Gattungsgeschichte miteinander verbunden und zugleich Ausdruck der allgemeinen Kultur- und Mentalitätsgeschichte sind. Thema der Untersuchung ist die literarische Darstellung des erotischen Serientäters, den die Gemeinschaft zwar ausschließt, von dem sie sich aber genauso fasziniert zeigt. Dabei akzentuieren die Autoren zu verschiedenen Zeiten andere Aspekte, das Thema ist in ständiger

Bewegung, nicht mit sich identisch. Man kann sogar sagen, jede Neubearbeitung erfolgt, um eine Verschiebung zu markieren. Hier gewinnt der Stoff und der ihm korrespondierende Mythos seine eigentliche ästhetische Bedeutung: Er ist die Konstellation, die ständig neu geordnet werden muss.

In der Oper und in der Literatur wird das Thema des Serientäters anschaulich gemacht in den Stoffen Don Juan und Blaubart, die eine quasi-mythische Funktion besitzen: Es gibt sie nicht, aber man glaubt an die beiden Helden. Die Popularität des Frauenhelden Don Juan bezeugen fünfhundert Bearbeitungen in sämtlichen Literaturen: Molière, Lord Byron, Aleksandr Puškin und Max Frisch sind nur seine bekanntesten Adepten. Der Stoff ist aufgrund der Serialität zunächst episch interessant: die eroberten Frauen lassen sich der Reihe nach aufzählen und erzählen. Aber zugleich feierte Don Juan gerade auf der Bühne, also als dramatischer Stoff, die größten Erfolge. Zugespitzt ließe sich formulieren, dass die Schwächung der Figur am Ende des 19. Jahrhunderts zustande kam, weil sie literarisch überstrapaziert wurde und schließlich nur noch in der Lyrik wirklich originell behandelt werden konnte. Paul Verlaines Langgedicht *Don Juan pipé* (1890; *Der gefälschte Don Juan*) jedenfalls offenbart die Lebenslüge eines Provokateurs: Nach außen hin zehrt die Figur von ihrem Erfolg, nach innen hin verkümmert sie (vgl. Wertheimer 1999, S. 56), und so ist es „kein Zufall, daß Don Juan letztendlich auf der Couch des Psychiaters landen wird. Längst hat er die Fähigkeit, die ihm anfangs völlig abgesprochen worden war, zur Perfektion entwickelt – über sich selbst nachzudenken" (Wertheimer 1999, S. 57).

<small>Don Juan</small>

Das Thema des sexuellen Serientäters ist deshalb noch nicht vom Tisch. Wertheimers komparatistischer Essay demonstriert, wie sich ein Thema in einem neuen Stoff wieder interessant machen kann. Nicht nur werden die einzelnen Bearbeitungen des Don-Juan- und Blaubart-Stoffes miteinander verglichen, sondern auch die beiden Stoffe selbst. Im 19. Jahrhundert, so Wertheimer, hätten sich der erotische Eroberer Don Juan und der Frauenmörder Blaubart abgelöst, wenngleich sie genau genommen nebeneinander fortexistierten. Die kollektive Fantasie, die sich in der Literatur auslebte, habe den Akzent verlegt von der seriellen sexuellen Befriedigung zur seriellen sexuellen Tötung.

<small>Blaubart</small>

Wie aber behandelt man die verschiedenen Bearbeitungen desselben Stoffes literaturwissenschaftlich? Eine Möglichkeit ist es, in den Stoffen einzelne Motive herauszuarbeiten. Dieser Gedanke setzt voraus, dass die Autoren nicht bloß gedichtet, sondern den Stoff in ih-

<small>Motive als Interpretationshilfen</small>

rer Dichtung selbst interpretiert haben. Der Literaturwissenschaftler vollzieht diese Interpretation nach. So ist ein Motiv in Wolfgang Amadeus Mozarts und Lorenzo da Pontes Libretto zum *Don Giovanni* (1787) das des ‚Neinsagers'. Don Giovanni wird am Ende nicht für seine Sünden bestraft, sondern weil er ein sozialer Totalverweigerer ist (vgl. Wertheimer 1999, S. 15).

Literarische Adaptionen von Stoffen und Motiven drängen dazu, miteinander verglichen zu werden, weil es nicht den Stoff ‚an sich' gibt, sondern nur als die Summe seiner kulturellen Bearbeitungen. Zugleich sind Stoffe wie Motive bewährte Kategorien, um verschiedene Gattungen miteinander zu vergleichen und in ihrer formalen und strukturellen Eigenart zu bestimmen.

Fragen und Anregungen

- Was unterscheidet den generischen Stil bzw. die Schreibweise von der Gattung?
- Diskutieren Sie Benedetto Croces These, Gattungen seien Fiktionen.
- Wie lässt sich das Verhältnis von generischen und transgenerischen Beziehungen beschreiben?
- Erörtern Sie das Verhältnis von Motiv, Stoff und Thema.

Lektüreempfehlungen

- **Max Kommerell: Lessing und Aristoteles. Untersuchung über die Theorie der Tragödie,** Frankfurt a. M. 1940; 5. Auflage Frankfurt a. M. 1984. *Gattungstheoretische Studie, die anhand von Lessings Auseinandersetzung mit der aristotelischen Tragödie dessen eigene Tragödientheorie herausarbeitet. Die französische Diskussion wird ebenfalls berücksichtigt. Kontrastive Klärung zentraler Begriffe des Aristoteles wie Katharsis, Ethos, Hamartia und Mythos.*

- **Dieter Lamping (Hg.): Handbuch der literarischen Gattungen,** Stuttgart 2009. *Das Lexikon versammelt die wichtigsten literarischen Gattungen der Weltliteratur und diskutiert sie in ihrer geschichtlichen Entwicklung.*

- Peter Szondi: Theorie des modernen Dramas (1880–1950), Frankfurt a. M. 1956; 22. Auflage Frankfurt a. M. 1996. *Luzide Dissertation zur Formgeschichte des modernen Dramas. Anhand von Autoren wie Henrik Ibsen, Anton P. Tschechow, Gerhart Hauptmann u. a. zeigt Szondi, wie traditionelle dramatische Elemente aufgegeben und von epischen ersetzt werden, um so das Missverhältnis zur Wirklichkeit zum Ausdruck zu bringen.*
- Jürgen Wertheimer: Don Juan und Blaubart. Erotische Serientäter in der Literatur, München 1999. *Der Essay verfolgt das Motiv des seriellen Verführers Don Juan und des seriellen Frauenmörders Blaubart durch musikalische und literarische Gattungen hindurch und vergleicht zudem zwei verschiedene erotische Typen.*
- Rüdiger Zymner: Gattungstheorie. Probleme und Positionen der Literaturwissenschaft, Paderborn 2003. *Systematischer Einstieg anhand von Beispielanalysen in die Gattungstheorie.*

7 Intertextualität

Markus May

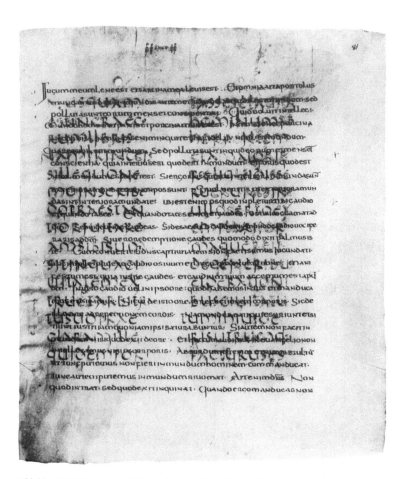

Abbildung 7: Palimpsest von Ciceros *De re publica*, überschrieben mit der Psalmauslegung des Augustinus

INTERTEXTUALITÄT

Das Manuskript aus der Vatikanischen Bibliothek, auf dem die einzige Überlieferung von Marcus Tullius Ciceros „De re publica" (54–51 v. Chr.) und zugleich die Psalmenauslegung des Augustinus zu lesen sind, ist eines der berühmtesten Palimpseste. Im frühen 19. Jahrhundert entdeckte Angelo Mai die verloren geglaubte Staatstheorie Ciceros bei der Entzifferung des im Verlauf der Geschichte mehrfach be- und überschriebenen Pergaments. Mithilfe von chemischen und physikalischen Verfahren können die ursprünglichen Texte, die vor ihrer Überschreibung mit einem anderen Text durch Abwaschen oder Abkratzen oberflächlich beseitigt worden waren, wieder sichtbar gemacht werden.

Die Technik des Palimpsestierens (im Sinne eines Wiederbeschreibens) wird in der Geisteswissenschaft nicht nur als Metapher für Gedächtnisprozesse verwendet, sondern auch für die kreative Textproduktion, die stets vor dem Hintergrund bereits vorhandener Texte zu sehen ist. Dass sich inhaltliche und formale Aspekte unzähliger älterer Texte in allen neuen abzeichnen und dies auch unbeabsichtigt von deren Autoren zwangsläufig geschieht, ist ein Grundgedanke der poststrukturalistischen Intertextualitätstheorie. Die Metapher des Palimpsests stellt Vorstellungen vom Autor als Ursprung eines Werkes und individuellem Schöpfer eines intentionalen Textsinns infrage. Stattdessen veranschaulicht sie die stets gegebenen Beziehungen von Texten untereinander. Daher entspricht dem Entziffern von Palimpsesten die Tätigkeit des Literaturwissenschaftlers, der Prätexte, und damit intertextuelle Relationen, sichtbar macht. In der Komparatistik richtet sich das Augenmerk auf Beziehungen zwischen Texten nicht nur aus verschiedenen Epochen, sondern vor allem auch aus unterschiedlichen Nationalliteraturen und Kulturkreisen.

7.1 *Imitatio*, **Dialogizität, Intertextualität**
7.2 **Paradigmen und Beispiele der Bezugnahme**
7.3 **Kulturwissenschaftliche Ausweitungen**

7.1 *Imitatio*, Dialogizität, Intertextualität

Das Wissen um die Bezugnahme von Texten auf andere Texte gehört zu den grundlegendsten Erkenntnissen bei der Entwicklung literarischer Systeme. Allerdings ist die Konzeptualisierung und Deutung solcher Phänomene in verschiedenen Epochen und Kulturen auf unterschiedliche Weise erfolgt. So galt beispielsweise die *imitatio*, die Nachahmung als vorbildhaft empfundener Autoren und Werke, als grundlegendes Prinzip der Poetiken der europäischen Renaissance und des Barock. Die Autoren der zweiten Hälfte des 18. Jahrhunderts rebellierten im Zuge der Genie-Ästhetik und des damit verknüpften Originalitäts-Postulats dagegen, wodurch sich ein völlig anderes Verständnis von Textbeziehungen etablierte. An diesem Paradigmenwechsel zeigt sich die Abhängigkeit des Begriffs von Textbeziehung vom jeweilig spezifischen Verständnis davon, was ein Text ist und welche Faktoren im kommunikativen Prozess, in den er eingebunden ist, die ausschlaggebenden sind.

<small>Textbeziehungen im historischen Wandel</small>

Dies führt zu der grundlegenden Problematik des Intertextualitätsbegriffs. Je nachdem, ob die Position des Autors, die des Texts oder die des Rezipienten im Fokus der jeweiligen Konzeption als die dominante erachtet wird, lassen sich die Phänomene der Bezugnahme von Texten auf andere Texte als autorzentriert, textzentriert oder leserzentriert betrachten. Dabei werden gleichzeitig unterschiedliche Grade von Intentionalität unterstellt. Denn es ist durchaus von Belang, ob man solche Textbezüge als unvermeidliche Ingredienzien jeglicher Art von Textualität ansieht, wie dies in post-strukturalistischen Ansätzen häufig der Fall ist, oder ob man die genauer spezifizierbaren Formen als bewusste – affirmative oder kritische, identifikatorische oder differente – Bezugnahme des Autors wahrnimmt, wie dies in eher hermeneutisch argumentierenden Modellierungen oft geschieht.

<small>Intertextualität: autor-, text- oder leserzentriert</small>

Bereits die Rhetorik, die über zwei Jahrtausende als systematische Lehre der Textgenerierung maßgeblich die Rahmenbedingungen literarischer Produktion mitbestimmte, kennt hinsichtlich der Bezüge von Texten aufeinander diverse Arten der Klassifizierung: Neben der Gattungslehre und der Topik, in der der allgemein verfügbare Vorrat sprachlicher Bilder und Konzepte, die *loci communes* (Gemeinplätze), versammelt waren, gab es auf der Ebene der Textverfahren bestimmte Formen, die gezielt auf andere Texte rekurrieren, wie die Parodie, die Travestie, das Pastiche oder das Cento. In diesen Formen, deren Einstellung zu den Prätexten historisch wie auch bezüglich der Wir-

<small>Rhetorik: Topik, Parodie, Travestie, Cento</small>

kungsabsicht stark variiert, sind Erkennen und Kenntnis der Vorlagen für die adäquate Rezeption notwendig, wenn nicht eine wesentliche Dimension des Texts wegfallen soll – dies ist gemeint, wenn die Rede ist von „Intertextualität als Sinnkonstitution" (Lachmann 1983). Diesem qualitativen Faktor gesellt sich der quantitative hinzu, da auch die Intensität des Bezugs von der versteckten Allusion oder dem Einzelzitat bis zur gesamten Übernahme der kompositorischen Anlage reichen kann. Unter diesen Gesichtspunkten lässt sich etwa die auf die Konzepte von *imitatio* (lateinisch: Nachahmung) und *aemulatio* (lateinisch: überbietende Nachahmung) zentrierte Dichtung des 16. und 17. Jahrhunderts als dezidiert intertextuell ausgerichtetes kulturelles System betrachten. Die Diskussion um das Verhältnis der zeitgenössischen zur antiken Literatur erreichte 1687 in der durch Charles Perrault ausgelösten und bis weit ins 18. Jahrhundert wirkenden *Querelle des anciens et des modernes* einen vorläufigen Höhepunkt (→ KAPITEL 2.2; ASB D'APRILE/SIEBERS, KAPITEL 7).

Imitatio – aemulatio

Es ist bezeichnend, dass der Neueinsatz der Reflexion über die Bedeutung der Rekurrenz von Texten auf andere gerade zu einem Zeitpunkt erfolgt, zu dem – nach der entgegengesetzten Postulaten verpflichteten Epoche der Kunstautonomie und den damit verknüpften Ansprüchen auf absolute Originalität sowie den intensiv mimetisch ausgerichteten Doktrinen des Realismus und Naturalismus – dies auch in der künstlerischen Produktion als Praxis in ganz starkem Maß zu beobachten ist: nämlich zur Zeit der modernistischen Strömungen zu Beginn des 20. Jahrhunderts. Autoren wie Paul Valéry, Marcel Proust, James Joyce, Osip Mandel'štam, T. S. Eliot, Ezra Pound, Thomas Mann u. a. verfassten Werke, die in programmatischer und quantitativ wie qualitativ umfassenderer Weise auf andere Prätexte ausgerichtet waren. Darin manifestiert sich die innovative Auffassung von literarischer Tradition als einem simultan präsenten Textraum – eine Verräumlichung der im historisch ausgerichteten 19. Jahrhundert geltenden Vorstellung einer sukzessiven Abfolge. Dies formulierte etwa T. S. Eliot in seinem 1919 publizierten Essay *Tradition and the Individual Talent*. Jeder Autor müsse sich bewusst machen, „that the whole of the literature of Europe from Homer and within it the literature of his own country has a simultaneous existence and composes a simultaneous order" (Eliot 1965, S. 23). Die großen Werke der Literatur wie der Kunst im Allgemeinen bilden Eliot zufolge eine stets präsente und valide ‚ideale Ordnung', auf die sich jeder neue Text eines Autors (Eliot vertritt hier durchaus eine intentionalistische Position) bei seiner eigenen Generierung von

Literarische Tradition als simultan präsenter Textraum

T. S. Eliot: *Tradition and the Individual Talent*

Sinn beziehen muss, um selbst seinen Anspruch auf ästhetische Gültigkeit zu reklamieren. In Eliots Auffassung ist diese Ordnung der Texte zu jedem Zeitpunkt eine in sich vollkommene, die allerdings durch die Innovationen des neu ihr sich zugesellenden Werks bereichert und dadurch als Ganzes verändert wird. Dies hat eine Neujustierung der „Tradition" zur Folge, in deren Verlauf eben nicht allein das neue Werk durch die Wirkungsmacht der vorhandenen Texte, auf die es sich bezieht, formativ geprägt wird, sondern auch das Verständnis eben jener kanonisierten literarischen Monumente sich entschieden verändert. Ästhetischer Einfluss wird demnach nicht mehr als literaturgeschichtliche Einbahnstraße erachtet, sondern wirkt in beide Richtungen. Während der verschiedenen Phasen modernistischer Literatur in ganz Europa und den USA rücken in der Poetik daher Textbeziehungen und die damit verbundenen „Verfahren" oder „Kunstgriffe" (russisch *priëm*, ein Begriff aus der Terminologie des russischen Formalismus, v. a. geprägt von Viktor B. Šklovskij, vgl. Šklovskij 1984) in den Fokus.

Entscheidend für die Entwicklung der späteren Debatte um den Intertextualitäts-Begriff war die bereits in den 1920er- und 1930er-Jahren in der Sowjetunion formulierte, aber im Westen erst ab den späten 1960er-Jahren zur Kenntnis genommene Dialogizitätstheorie Michail M. Bachtins. Sie ist pragmatisch orientiert und betrachtet Sprache als einen lebendigen Zusammenhang von verschiedensten Äußerungen zu den vorhandenen Gegenständen, die alle ideologisch geprägt sowie agonal aufeinander bezogen sind. Das Verhältnis der Äußerungen, die Einstellung einer Äußerung auf andere, bezeichnet Bachtin als deren „Dialogizität" (Bachtin 1979, S. 175). Die aus der Dialogizität resultierende Sprachen- oder Redevielfalt (Heteroglossie) produziert und garantiert Ambivalenz, d. h. sie ist einer „monologischen" Tendenz, wie sie die religiöse oder politische Dogmatik als einsinnige Wahrheit über die Welt zu etablieren versucht, entgegengesetzt (vgl. Lehmann 1977). Die dialogisierte bzw. „karnevalisierte" Form des Romans, deren Vollendung Bachtin zufolge der „polyphon[e]" Roman Dostoevskijs darstellt (Bachtin 1971, S. 7), ist Ausdruck der künstlerischen Gestaltung der Redevielfalt. Bachtin entwickelt eine Typologie des Romanworts, wobei die Redetypen von besonderem Interesse sind, in denen mehrere Stimmen in einer „hybriden Konstruktion" miteinander verschmelzen:

> „Wir nennen diejenige Äußerung eine hybride Konstruktion, die ihren grammatischen (syntaktischen) und kompositorischen Merkmalen nach zu einem einzigen Sprecher gehört, in der sich in

Bachtins Dialogizitätstheorie

Heteroglossie und Ambivalenz

Stimmenverschmelzung: „hybride Konstruktionen"

Wirklichkeit aber zwei Äußerungen, zwei Redeweisen, zwei Stile, zwei ‚Sprachen', zwei Horizonte von Sinn und Wertung vermischen." (Bachtin 1979, S. 195)

Mehrstimmige Rede

Diese Phänomene zwei- oder mehrstimmiger Rede beinhalten klassische Formen des Bezugs wie Stilisierung, Parodie, Travestie oder Kontrafaktur, sind aber bei Bachtin in einem komplexen Entwurf von Dialogizität systematisiert, der dezidiert nach der ideologischen Ausrichtung mehrstimmiger Rede differenziert: Die in der einzelnen Äußerung verschmolzenen Stimmakzente können gleichgerichtet (etwa bei der Stilisierung) oder entgegengesetzt (z. B. bei der Parodie) sein. Damit stellt Bachtin ein feines Instrumentarium zur Analyse von Textbeziehungen bereit, das sich sowohl auf die Makro- wie auf die Mikrostruktur solcher Referenzen applizieren lässt, da Bachtins Verständnis von „Äußerung" oder „Rede" quantitativ nicht festgelegt ist und vom einzelnen Wort bis zur gesamten sprachlichen Gestalt eines Romans alles bezeichnen kann.

Obwohl Bachtins Konzept von Dialogizität zu seiner Entstehungszeit kaum Beachtung fand und aufgrund der politischen Wirren der Zeit zwischen Oktoberrevolution, Ende des Zweiten Weltkriegs und der Abschottung der Staaten Osteuropas im Westen zunächst überhaupt nicht rezipiert werden konnte, wurde es in den 1960er-Jahren zum Ausgangspunkt der Intertextualitätsdebatte. In ihrem 1967 publizierten Aufsatz *Bakhtine, le mot, le dialogue et le roman* (Bachtin, *das Wort, der Dialog und der Roman*, Kristeva 1967) machte die aus Bulgarien stammende, in Paris arbeitende Semiotikerin und Literaturtheoretikerin Julia Kristeva nicht allein die westeuropäische Literaturwissenschaft mit den Lehren Bachtins vertraut, sondern prägte auch den neuen Terminus „Intertextualität". Sie definiert dieses Phänomen im Anschluss an Bachtins Dialogizitätsmodell so:

Julia Kristevas Intertextualitäts-Begriff

„[J]eder Text baut sich als ein Mosaik von Zitaten auf, jeder Text ist Absorption und Transformation eines anderen Textes. An die Stelle der Intersubjektivität tritt der Begriff der Intertextualität, und die poetische Sprache lässt sich zumindest als eine *doppelte* lesen." (Kristeva 1978, S. 391; Hervorhebung im Original)

Schon aus der Abgrenzung der Intertextualität von der Intersubjektivität wird deutlich, dass sich bei Kristeva der Fokus gegenüber der Bachtin'schen Position verschoben hat. Bachtins Konzept der „Äußerung" ist durchaus noch personal und intentional ausgerichtet, da sein Ausgangspunkt der sprechende Mensch als „Ideologe" seiner selbst ist (Bachtin 1979, S. 221) und der Roman als Ausdruck „künstlerisch organisierte[r] Redevielfalt" (Bachtin 1979, S. 157) rückgebunden wird an die personale Instanz seines Autors. Für Kristeva stehen der bedeutungsgenerierende bzw. -verschiebende Akt der Schreibweise (*écriture*) und das Verhältnis solcher Textbezüge im Sinne eines (post-)strukturalistisch konzipierten Raummodells im Vordergrund (→ ASB SCHÖSSLER, KAPITEL 6). Dies hat zwei Konsequenzen, die für den weiteren Umgang mit dem Intertextualitäts-Theorem von immenser Bedeutung waren: Zum einen wird in Kristevas Modell der Autor zu einer bloßen Funktion innerhalb der Schreibweise bzw. der Textualität (beides als *écriture* verstanden), d. h. er gilt nicht mehr als der Garant der Sinnstruktur des von ihm verfassten Texts. Zum anderen wird durch Kristevas Kategorie des „Transfiniten" (Kristeva 1980, S. 400) jeglicher abschließende Sinnbildungsprozess quasi *ad infinitum* verschoben. Die Besonderheit wie Problematik von Kristevas textzentriertem Intertextualitäts-Entwurf liegt also – anders als bei Bachtins Dialogizitätstheorie – darin, dass das Phänomen schwer bestimmbar und eingrenzbar ist, wenn sowohl eine unterstellte intentionale als auch eine begrenzende Komponente fehlt. Im großen intertextuellen Raum, im Universum der Texte verweist jeder Text letztlich auf alle anderen, ist jede Schreibweise Teil der universalen.

    Roland Barthes radikalisiert diese Auffassung. In seinem berühmten 1968 veröffentlichten Artikel *La mort de l'auteur* (*Der Tod des Autors*) propagiert er ein Verschwinden des neuzeitlichen Konzepts eines Autor-Subjekts, da sich dieses im Sinne einer identifizierbaren „Stimme" in die Universalität und Totalität der Schrift bzw. Schreibweise (*écriture* meint beides) auflöse, die keinen Ursprung mehr kenne. Der Text wird als Schnittpunkt sich überkreuzender Zitate und Schreibweisen verstanden, die unaufhörlich miteinander interagieren:

> „Wir wissen nun, daß ein Text nicht aus einer Wortzeile besteht, die einen einzigen gewissermaßen theologischen Sinn (das wäre die ‚Botschaft' des ‚Autor-Gottes') freisetzt, sondern aus einem mehrdimensionalen Raum, in dem vielfältige Schreibweisen, von denen keine ursprünglich ist, miteinander harmonieren oder ringen: Der Text ist ein Geflecht von Zitaten, die aus tausend Brennpunkten der Kultur stammen." (Barthes 2006, S. 61)

Für Barthes kehren sich in der Konsequenz die traditionellen Rollen von Autor und Leser beim Sinnbildungsprozess literarischer Kommunikation um: Nicht mehr der Autor, sondern der Leser ist der Garant für die Bedeutung eines Texts:

> „Der Leser ist der Raum, in dem sich sämtliche Zitate, aus denen das Schreiben besteht, einschreiben, ohne daß auch nur ein einziges verlorenginge; die Einheitlichkeit eines Textes liegt nicht an

Écriture

Das Transfinite

Roland Barthes: *La mort de l'auteur*

Die Rolle des Lesers

seinem Ursprung, sondern an seinem Bestimmungsort, aber dieser Bestimmungsort kann nicht mehr personal sein: Der Leser ist ein Mensch ohne Geschichte, ohne Biographie, ohne Psychologie; er ist nur dieser *jemand*, der in einem einzigen Feld alle Spuren zusammenhält, aus denen das Geschriebene besteht. [...] Die Geburt des Lesers muß mit dem Tod des ‚Autors' bezahlt werden." (Barthes 2006, S. 63; Hervorhebung im Original).

Derartige poststrukturalistische Ansätze bringen jedoch für die praktische Textanalyse erhebliche heuristische Schwierigkeiten mit sich, da sich die Entgrenzung oder „Dissemination" fester, präzise bestimmbarer Textbeziehungen hin zu polystrukturellen, sich immer weiter verzweigenden „Textspuren" im Sinne Jacques Derridas kaum mehr systematisch erfassen oder beschreiben ließe. Barthes' These vom „totalen Wesen" der *écriture* mag als Philosophem anregend sein – und so hat sie auch auf viele Autoren der Postmoderne gewirkt, bis hin zu narrativen Experimenten wie Italo Calvinos *Se una notte d'inverno un viaggiatore* (*Wenn ein Reisender in einer Winternacht*, 1979), wo augenzwinkernd der Leser zum Helden des Romans gemacht und der poststrukturalistische Diskurs auf den Prüfstand gehoben wird. Allerdings stellt diese These den Interpreten bei seiner praktischen Arbeit an einem bestimmten Text und dessen literarische oder kulturelle Referenzen auch vor kaum lösbare Probleme.

Daher wurden verschiedene Versuche unternommen, praktikablere Beschreibungsmodelle und -kategorien zu entwerfen. So bemühten sich die Autoren des 1985 von Ulrich Broich und Manfred Pfister herausgegebenen Bandes *Intertextualität. Formen, Funktionen, anglistische Fallstudien* um die Gewinnung von Kriterien zur quantitativen wie qualitativen Präzisierung bei der Bestimmung von Intertextualität. Zum einen unterscheiden die Verfasser zwischen markierten und unmarkierten Formen intertextuellen Bezugs, wobei das Augenmerk vor allem auf die diversen Signale der Markierung eines literarischen Fremdbezugs wie Zitat und Allusion gerichtet ist (Broich/Pfister 1985, S. 31–47). Zum anderen werden verschiedene Intensitätsgrade der Bezugnahme im Sinne einer „Skalierung der Intertextualität" anhand von vier Kriterien unterschieden: Referentialität, Kommunikativität, Autoreflexivität und Strukturalität (Broich/Pfister 1985, S. 25–30). Was die quantitative Differenzierung anbelangt, so wird bei singulärem oder gelegentlichem Bezug eines Textes auf einen andern die Kategorie Einzeltextreferenz vorgeschlagen. Bei umfassenderen, auch das Strukturganze des Prätexts berücksichtigenden Bezugnahmen sprechen die Autoren von Systemreferenz (Broich/Pfister 1985, S. 48–58), z. B. hinsichtlich eines Erzählmodells, etwa der von Daniel Defoe geprägten und besonders im 18. Jahrhundert populären Gattung der „Robinsonade".

Einen in seinem Differenzierungsanspruch vergleichbaren Ansatz stellt der französische Strukturalist Gérard Genette vor, auf den auch der Begriff des „Palimpsests" zur Kennzeichnung solcher Phänomene textueller „Überschreibung" zurückgeht (→ ABBILDUNG 7 und Bildbeschreibung). In seinem 1982 erschienenen Buch *Palimpsestes. La littérature au second degré* (*Palimpseste. Die Literatur auf zweiter Stufe*) ersetzt Genette den Terminus Intertextualität zur allgemeinen Kennzeichnung von Textbeziehungen durch Transtextualität (Genette 1993, S. 9) und unterteilt sie in fünf Typen.

Gérard Genettes fünf Typen der „Transtextualität":

- Intertextualität ist bei Genette eingegrenzt auf die „Beziehung der Kopräsenz zweier oder mehrerer Texte, d. h. in den meisten Fällen, eidetisch gesprochen, als effektive Präsenz eines Textes in einem anderen Text." (Genette 1993, S. 10). Gemeint sind Formen wie Zitat, Plagiat oder Anspielung.

Intertextualität

- Den zweiten Typus nennt Genette Paratextualität und meint den Bezug von nicht zum eigentlichen Text gehörenden Begleittexten wie Motti, Titel oder Zwischentitel, Vor- oder Nachworte, Fußnoten etc.

Paratextualität

- Unter Metatextualität versteht Genette eine kommentierende Form der Auseinandersetzung mit einem anderen Text, ohne dass dieser explizit angeführt werden muss (Genette nennt als Beispiel Hegels *Phänomenologie des Geistes*, die sich „andeutungsweise und gleichsam stillschweigend auf *Rameaus Neffe*" von Denis Diderot beziehe; Genette 1993, S. 13).

Metatextualität

- Architextualität, der weiteste Typus, bezeichnet die Zugehörigkeit zu einer Gattung oder Schreibweise, ohne dass dies paratextueller Markierung bedarf (ein Gedicht weist sich z. B. über bestimmte Strukturmomente als solches aus).

Architextualität

- Der letzte Typus, Hypertextualität, meint – ähnlich wie „Systemreferenz" bei Broich und Pfister – das Phänomen einer textuellen Ableitung bzw. Überlagerung: Der Hypertext schiebt sich über den Hypotext, aus dem er qua Transformation gewissermaßen hervorgegangen ist. Zur Veranschaulichung nennt Genette Vergils *Aeneis* und James Joyces' *Ulysses*, die beides Hypertexte zum Hypotext der Homerischen *Odyssee* seien (Genette 1993, S. 15).

Hypertextualität

Genette exemplifiziert und differenziert sein Modell im weiteren Verlauf seines Buchs an einer Vielzahl von Texten. Gerade die klare Kategorisierung der Manifestationsweisen von Transtextualität macht Genettes Systematik besonders geeignet für konkrete interpretatorische Fragestellungen der Bezugnahme auf andere Texte.

Gegenüber strukturalistischen und poststrukturalistischen Intertextualitätsmodellen ist der Ansatz, den der amerikanische Literaturwissenschaftler Harold Bloom in seinem 1973 veröffentlichten Buch *The Anxiety of Influence* entwickelt hat, wieder deutlich autorzentriert. Bloom geht in seiner von der Freud'schen Psychoanalyse geprägten Konzeption davon aus, dass sich die Dichter von ihren starken Vorgängern – ihren „Vaterfiguren" – absetzen müssten, indem sie in einer Art kreativer Umdeutung auf deren große Werke Bezug nähmen. Bloom unterscheidet sechs Typen der Bearbeitung: Clinamen (bewusste Fehllektüre), Tessera (Vervollständigung und Antithese), Kenosis (Diskontinuität), Daemonization (Schaffung eines Gegen-Sublimen), Askesis (Selbstläuterung) und Apophrades (eigentlich ‚Wiederkehr der Toten', Rückkehr des Ursprünglichen) (Bloom 1975, S. 14–16). Intertextualität fungiert hier nach der Art einer bewusst vorgenommenen Entstellung oder Verzerrung, um sich im ödipalen Kampf gegen den literarischen „Übervater" zu behaupten.

7.2 Paradigmen und Beispiele der Bezugnahme

In seiner 1941 veröffentlichten Erzählung *La biblioteca de Babel* (*Die Bibliothek von Babel*) hat der argentinische Autor Jorge Luis Borges in der titelgebenden, allumfassenden Bibliothek ein eindrucksvolles Emblem für die Totalität des textuellen Universums entworfen, eine räumliche Ordnung, in der alles enthalten ist, universelle (Auto-)Referenz herrscht und die „unbegrenzt und zyklisch" erscheint (Borges 1998, S. 66). Dieses Bild entspricht sehr genau den Vorstellungen, welche die poststrukturalistischen Ansätze hinsichtlich einer entgrenzten Intertextualität hegen, da sich hier auch die Referenzialisierung unaufhörlich von Text zu Text fortsetzt, trotz der doch so eng begrenzten Anzahl von zur Verfügung stehenden Zeichen der Schrift.

Dies macht zwar, mit Barthes gesprochen, das „totale Wesen" der Schrift bewusst, löst aber noch nicht die heuristischen Probleme und Fragen, die bei der Analyse von intertextuellen Phänomen bei bestimmten Texten auftreten. Dies betrifft die quantitativen wie die qualitativen Verhältnisse intertextueller Bezugnahme ebenso wie den textuellen Status solcher Referenzen überhaupt. Aleksandr Puškins Poem *Angelo* (1833) ist eine die Vorlage getreu wiedergebende Nacherzählung der Handlung von Shakespeares „problem play" *Measure for Measure* (*Maß für Maß*, 1603/04), eine hypertextuelle Transposition im Sinne Genettes. Es werden weder Veränderungen hinsichtlich

Plot, Personen, Charakteristik etc. vorgenommen, noch lassen sich Formen von ironischen, parodistischen oder travestierenden Elementen oder entsprechende Kommentierungen ausmachen. Statt von einem zweistimmig entgegengesetzten Akzent kann man bei dieser Hybriden mit Bachtin von einer „Stilisierung" sprechen (Bachtin 1979, S. 247). Nur die durch Gattungskonversion vom Drama zur epischen Versdichtung bedingten und die durch Sprachwechsel vom Englischen zum Russischen sich ergebenden Veränderungen scheinen signifikant. Die zeitliche wie sprachliche Distanz zum Original wird gerade nicht besonders akzentuiert, sondern vielmehr in der Gestaltung heruntergespielt. Dem Gnadenappell, dem am Ende des Stückes wie des Poems stattgegeben wird, soll in der hypertextuellen Bearbeitung dadurch eine zeitlose Gültigkeit verliehen werden.

Allerdings lässt sich die zeitliche (und damit auch die ontologische) Distanz zwischen Prätext und Nachfolger niemals aufheben, da die Sinnbildungsstruktur des zu einem bestimmten historischen und sprachgeschichtlichen Moment verfassten Zeichengefüges nicht vernachlässigt bzw. ignoriert oder nivelliert werden kann. Dies demonstriert ebenfalls eine Erzählung Jorge Luis Borges': In *Pierre Menard, autor del Quijote* (1939, *Pierre Menard, Autor des Quijote*) berichtet der Erzähler von den Bemühungen eines jüngst verstorbenen Schriftstellers, dessen ehrgeiziges Ziel darin bestand, den *Don Quijote* neu zu verfassen:

„Er wollte nicht einen anderen *Quijote* verfassen – was leicht ist –, sondern d e n *Quijote*. Unnütz hinzuzufügen, daß er niemals eine mechanische Transkription des Originals ins Auge fassste; er wollte es nicht kopieren. Sein bewundernswerter Ehrgeiz war es, ein paar Seiten hervorzubringen, die – Wort für Wort und Zeile für Zeile – mit denen von Miguel de Cervantes übereinstimmen sollten." (Borges 1998, S. 39).

Und in der Tat verwendet der Erzähler großen interpretatorischen Scharfsinn darauf, den Nachweis zu führen, dass zwei völlig textidentische Passagen – es handelt sich natürlich um ein und dasselbe Zitat aus dem *Don Quijote* – aufgrund ihrer zeitlichen Kontexte des frühen 17. und des frühen 20. Jahrhunderts sowie der verschiedenen „Autoren" in Aussage und Kontext, ja sogar im Stil völlig unterschiedlich seien. Borges' geistvoll-ironisches Spiel verweist auf den Umstand, dass ein Zitat, ja selbst eine vollständige Wiederholung niemals mit dem Original identisch sein kann.

Differenz von Prätext und Nachfolgetext

Dass man aus jenem Spiel von Wiederholung, Identifikation und Differenz im intertextuellen Bezug ästhetisches Kapital schlagen kann, zeigen zahlreiche Texte besonders der Postmoderne. In Christoph Rans-

Postmoderne

mayrs Roman *Die letzte Welt* (1988) reist Cotta, ein Bewunderer des ans Schwarze Meer verbannten römischen Dichters Ovid, nach Tomi, um dort nach dem Autor zu suchen. Er findet zwar nicht den Dichter, in den Bewohnern Tomis aber sehr wohl die Figuren von dessen – so die Fiktion – ebenfalls verschollenem Werk der *Metamorphosen* wieder.

Hybridisierung — Was den Roman auszeichnet, ist seine Hybridisierung der Zeiten: Elemente der antiken Lebenswelt Ovids (wie Segelschiffe als Fortbewegungsmittel) und solche der Gegenwart (insbesondere Medien wie Film oder Mikrophone) sind nach Art einer Uchronie (Nicht-Zeit) in der „letzten Welt" kopräsent. Ransmayr transponiert seinen Hypotext nicht einfach in eine andere Zeit, sondern produziert durch die Amalgamierung der unterschiedlichen temporalen Ebenen eine synthetische Zeit, in der Mythos und Realität, Text und Geschehen ineinander übergehen und ihre kausalen wie temporalen Positionen wechseln können. Das Prinzip der Metamorphose – zentriert in dem Ovid entlehnten motto-artigen Satz „Keinem bleibt seine Gestalt" (Ransmayr 1991, S.15, vgl. *Metamorphoses* I, V. 17: „nulli sua forma manebat") – wird so zum absoluten Prinzip radikalisiert, von dem nicht nur die Ebenen der Handlung und der Figuren betroffen sind, sondern auch die Erzählkonstruktion und das darin gestaltete Weltmodell selbst. Das metamorphotische Prinzip wird auch durch den paratextuellen Appendix deutlich akzentuiert, in dem Ransmayr „Ein Ovidisches Repertoire" liefert, das die „Gestalten der Letzten Welt" den „Gestalten der Alten Welt" in summarischen Textspalten kontrastierend gegenüberstellt (Ransmayr 1991, S. 289–317). Dadurch werden die transformatorischen Prozesse

„Arbeit am Mythos" — im Sinne einer intertextuellen „Arbeit am Mythos" (Hans Blumenberg) in ihren einzelnen Parametern abschließend noch einmal vorgeführt (und es wird den weniger in antiker Mythologie Beschlagenen die Gelegenheit gegeben, diese Prozesse überhaupt als solche wahrzunehmen).

Am Beispiel von Ransmayrs Roman zeigt sich, dass die Bestimmung des Verhältnisses zum Prätext bei intertextuellen Verfahren höchst komplex sein und über so eindeutige Kategorien wie affirmativ, subversiv, kontrafaktisch, parodistisch, travestierend, distanzierend, dekonstruktiv etc. weit hinaus gehen kann. In der Tat scheint

Palimpsest — bei der *Letzten Welt* der Begriff des „Palimpsests" – den im Übrigen bereits der Erzähler bei Borges zur Charakterisierung von Pierre Menards wahnwitzigem Unterfangen verwendet (Borges 1998, S. 44) – sinnvoll, da es sich wirklich um eine Art „Überschreibung" des Ovid'schen Texts handelt und nicht um eine einfache Übertragung in gegenwärtige Verhältnisse. Solche historischen Transpositionen oder Formzitate dienen häufig der Kontrastierung, wenn etwa Friedrich

Dürrenmatt in seiner „tragischen Komödie" *Der Besuch der alten Dame* (1956) im Schlusschor den Chor aus Sophokles' *Antigone* (442 v. Chr.) entstellend zitiert. Gelten Sophokles' Stück und insbesondere der Chor, der die Größe des Menschen feiert, als Plädoyer für die Menschlichkeit und textuelle Begründung human-humanistischen Gedankenguts überhaupt, so erscheint bei Dürrenmatt nicht der Mensch, sondern die Armut an der Position des „Ungeheueren": Damit legitimieren die Bürger der Stadt Güllen ihre Tat, nämlich den Tod eines ihrer Mitbürger betrieben zu haben als Gegenleistung für eine Milliarde, die ihnen die wie eine angemaßte Rachegöttin auftretende alte Dame überlässt. Stand am Beginn der europäischen Zivilisation der Humanismus, so steht an ihrem kapitalistischen Ende der Inhumanismus, was auch in der Tragisches und Komisch-Groteskes mischenden Zwittergattung der Tragikomödie seinen Niederschlag findet. Dabei richtet sich der vermeintlich parodistische Gestus keineswegs gegen die Normen und Werte der antiken Vorlage, sondern macht durch das Formzitat des Chores deutlich, wie es um die nun dominanten gesellschaftlichen Wertvorstellungen bestellt ist. Der Kontrast setzt also nicht den Prätext herab, sondern lässt sich als ätzend-satirische Kritik der eigenen Gegenwart verstehen, die durch den intertextuellen Verweis auf jenen Prüfstein abendländischer Humanität umso mehr als degeneriert und pervertiert erscheint. Mit Bachtin gesprochen, zeigen die Stimmakzente dieser Hybriden in gänzlich entgegengesetzte Richtungen.

<small>Parodistische Bezugnahme als Kritik</small>

Während bei solchen Formen der Intertextualität die Referenz deutlich markiert und der Rekurs auf einen spezifischen Text auch in seiner sinnkonstitutiven Funktion klar bestimmbar ist, können in anderen Formen die Komplexitätsgrade intertextueller Bezüge und Strukturen erheblich zunehmen. Dies gilt für Arten der Bezugnahme, die sich nicht auf eine bipolare Relation beschränken, sondern eine Textspur mit mehreren Stufen der Referenzialisierung verfolgen – etwa durch verschiedene Bearbeitungsstufen oder durch diverse andere Vermittlungssequenzen. Damit verkomplizieren sich die Analyse und Bewertung der intertextuellen Verfahren erheblich. Als Beispiele könnten etwa Bearbeitungen berühmter Stoffe durch Autoren unterschiedlicher Epochen dienen (→ KAPITEL 5,2). Anders gesagt: Wieviel von Plautus, Molière oder Kleist steckt in Jean Giraudoux' Drama *Amphitryon 38* (1929), das schon in seiner beigefügten Nummer den ironischen Ausweis des Wissens führt, dass es in einer langen Traditionsreihe von literarischen Verarbeitungen des antiken Stoffes steht? Und welcher Zuwachs an Bedeutung wird durch diese unterstellten Bezugnahmen erreicht?

<small>Mehrstufige oder multireferenzielle Formen von Intertextualität</small>

INTERTEXTUALITÄT

    Noch komplizierter wird die Problematik von Spezifizierung, Relationierung, Wertung und Begründung der intertextuellen Verhältnisse bei Texten, in denen sich mehrere Schichten hypertextueller Allusionen wie bei einem immer und immer wieder be- und überschriebenen Palimpsest überlagern. Eines der berühmt-berüchtigtsten Beispiele hierfür ist James Joyces *Ulysses* (1922), jenes *opus magnum* und Kompendium der Vielstimmigkeit der literarischen Moderne. So insinuiert der Titel als Paratext bereits die Analogie zur *Odyssee*, wobei allerdings die anglisierte Version des Namens (wie in Alfred Lord Tennysons gleichnamigem Gedicht), die ihrerseits auf die latinisierte Form zurückgeht, gerade den Transformationsprozess akzentuiert. Es handelt sich also nicht um eine simple Transposition, obwohl innerhalb der Untergliederung die achtzehn Kapitel in drei Blöcken zu drei, zwölf und drei Kapiteln auf Grundmuster der Homerischen Vorlage in „Telemachie", „Odyssee" und „Nostos" verweisen (vgl. Füger 1994, S. 244). Nicht allein sind die Korrespondenzen zur *Odyssee* in hohem Maße selbst wieder ambiguisiert (vgl. Esch 1977; Ellmann 1984), hinzu kommen vielfältige andere Referenztexte sowie literarische und außerliterarische Strukturmuster, wie etwa Shakespeares *Hamlet*, Goethes *Faust* oder die in *Exodus* erzählte Geschichte Moses', welche Joyce ebenfalls in seinem Werk verarbeitete, sodass eine polystrukturale wie polyfunktionale intertextuelle Matrix entsteht, in der die diversen Referenzebenen auf vielfältige Weise miteinander verknüpft sind. So wie sich das Leben in Dublin am 16. Juni 1904 – dem Tag der Handlung – als eine Odyssee durch das chaotische Labyrinth der „vielstimmigen" modernen Großstadt darstellt, so lassen sich auch die (inter-)textuellen Überlagerungen als Versuch der Repräsentation einer polyphonen und polymedialen Wirklichkeit im Sinne einer Totalität der Textualität *sui generis* begreifen. Dass die Episode, die der Homerischen Erzählung von Scylla und Charybdis entspricht (Kapitel 9), ausgerechnet in einer Bibliothek spielt und anhand einer höchst kontroversen Diskussion über die angemessene Shakespeare-Exegese die Literatur selbst zum Thema hat, lässt sich als autoreferenzielle Warnung verstehen (und zeugt auch vom Joyce'schen Witz).

<small>Totale Repräsentation von Textualität: James Joyce: *Ulysses*</small>

<small>Intertextuelle Matrix</small>

7.3 Kulturwissenschaftliche Ausweitungen

Die Ansätze der Intertextualitätsforschung waren nicht zuletzt deshalb in den letzten Jahrzehnten so fruchtbar, weil sie die Verknüpfung literarischer Systeme hinsichtlich der Phänomene der Bedeutungsbildung und der Selbstreflektivität analytisch und methodisch in den Fokus gerückt haben. Damit wurde ebenfalls die Notwendigkeit einer komparatistischen Vorgehensweise bei der Analyse von Textbeziehungen als ein wesentliches Moment der Erschließung struktureller und semantischer Besonderheiten spezifischer Texte signifikant. Die Anschlussfähigkeit der Intertextualitätsforschung hat sich insbesondere auf drei Gebieten erwiesen, die von deren Ergebnissen, aber vor allem von den Methoden und Verfahren der Analyse beeinflusst wurden:

Zum einen wäre die Intermedialitätsforschung zu nennen, die sich insbesondere an die in der Intertextualitätstheorie entwickelten Analysemodelle und deren Terminologie angeschlossen hat, ohne dabei die spezifischen Aspekte der jeweiligen durch das Medium bestimmten Parameter außer Acht zu lassen (→ KAPITEL 11). *Intertextualität und Intermedialitätsforschung*

Der zweite Bereich betrifft den Zusammenhang von Intertextualitäts- und Erinnerungsforschung. Renate Lachmann hat bereits 1990 in ihrem Buch *Gedächtnis und Literatur. Intertextualität in der russischen Moderne* die zentrale Bedeutung von Intertextualität für eine programmatische Poetik der Erinnerung und des kulturellen Gedächtnisses anhand der russischen Akmeisten herausgearbeitet. Gerade im seit den politischen Veränderungen in den 1990er-Jahren verstärkt geführten Diskurs um kulturelles, kollektives und kommunikatives Gedächtnis sowie die damit verknüpfte öffentliche Erinnerungspolitik und den Begriff des „Archivs" als Erinnerungsspeicher spielen Fragen der Art der Tradierung, zu denen die intertextuellen Verfahren der Textüberlieferung und -transformation zählen, eine wichtige Rolle (vgl. Assmann 1999). *Intertextualität und kulturelles Gedächtnis*

Der dritte Bereich schließlich betrifft die Redefinitionen des Kultur-Begriffs durch den *cultural turn*. Mit der Bestimmung der Kultur als „Text" (die ja schon bei Bachtin, Barthes und Kristeva angelegt ist) rücken die Beziehungen von deren einzelnen Textelementen ebenfalls stärker in das Zentrum der Betrachtung (→ KAPITEL 10). Dies lässt sich insbesondere bei Erscheinungsformen des kulturellen Kontaktes und Austausches beobachten, wie er in Hybridkulturen oder in postkolonialen Kulturen vorliegt. Hier werden Revisionen von ideologischen Ansprüchen und Deutungsmustern nicht zuletzt durch eine dialogisierende oder hybridisierende intertextuelle Bezugnahme auf zentrale Texte der dominanten bzw. kolonialen Kultur vorgenommen. Das schlägt sich wiederum in spezifischen Analysemodellen nieder, die sich bis zu einem gewissen Grad ebenfalls an die in der Intertextualitätstheorie entwickelten Positionen anschließen bzw. diese weiterentwickeln, wie es für das von Bachtin entworfene Konzept von „Hybridität" zu beobachten ist, beispielsweise bei Homi K. Bhabha (vgl. Bhabha 2000). *Intertextualität und cultural turn*

Fragen und Anregungen

- Charakterisieren Sie das Verhältnis von Julia Kristevas Intertextualitätskonzept zu Michail M. Bachtins Dialogizitätstheorie.
- Welche Arten der Transtextualität differenziert Gérard Genette?
- Welche Schwierigkeit können sich bei der Bestimmung intertextueller Relationen in der praktischen Textanalyse ergeben?

Lektüreempfehlungen

- **Michail M. Bachtin: Probleme der Poetik Dostoevskijs.** Aus dem Russischen von Adelheid Schramm, München 1971 [zuerst russisch 1929]. *Bachtin stellt sein Konzept der Polyphonie an Dostoevskijs Romanen vor, wobei der Roman als Kristallisationspunkt verschiedenster Stimmen und Sprachen angesehen wird. Von hier aus nimmt die spätere Dialogizitätstheorie der Literatur ihren Ausgang.*
- **Roland Barthes: Der Tod des Autors [1968]**, in: ders., Das Rauschen der Sprache (Kritische Essays IV). Aus dem Französischen von Dieter Hornig, Frankfurt a.M. 2006, S. 57–63. *Grundlagentext für ein Verständnis von Intertextualität, das nicht mehr intersubjektiv (also als direkte Bezugnahme eines Autors auf einen anderen) gedacht ist, sondern bewusst auf die Kategorie des Autors verzichtet.*
- **Harold Bloom: Einflussangst. Eine Theorie der Dichtung,** Frankfurt a. M./ Basel 1995 [zuerst englisch 1973]. *Die anregende Studie, die im Unterschied zu Barthes die Position des Autors stark macht, versucht den Umgang von Autoren mit Mustern und Vorbildern als einen psychologischen Konflikt zu interpretieren, wobei sich die Auseinandersetzung mit der Tradition als Anschreiben gegen die Vätergeneration erweist.*
- **Ulrich Broich / Manfred Pfister (Hg.): Intertextualität. Formen, Funktionen, anglistische Fallstudien.** Unter Mitarbeit von Bernd Schulte-Middelich, Tübingen 1985. *Der Sammelband enthält maßgebliche Fallstudien zu intertextuellen Phänomen.*

8 Internationalität:
Literarisches Übersetzen

Markus May

Abbildung 8: Pieter Breughel d. Ä.: *Turmbau zu Babel* (Wiener Version 1563)

Der Kupferstich zeigt ein gewaltiges turmartiges Bauwerk in einem unvollendeten und vielleicht auch unvollendbaren Stadium. Gerade diese Ambivalenz lässt das Gebäude – noch Rohbau oder bereits Ruine? – als ein sinnfälliges Emblem menschlicher Bestrebungen zwischen hochfliegender Intention und unvollkommener Ausführung erscheinen, das in seiner Unvollendetheit auch auf die Notwendigkeit und das Dilemma menschlicher Kommunikation verweist.

Der biblische Mythos vom Turmbau zu Babel (1. Mose 11, 1–9) soll eine Erklärung für die real existierende Sprachenvielfalt (Heteroglossie) liefern, über deren Ursprung sich die Menschen schon in den frühen Kulturen der Antike Gedanken machten. Der Mythos gibt eine theologische Begründung – Gott „verwirrt" die ursprüngliche Einheit der Ursprache, um die Menschen in ihrem Handlungsspielraum zu begrenzen – und artikuliert so erstmalig die tiefgreifende Erfahrung sprachlicher Differenz, welche eine zentrale Kulturtechnik überhaupt erst möglich wie nötig macht: das Übersetzen.

Gerade der Umgang mit der Differenzerfahrung ist insbesondere seit dem 20. Jahrhundert als fundamentale Herausforderung der Übersetzung angesehen worden, weshalb der biblische Mythos von Babel immer wieder zum Referenzpunkt theoretischer Überlegungen geworden ist. Während in nichtkünstlerischen Kommunikationszusammenhängen die Problematik des Übersetzens sich eher auf Aspekte der Sprachrichtigkeit, der semantischen und stilistischen Äquivalenzen bezieht und Gegenstand linguistischer Betrachtung bleibt, stellt sich im Fall literarischer Werke, die durch ihre spezifische Form sprachlicher Gestaltung bestimmt sind, die Frage nach der grundsätzlichen Möglichkeit ihrer Übersetzung. Diese historisch und je nach Position unterschiedlich ausfallenden Antworten werden im Folgenden vorgestellt.

8.1 Übersetzung als Kulturtransfer
8.2 Übersetzungstheorie: Geschichte und Positionen
8.3 Übersetzungsanalyse: Praxis und Problemfelder

8.1 Übersetzung als Kulturtransfer

Die Rolle, die das Übersetzen beim Kulturtransfer im Allgemeinen gespielt hat, kann kaum überschätzt werden. Erinnert sei nur an die rege Übersetzungstätigkeit im arabisch geprägten Andalusien des 12. Jahrhunderts, ohne die ein großer Teil des antiken, aber auch des neueren Wissens der Mathematik, der Astronomie, der Medizin, der Naturwissenschaften, der Philosophie, der Theologie und nicht zuletzt der Literatur nicht ins mittelalterliche Europa gelangt wäre und so das Denken jener folgenden scholastischen Epoche auch nicht in der entscheidenden Weise hätte prägen können, wie dies dann der Fall gewesen ist. Doch auch die Entwicklung literarischer Systeme im engeren Sinne hängt häufig wesentlich von der übersetzerischen Rezeption ausländischer Modelle ab. So beeinflusste etwa die Übernahme der romanischen Kanzonenstrophe die Entwicklung des deutschen Minnesangs, oder der Rekurs auf den bretonischen Artus-Stoff, die sogenannte „Matière de Bretagne", die hochmittelalterliche deutsche Epik. Und ohne die eigenen Produktionen vorausgehende Übertragung von Sonetten Francesco Petrarcas (→ KAPITEL 1.1) wäre weder die Entwicklung der elisabethanischen Sonett-Kunst in England noch die im sogenannten „galanten Stil" kulminierende deutschsprachige Sonett-Dichtung des 17. Jahrhunderts denkbar gewesen. Nicht selten kam dabei einzelnen Übersetzungen eine nachgerade fundamentale Bedeutung bei der produktiven Auseinandersetzung mit fremden Kulturen zu. So löste zum Beispiel die französische Übersetzung des arabischen „Kultbuchs" *Erzählungen aus Tausendundeiner Nacht* (1704–08) durch den Orientalisten Antoine Galland zu Beginn des 18. Jahrhunderts eine regelrechte orientalistische Mode vor allem bei französischen und englischen Autoren aus, etwa bei Montesquieu, Voltaire, Samuel Johnson und William Beckford (vgl. Ott 2004). Ähnliches ließe sich von James MacPherson und seinem *Ossian* (1765) konstatieren: MacPherson hatte behauptet, es handele sich bei den Texten um von ihm gefundene alte Manuskripte mit altschottischen Heldenliedern, die er aus dem Gälischen übertragen habe – eine Fälschung, wie sich im Nachhinein herausstellen sollte. Doch diese angebliche „Übersetzung" löste eine europaweite Begeisterung für die gälischschottische Vergangenheit aus, der unter anderem auch Goethe erlag; so rezitiert sein Romanheld Werther im gleichnamigen Roman (1774) seiner angebeteten Charlotte enthusiasmiert ganze Passagen aus dem *Ossian*, die Goethe, der sich Zeit seines Lebens intensiv

Übersetzung als Import literarischer und kultureller Modelle

Beispiel Erzählungen aus Tausendundeiner Nacht

Beispiel Ossian

mit dem Übersetzen beschäftigte, selbst aus dem englischen Text von MacPherson übertragen hatte.

Auch Goethes 1827 formuliertes Konzept der „Weltliteratur" (→ KAPITEL 1.1) steht in engster Verbindung mit seiner übersetzerischen Tätigkeit und der Arbeit an der Zeitschrift *Ueber Kunst und Alterthum* (vgl. Lamping 2010a, S. 19, 80–85). Dieses Konzept zeugt von Goethes großem Vertrauen in die kulturvermittelnde Kraft gelungener Übersetzungen und wurde maßgeblich bestimmend für die Aufwertung, die das Übersetzen im 19. Jahrhundert nicht allein im deutschsprachigen Raum erfuhr. Und der Begriff der „Weltliteratur" selbst wurde wie seine Konzeption in andere Sprach- und Kulturräume übertragen. Die Anverwandlung fremder Texte auf dem Wege der Übersetzung kann sogar so weit gehen, dass diese Übersetzungen zum integralen Bestandteil des eigenen Werks eines Autors werden. Als prominentes, weil besonders signifikantes Beispiel sei hier auf den ersten der monumentalen *Cantos* (1915–62) des amerikanischen Dichters Ezra Pound verwiesen, einem der Schlüsselwerke des Modernismus. Denn bei diesem ersten Canto handelt es sich um die Übersetzung einer Übersetzung. Pound hat darin Andreas Divus' lateinische Übersetzung des Totengesprächs aus dem XI. Gesang der Homerischen *Odyssee* seinerseits ins Englische übertragen und so sinnfällig sein Selbst- und Dichtungsverständnis im Rückbezug auf eine von ihm als vital erachtete Tradition und deren Übermittlungs- und Übertragungsverhältnisse proklamiert.

Übersetzung als Medium von ‚Weltliteratur'

Übersetzung und Werkbegriff

8.2 Übersetzungstheorie: Geschichte und Positionen

Griechische und römische Antike

Bereits in der römischen Antike gab es Überlegungen zur Übersetzung, die vor allem mit den Übertragungen aus dem Griechischen verbunden sind, wie überhaupt die römische Kultur sich stark an die griechische anlehnte und vieles von jener adaptierte. So lässt sich etwa die Götterwelt des römischen Pantheons im weitesten Sinne als eine ‚Übertragung' griechischer Gottheiten verstehen; aus Zeus wurde Jupiter, aus Dionysos Bacchus usw., wobei deren Attribute zu großen Teilen übernommen wurden. Im engeren Sinne findet die Auseinandersetzung um Fragen der Übersetzung aus dem Griechischen jedoch mit Bezug auf philosophische und literarische Texte statt, die als mustergültig und vorbildhaft empfunden wurden. So empfiehlt etwa Horaz in seiner später unter dem Titel *Ars poetica*

Übersetzungen aus dem Griechischen: Horaz ...

berühmt gewordenen *Epistula ad Pisones* seinen dichtenden Zeitgenossen neben einer kritischen Beschäftigung mit den herausragenden Beispielen der griechischen Dichtung bei lateinischen Wortneuschöpfungen die Orientierung am Griechischen.

Ebenso hielten die Verfasser der wichtigsten lateinischen Rhetoriken, Cicero und Quintilian, das Übersetzen vorbildlich empfundener Literatur aus dem Griechischen für eine der wesentlichsten Übungen bei der Ausbildung des Redners – und damit auch des Dichters (→ KAPITEL 2.1).

... Cicero und Quintilian

Ging es hier vor allem um die praktische Schulung und Erprobung einer stilistischen Sensibilität am „exemplum", am Mustertext, so verändert sich die Problematik der Übersetzung in Bezug auf sakrale Texte. Gerade die Bibelübersetzung wurde in der Folge zum Paradigma der Probleme von Übersetzung überhaupt. Die Übersetzung der ursprünglich in Hebräisch und Griechisch verfassten Texte, die in den frühkirchlichen Konzilen ab dem 4. Jahrhundert kanonisiert wurden und somit die Grundlage des Alten und des Neuen Testaments der Bibel bildeten, war von größter Bedeutung für die Dogmatik wie für die Ausbreitung des Christentums. Im Falle der Auslegung und Übersetzung der Bibel zeigt sich, dass der heilige Text ein Grundmuster für die abendländische Auffassung von Textualität darstellt, also der Vorstellung dessen, was einen Text konstituiert und in welcher Weise er zu deuten ist. Dabei ist die Problematik der Übersetzung von heiligen Texten besonders heikel, da diesen Offenbarungscharakter zugesprochen wird, d. h. es handelt sich nach christlichem Verständnis um das Wort Gottes selbst. Die Bindung der Bedeutung, der Sinndimension an die sprachliche Verfasstheit des Originals erhält so ein besonderes Gewicht, Zeichen und Bezeichnetes können eigentlich nicht getrennt werden – der Text ist bereits in der Materialität seiner Zeichen sakrosankt. Schon der Originaltext lässt einen unabsehbaren Spielraum an Deutungen offen – wovon die Bibliotheken füllende Kommentierungstätigkeit zu den heiligen Texten im Judentum, Christentum und im Islam der letzten beiden Jahrtausende ein beredtes Zeugnis ablegt; die Übersetzung verändert, verengt, erweitert oder verschiebt diesen Bedeutungsspielraum noch einmal. Daher hat die Übersetzung immer z. T. gravierende Folgen für die Deutungspraxis. Mangelhaft oder gar falsch übertragene Passagen können sogar in dogmatische, die Glaubenslehre selbst betreffende Bereiche einwirken. Die Übersetzung heiliger Schriften betrifft deshalb immer auch die Deutungshoheit der Institution Kirche, wie sich an den Übersetzungen des Kirchenvaters Sophronius Eusebius

Die Bibel als Katalysator übersetzungstheoretischer Reflexionen

Hieronymus' *Vulgata*-Übersetzung

Hieronymus (347–420), dem Schutzheiligen der Übersetzer, und des Reformators Martin Luther (1483–1546) signifikant nachweisen lässt. Hieronymus' Übersetzung der biblischen Schriften ins Lateinische, die sogenannte *Vulgata* (ca. 382–392), war zwar nicht der erste Versuch einer solchen Übertragung in die gemeinsame Sprache, die lingua franca des Römischen Reichs. Doch war sie der folgenreichste Versuch, da sie, nachdem sie sich gegen andere Übertragungen behaupten konnte, bis zur textkritischen Überarbeitung der 1979 fertig gestellten *Nova Vulgata* die liturgische Praxis der Katholischen Kirche maßgeblich prägte. Hieronymus hielt sich bei seiner Übersetzung an das gesprochene Latein seiner Zeit (lateinisch *vulgatus* = allgemein verbreitet). Er verfuhr nicht nach dem Prinzip der interlinearen Wort-für-Wort-Übersetzung, sondern übersetzte in Sinneinheiten, jedoch mit größtmöglicher Nähe zu den sprachlich-syntaktischen Besonderheiten des Originals:

> „Ich gebe nicht nur zu, sondern bekenne es mit lauter Stimme, daß ich bei der Übersetzung griechischer Texte – abgesehen von den Heiligen Schriften, wo auch die Wortfolge ein Mysterium ist – nicht ein Wort durch das andere, sondern einen Sinn für den anderen ausgedrückt habe." (Hieronymus 1963, S. 1)

Übersetzung nach Sinneinheiten vs. Interlinearversion

Diese Verfahrensweise trug ihm Kritik ein, denn gerade bei der Übersetzung von heiligen Texten gab es zahlreiche Befürworter einer reinen Interlinearversion, d. h. der Übertragung Wort für Wort, ohne Rücksicht auf die syntaktischen und stilistischen Eigenheiten der Zielsprache, da ja nicht allein die Worte, sondern die gesamte syntaktisch-stilistische Form als Ausdruck göttlicher Offenbarung angesehen werden. Hieronymus rechtfertigte seine Vorgehensweise im *Brief an Pammachius*, wobei er sich neben Cicero und Horaz vor allem auf die Praxis der Übersetzer der Septuaginta, der griechischen Übersetzung der hebräischen Bibel (*Tanach*), beruft. Die Reflexionen von Hieronymus zur Problematik des Übersetzens sind nicht allein apologetischer Natur, sie formulieren zugleich das grundsätzliche Dilemma des Übersetzers, der zwischen den Ansprüchen zweier Sprachen steht – sogar die grundsätzliche Geschiedenheit der Sprachen und der systemische geschlossene, selbstbezügliche Charakter von Einzelsprachen werden hier thematisiert:

> „Letzten Endes ist jede Sprache nur sie selbst und, wenn ich so sagen darf, in sich selbst heimisch. Wenn ich Wort für Wort übersetze, dann klingen sie [sic!] ungereimt, wenn ich etwas in der Anordnung oder in der Sprechweise verändere, scheine ich die Pflichten des Übersetzers zu verletzen." (Hieronymus 1963, S. 2f.)

Neben Hieronymus gab es im Mittelalter allerdings kaum systematische Reflexionen zur Übersetzung, die über die aus den antiken Rhetoriken bekannten Anweisungen zur Stilbildung hinausgingen, sieht man von vereinzelten Versuchen des Sprachvergleichs ab, wie sie etwa Dante Alighieri in seinem auf Latein verfassten Werk *De vulgari eloquentia* (*Über das Dichten in der Volkssprache*, 1303–05) anstellt.

<small>Dante Alighieri: *De vulgari eloquentia*</small>

Erst mit dem Humanismus bildete sich, initiiert durch Francesco Petrarcas Bemühungen um die Überlieferung antiker Texte, langsam ein philologisches Bewusstsein aus. Im Zuge dessen wurden nun auch wieder grundsätzliche Fragen der Problematik des Übersetzens diskutiert. In Martin Luthers *Sendbrief vom Dolmetschen* (1530) rechtfertigt der Reformator seine Übertragung der Bibel in das gesprochene Deutsch seiner Zeit gegen seine Kritiker, darin dem Beispiel Hieronymus folgend. Wie Hieronymus lehnt Luther die Interlinearversion beim Übersetzen ebenso ab wie eine zu enge Orientierung am Wortmaterial des Ausgangstexts und verteidigt seine übersetzerischen Freiheiten mit der Idiomatik des gesprochenen Deutschs des Volks:

<small>Martin Luther: *Sendbrief vom Dolmetschen*</small>

> „Denn man muß nicht die Buchstaben in der lateinischen Sprache fragen, wie man soll Deutsch reden, wie diese Esel [= Luthers Kritiker; Anm. d. Verf.] tun, sondern man muß die Mutter im Hause, die Kinder auf der Gassen, den gemeinen Mann auf dem Markt drum fragen, und denselbigen auf das Maul sehen, wie sie reden und darnach dolmetschen; da verstehen sie es denn und merken, daß man deutsch mit ihnen redet." (Luther 1963, S. 21)

Bereits hier wird der Anspruch deutlich, den Sprachhorizont seiner Adressaten zu berücksichtigen, da Luther mit seiner Bibelübersetzung seine theologischen Auffassungen vom rechten christlichen Glauben und seine Kritik des Papsttums verbreiten wollte. Denn die Bibel sollte gemäß Luthers Doktrin der *sola scriptura* („allein die Schrift") alleinige Autorität und Richtlinie für Fragen christlicher Glaubenslehre und Lebensführung sein. Deshalb werden die Übersetzungsentscheidungen einzelner Passagen auch mit dem Hinweis auf die allgemeinverständliche Vermittlung ihres dogmatischen Sinns begründet – wenngleich Luther dort, wo es ihm gerade auf den „Effekt des bedeutenden Wortes" (Apel/Kopetzki 2003, S. 72) ankommt, umgekehrt die Wahl der im Deutschen ungewöhnlichen Formulierung verteidigt: „Aber ich habe eher wollen der deutschen Sprache Abbruch tun, denn von dem Wort weichen" (Luther 1963, S. 25). Luthers Bibelübersetzung kommt nicht allein eine zentrale Rolle bei der Entwicklung einer einheitlichen (früh-)neuhochdeutschen Sprachnorm

<small>Adressatenbezogene Übersetzung bei Luther</small>

<small>Luther und die neuhochdeutsche Sprachnorm</small>

zu, auch die deutschsprachige Literatur verdankt ihr wesentliche Impulse.

Mit dem Beginn des rationalistischen Denkens im 17. Jahrhundert in Frankreich wandelt sich der Anspruch an Übersetzungen; sie sollen dem klassizistischen Geschmack angepasst werden, der vom Ideal der *bienséance,* der Wohlanständigkeit, dominiert ist. Schockierende Darstellungsweisen oder stilistische Exzentritäten werden bei der Übertragung von Texten aus anderen Sprach- und Kulturzusammenhängen vermieden, was häufig eine nicht unbeträchtliche Entfernung von den Gestaltungsprinzipien der Ausgangtexte zur Folge hat.

Dies kommt etwa in den Übertragungen von Nicolas Perrot d'Ablancourt (1606–64) zum Ausdruck, die formal wie inhaltlich geglättet sind, um den Normen der *doctrine classique* zu entsprechen. Diese werden als *belles infidèles* bezeichnet, als „schöne Ungetreue", da ihre „Schönheit" gemäß dem Zeitgeschmack mit einem Mangel an Treue zum Ausgangstext erkauft ist (vgl. Albrecht 1998, S. 76–83).

Ähnliches gilt auch für die Übersetzungen des englischen Klassizismus: In seiner Übertragung der Homerischen Epen *Ilias* und *Odyssee* etwa verwendete Alexander Pope nicht das originale Versmaß des Hexameters, sondern das sogenannte „heroic couplet", fünfhebig jambisch paargereimte Verse, welche keineswegs den Eindruck der Erhabenheit vermitteln, wie es der Hexameter tut. Dies veranlasste den schottischen Schriftsteller James Boswell (1791) zu der bissigen Bemerkung:

„The truth is, it is impossible perfectly to translate poetry. In a different language it may be the same tune, but it has not the same tone. Homer plays it on a bassoon; Pope on a flageolet." (Boswell 1830, S. 405)

Bereits 1681, im Vorwort seiner Ausgabe von Übersetzungen der Briefe Ovids, hatte John Dryden zwischen drei Arten der Übertragung unterschieden: „metaphrase" (wörtliche Übersetzung), „paraphrase" (eine auch in die Syntax eingreifende und verändernde Übertragung) und „imitation" (Nachahmung mit großer Freiheit gegenüber dem Original).

Solchen triadischen Konzeptionen begegnet man auch in den Überlegungen zur Übersetzung um 1800 wieder. Durch Johann Gottfried Herders Bemühungen um die Sammlung, Sichtung und Übertragung von Dichtung verschiedenster Völker und Zeiten, im Kontext seiner Konzeption von Volkspoesie und Nationaldichtung gefördert, gibt es um 1800 in Deutschland eine besonders intensive und fruchtbare Diskussion um die Arten, Möglichkeiten und Grenzen des Übersetzens. In den 1798 erschienenen *Blüthenstaub*-Fragmenten von Novalis (d. i. Friedrich von Hardenberg) unterscheidet der romantische Dichter drei Arten von Übersetzungen, die er „grammatisch", „verändernd" und „mythisch" nennt (Novalis 1963). Bezeichnet die „grammatische" Art eine am Wortlaut orientierte Übersetzung, so meint „verändernd" jenen Typus, wie er bei den französischen Klassizisten und bei Pope begegnet, wo die spezifische dichterische Form und Ausdrucksweise der Ausgangstexte zugunsten einer Anpassung an den ästhetischen Zeitgeist aufgegeben wird. „Mythisch" hingegen meint die Wiedergabe nicht des „wirkliche[n] Kunstwerk[s]", sondern von dessen „Ideal". Als Beispiel nennt Novalis etwa die griechische Mythologie als „Übersetzung einer Nationalreligion" (Novalis 1963, S. 33). Hier wird die Ebene der Textualität zugunsten einer kulturmorphologischen Auffassung von Übersetzung verlassen, was ganz der universalistischen Doktrin der deutschen Frühromantik entspricht.

Grammatisch – verändernd – mythisch

Ähnlich, aber auch pragmatischer argumentiert Johann Wolfgang Goethe in seinen *Noten und Abhandlungen zu besserem Verständnis des West-östlichen Divans* (1819). Auch er differenziert drei Arten des Übersetzens, die er als „prosaische", „parodistische" und „sich identisch machen[de]" klassifiziert (Goethe 1998, S. 255f.). Dabei entspricht die „prosaische" in etwa der „grammatischen" Übersetzung bei Novalis, ebenso wie die „parodistische" der „verändernden". Die dritte Kategorie jedoch, die „Identität" reklamierende, für die Goethe die Homer-Übertragungen von Johann Heinrich Voß als Beispiele anführt, soll sich im literarischen System der Zielkultur an die Stelle des Originals setzen, indem die Übersetzung die sprachlichen Eigenheiten des Ausgangstexts zu bewahren sucht und somit die Zielsprache und -kultur um dessen spezifische Qualitäten bereichert. Dazu muss die aufnehmende Kultur allerdings auch bereit sein, weswegen die „identische" Übersetzung für Goethe die kulturhistorisch avancierteste und ambitionierteste Form darstellt.

Prosaisch – parodistisch – sich identisch machend

Friedrich Schleiermachers wegweisender Vortrag *Ueber die verschiedenen Methoden des Uebersezens* (1813) fasst die Probleme des Übersetzens im Kontext der allgemeinen Verstehenslehre, der Hermeneutik. Sprachliche Kommunikationsakte werden in einer dynamischen Wechselwirkung von sprachstrukturellen Besonderheiten, der Sprecherintention und dem Verstehenshorizont des Rezipienten gedeutet. Berühmt, aber auch oft missverstanden wurde seine Definition der beiden grundsätzlichen Arten des Übersetzens:

Schleiermachers hermeneutische Übersetzungstheorie

„Entweder der Ueberseczer läßt den Schriftsteller möglichst in Ruhe, und bewegt den Leser ihm entgegen; oder er läßt den Leser möglichst in Ruhe und bewegt den Schriftsteller ihm entgegen." (Schleiermacher 1963, S. 47).

Diese beiden Prinzipien – entweder die sprachliche Verfasstheit des Textes der Quellsprache möglichst nachzubilden oder diese den Eigenheiten der Zielsprache und deren literarischen Systems anzupassen – wurden später gemeinhin mit den Begriffen der „verfremdenden" und der „einbürgernden" Übersetzung umschrieben. Dabei wurde allerdings häufig die geschichtsphilosophische Einbettung vergessen, die Schleiermacher vornimmt. Für Schleiermacher ergeben sich nämlich die spezifischen methodischen Parameter der Übersetzung aus den historischen Gegebenheiten des jeweilgen sprachlichen, literarischen und kulturellen Systems, in welchem die Übertragung situiert wird. Die Eigenheiten einer Übersetzung im Sinne einer produktiven Rezeption sind somit derselben Dynamik unterworfen wie jeder hermeneutische Akt.

Verfremdend vs. einbürgernd

Obwohl im weiteren Verlauf des 19. Jahrhunderts die übersetzerische Tätigkeit in ganz Europa deutlich zunahm – damit Goethes Diktum gegenüber Eckermann von der „Epoche der Weltliteratur" (Eckermann 1959, S. 174 [31.1.1827]), die nun angebrochen sei, erfüllend –, gibt es kaum innovative theoretische Reflexionen zum Gegenstand. Hierfür bietet etwa Ulrich von Wilamowitz-Moellendorffs Vortrag *Was ist übersetzen?* von 1891 ein Exempel, das in seinem Übersetzungsverständnis weit hinter die Diskussion der Goethezeit zurückfällt.

Neben den Bemühungen Rudolf Borchardts um eine radikale sprachkünstlerische Neukonzeption der Übersetzung im Kontext seines Ringens um einen „deutschen Dante" war es vor allem Walter Benjamins Aufsatz *Die Aufgabe des Übersetzers* (1921), der den weiteren Diskurs maßgeblich bestimmte. Benjamins Reflexionen sind von der jüdischen Sprachmystik und dem Messianismus geprägt.

Walter Benjamin: Die Aufgabe des Übersetzers

Die – in Benjamins Auffassung seit dem Sündenfall Adams – voneinander geschiedenen Einzelsprachen unterscheiden sich in ihrer „Art des Meinens" (Benjamin 1991, S. 14), also wie sie die Welt sprachlich konzeptualisieren. Allerdings ergänzen sie sich so in einer dynamischen Akkumulation bis hin zum Aufscheinen der „reine[n] Sprache" (Benjamin 1991, S. 13) am Ende der Zeit – Benjamin überträgt hier den messianischen Gedanken der jüdischen Theologie auf die Sprache. Der Übersetzung kommt also eine zentrale Aufgabe im Sinne der „Sprachergänzung" zu (vgl. Apel 1982, S. 167–177). Die

Übersetzung als „Sprachergänzung"

aus Benjamins Überlegungen resultierende radikale Differenz zwischen Text und Übersetzung soll nicht überdeckt oder gar eliminiert werden – dies wäre ohnehin nicht möglich –, vielmehr wird sie zum Ausgangspunkt einer Sprachbewegung, welche die „Intention auf die Sprache" erfahrbar macht. Gerade die in jüngerer Zeit wirkungsmächtigen Reflexionen der Dekonstruktivisten wie Paul de Man und Jacques Derrida schließen an Benjamins Prämissen an.

Während für de Man das Wort „Aufgabe" in Benjamins *Die Aufgabe des Übersetzers* gerade auch das Scheitern (im Sinne von Aufgeben) jeglicher übersetzerischer Bemühung als Vermittlung von Bedeutung bezeichnet (de Man 1997, S. 192), bindet Derrida Benjamins Prämissen zurück an die Unübersetzbarkeit des Namens und den biblischen Mythos von Babel. Babel wird zum Musterfall der doppelten unaufhebbaren Bewegung von Konstruktion und Dekonstruktion von Sinn, der auch der Übersetzung eigen ist, die sich nach Derrida immer am Idealtypus des heiligen Texts orientiert (vgl. Derrida 1997, S. 160–163). Übersetzbarkeit – Unübersetzbarkeit

Insbesondere seit dem *cultural turn* hat der Übersetzungsbegriff eine Ausweitung erfahren, welche die Beziehung einzelner Texte zueinander bei weitem überschreitet. Mit der Etablierung von Konzepten der Trans- bzw. Interkulturalität rücken zunehmend Fragen der Übersetzbarkeit ganzer kultureller Komplexe und Diskurse in den Vordergrund (vgl. als ein frühes Beispiel Kittel/Frank 1991). Mittlerweile werden diese Fragen sogar unter dem Begriff des *translational turn* verhandelt (vgl. Bachmann-Medick 2009). Translational turn

8.3 Übersetzungsanalyse: Praxis und Problemfelder

Die Übersetzung ist Untersuchungsgegenstand diverser wissenschaftlicher Disziplinen, die je eigene Ansätze entwickelt haben, ihr Forschungsobjekt theoretisch zu konzeptualisieren: Philosophie (hier besonders hermeneutisch und pragmatisch orientierte Richtungen), Linguistik, Kommunikationswissenschaft, Informatik (maschinelle bzw. computergenerierte Übersetzung), Soziologie, Kognitionswissenschaft, vergleichende Stilforschung, Kulturwissenschaft, Literaturwissenschaft und die sogenannte Übersetzungswissenschaft, um nur die wichtigsten zu nennen (einen Überblick über die unterschiedlichen theoretischen Ansätze bietet Stolze 2005). Für die Komparatistik sind natürlich die drei letztgenannten Disziplinen von besonderer Bedeu- Disziplinäre Ausrichtungen der Übersetzungsforschung tung. Die Übersetzungswissenschaft oder Translatologie ist selbst eine interdisziplinär angelegte Wissenschaft, die je nach Ausrichtung linguistische und literaturwissenschaftliche, aber auch handlungstheoretische und pragmatische sowie kognitive Ansätze miteinander zu vereinen sucht. Literaturwissenschaftliche Übersetzungsforschung zielt einerseits auf Fragen der Geschichte, Poetik und Ästhetik des Übersetzens, andererseits auf deren konkrete Ausprägungen, etwa in systematischen, typologischen oder stilistischen Vergleichungen entsprechender Texte – und damit auf ein Kerngebiet komparatistischer Forschung, auch in Hinblick auf die Intertextualitäts-Problematik.

Da mit den Paradigmen von Inter- und Transkulturalität in den letzten Jahrzehnten immer stärker Phänomene kultureller Differenz und Alterität sowie der kommunikativen Konstruktion von Kultur überhaupt in den Fokus wissenschaftlicher Diskurse gerückt sind, hat sich die traditionell textbasierte literaturwissenschaftliche Übersetzungsforschung zunehmend auch solchen kulturwissenschaftlichen Fragestellungen geöffnet (vgl. Bachmann-Medick 1997; Hammerschmid/Krapoth 1998), dabei z. T. auf die Ergebnisse der Image-Forschung bei der Konstruktion von Eigen- und Fremdbildern aufbauend.

Dabei stellt die Übersetzung als Kulturtechnik eine ganze Reihe von Problemen, die sämtlich um den Umgang mit Differenz kreisen und die die letztlich paradoxe Relation von prinzipieller Unübersetzbarkeit – ein Text ist ein Text ist ein Text – und den Möglichkeitsspielräumen der übersetzerischen Praxis – es gibt nicht nur eine potenzielle Übersetzung – ausleuchten. Gerade daraus ergibt sich ein Spiel von Oppositionen, deren Gewichtung und Wertung in der historischen wie in der wissenschaftssystematischen Perspektive gänzlich unterschiedlich ausfällt. Wollte man die extremen Polaritäten vereinfacht zusammenfassen, so liefe dies auf folgende Grundfrage hinaus:

Soll die Übersetzung die – linguistische, kulturelle, literatursystemische, historische und stilistische – Differenz zum Original möglichst einebnen (idealerweise: aufheben), oder muss sie gerade diese Differenz reflektieren und akzentuieren? Geht man von der Übersetzung als einer interlingualen Transposition eines Textes in einer Ausgangssprache (source language) in einen Text einer Zielsprache (target language) aus, so lassen sich verschiedene Grundprinzipien bzw. -strategien ausmachen, die im historischen Abriss schon angeklungen sind. Eine bereits von Cicero diskutierte Opposition markieren die Prinzipien „Wort für Wort" versus „Sinn für Sinn". Obwohl sogenannte Interlinearversionen von manchen Theoretikern als Ideal der

Übersetzung propagiert wurden – „[d]ie Interlinearversion des heiligen Textes ist das Urbild oder Ideal aller Übersetzung" (Benjamin 1991, S. 21) – und sich manche Übertragungen (etwa Hölderlins Sophokles-Übersetzungen) dem anzunähern versuchten, vereiteln sprachstrukturelle, vor allem morphosyntaktische Eigenheiten der einzelnen Sprachen derartige Experimente zumeist, sogar unter einander nah verwandten Sprachen. Interlinearversionen münden fast zwangsläufig in der Unverständlichkeit, weil die Eigengesetzlichkeiten der Zielsprache ignoriert werden. Hier zeigt sich schon die Problematik des viel strapazierten Begriffs der „Treue zum Original" vs. der ebenso sprichwörtlichen „Freiheit", da Interlinearversionen zwar der sprachlichen Oberflächenstruktur des Ausgangstextes nahezu sklavisch entsprechen, aber dafür die Tiefenstruktur des Sinnes außer Acht lassen. Deswegen haben sich die meisten maßgeblichen frühen Theoretiker der Übersetzung von Cicero über Hieronymus bis Luther für das Prinzip der Sinntreue entschieden und waren insofern bereit, sprachstrukturell bedingte Besonderheiten des Ausgangstextes bei der Übersetzung zu opfern. Das Dilemma zeigt sich auch in der seit dem 19. Jahrhundert geläufigen Dichotomie zwischen „einbürgernder" und „verfremdender Übersetzung" (vgl. Albrecht 1998, S. 69–76). Schon die Begrifflichkeit ist unglücklich, da zwar die einbürgernde Übersetzung die Anpassung an die Standards des literarischen und sprachlichen Systems der Zielsprache meint, verfremdend aber ausschließlich in Bezug auf den Sprachgebrauch der Zielsprache gemünzt ist: Der Ausgangstext wird bei dieser Methode ja gerade nicht verfremdet, da seine spezifische Ausdrucksqualität quasi in der Zielsprache nachgebildet werden soll. Die Ambivalenz der Entscheidung reflektiert auch hier den grundlegenden Normenkonflikt.

Diesem eher statisch-bipolaren Verständnis von Übersetzung entspricht das in der Linguistik entwickelte Äquivalenz-Prinzip (vgl. Koller 1992, S. 216), das davon ausgeht, dass für alle sprachlichen Elemente und Isotopien – auf lexikalischer, syntaktischer, prosodischer Ebene usw. – des Ausgangstexts entsprechende Äquivalente in der Zielsprache zu finden seien. Dieses Modell nivelliert schon in seinen Grundannahmen die historischen, kulturellen und sprachstrukturellen Differenzen, da es die vollkommene Wiederholbarkeit einer Aussage in einer anderen Sprache und in einem anderen Kontext zumindest idealiter voraussetzt – eine Position, von deren Prämisse eines vollständigen und restlosen Verstehens selbst die philosophische Hermeneutik nach Hans-Georg Gadamer abgerückt ist (→ ASB JOISTEN).

Interlinearversion als „Ideal aller Übersetzung"?

Treue zum Original vs. Freiheit der Übertragung

Äquivalenz-Prinzip

INTERNATIONALITÄT: LITERARISCHES ÜBERSETZEN

Übersetzung als „Sprachbewegung"

Gegenüber solch statischen Konzepten von Übersetzung haben sich in der neu einsetzenden Rezeption Schleiermachers und vor allem Benjamins seit den 1960er- und 1970er-Jahren solche dynamischen Ansätze ausgebildet, die ausgehend von deren Konzepten der „Sprachbewegung" und „Sprachergänzung" das Prozessuale, Differente und Autoreflexive des Übersetzens akzentuieren. Damit einher ging die Neubewertung von diese Prinzipien reflektierenden Übersetzungen, die bislang als exzentrisch galten, verfasst von Autoren wie Rudolf Borchardt, Rainer Maria Rilke, Ezra Pound oder Paul Celan. Statt die Differenz zum Ausgangstext zu überdecken, markierten und reflektierten diese Autoren sie in ihren mehrstimmig hybriden Übersetzungen. Durch die Akzentuierung ihrer eigenen Stimme im Text setzten sie sich dialogisch in Beziehung zum Original, auf diese Weise den bewusst inszenierten intertextuellen Raum

Übersetzung als intertextuelles Verfahren

ausschreitend (vgl. Frey 1990). Dass die Übersetzung als ein dynamischer Prozess dabei auch eine Transposition ganzer kultureller Systeme zu leisten vermag, ja dies eigentlich immer tun muss, macht auch die folgende radikale Übertragung von Shakespeares berühmtem und vielübersetztem 18. Sonett, dem Vergleichs-Sonett, durch Ulrike Draesner unmissverständlich deutlich. Zum Vergleich erst Shakespeares Text, dann der Draesners:

Shakespeares 18. Sonett ...

Shall I compare thee to a summer's day?
Thou art more lovely and more temperate:
Rough winds do shake the darling buds of May,
And summer's lease hath all too short a date:
Sometime too hot the eye of heaven shines,
And often is his gold complexion dimmed;
And every fair from fair sometime declines,
By chance, or nature's changing course, untrimmed:
But thy eternal summer shall not fade,
Nor lose possession of that fair thou ow'st,
Nor shall death brag thou wander'st in his shade
When in eternal lines to time thou grow'st:
　So long as men can breathe or eyes can see,
　So long lives this, and this gives life to thee.
(Shakespeare 1998, S. 147)

... und Ulrike Draesners Version: Übersetzung als Klonen?

einem sommertag vergleichen, dich?
gesünder bist du, besser temperiert:
stickstoffwinde nagen die teuren maiknospen an,
geleaste sommerzeit fault dattelbraun, zu schnell:

> zu viel UV strahlt durchs ozonloch ab und brennt,
> oft ist der sonne teint von smog verhängt;
> alles helle beugt periodisch helles in den fall,
> chaotisch ist zufall, genetisch unser roulette;
> doch in deinem zeitimmunen sommer tanzt keine zelle den fado,
> keine verliert, dem du dich verdankst, ihr DNA-dorado;
> noch wird der tod prahlen, in seinem schatten wandre deine pracht,
> wenn du als buchstabenhelix der zeit entwächst;
> > solange einer atmen kann, solange augen sehn
> > solange lohnt auch dies und klont dir leben ein.
>
> (Draesner 2000, S. 18)

Der Petrarkismus, der als Leitdiskurs der Renaissancedichtung den Bezugsrahmen von Shakespeares Sonett bildet, wird bei Draesner durch einen zeitgenössischen Leitdiskurs, nämlich den der Genetik und des Klonens ersetzt. Die Problematik der Zeitlichkeit und Vergänglichkeit, das vanitas-Motiv, erfährt so eine „Übertragung" in die gegenwärtige Diskussion um genetische Optimierung. Bei Shakespeare wird im letzten Vers in einer autoreflexiven Geste die Garantie für zeitliches Überdauern der Schönheit des angesprochenen Du („thee") gegeben; bei Draesner wird dem Du eine zweite Form des zeitlichen Weiterwirkens durch das Klonen versprochen. Zugleich ist das Klonen für Draesner auch, wie sie im Nachwort zu ihren Übersetzungen erläutert, eine Chiffre für die Tätigkeit des Übersetzens selbst (vgl. Draesner 2000, S. 30).

Transposition kultureller und historischer Systeme

Damit verdoppelt die Übersetzung in ihrer lingualen, historischen und kulturellen Transposition die selbstreflexive Geste des Originals und setzt sich so mit Blick auf die Vorlage in eine spannungsreiche Beziehung von Identität und Alterität.

Autoreflexivität der Übersetzung zwischen Identität und Alterität

Die Spannung zwischen vermeintlicher ‚Treue' zum Ausgangstext (die meist rein auf die semantische Oberflächenstruktur bezogen bleibt) und den genutzten Gestaltungsspielräumen, die sich bei dem Versuch ergeben, ein sprachliches Kunstwerk in einer anderen als der Ausgangssprache quasi noch einmal zu ‚wiederholen', ‚wiederherzustellen', hat sich auch in einer Vielfalt von Begriffen niedergeschlagen, mit denen das Produkt einer solchen Texttransposition bezeichnet werden soll: Übersetzung, Übertragung, Version, Nachdichtung, Umdichtung, Nachschöpfung etc. Dabei gilt die vermeintliche Nähe oder Distanz zum Ausgangstext als Kriterium für die gewählte Bezeichnung. Doch hat der Begriff der Übersetzung in Anlehnung an hermeneutische Traditionen eine Ausweitung erfahren, die sich einerseits auf allgemei-

Erweiterung des Übersetzungs-Begriffs

ne Prozesse der Verständigung beziehen lässt, anderseits aber auch auf deren kulturelle Bedingungen: So lässt sich aus kulturwissenschaftlicher Sicht sagen, dass man nicht allein einzelne Texte, sondern auch ganze kulturelle Formen und Bedeutungszusammenhänge ‚übersetzen' kann. Hier zeigen sich erneut besonders deutlich die Konsequenzen des *cultural turn* für die disziplinäre und konzeptionelle Ausrichtung der Komparatistik (→ KAPITEL 8).

Fragen und Anregungen

- Welche Bedeutung haben Übersetzungen für den Kulturtransfer?
- Welche Arten der Übersetzung unterscheidet Goethe?
- Skizzieren Sie die Probleme, welche sich aus der Forderung nach „Treue zum Original" für die Übersetzung ergeben.
- Vergleichen Sie Draesners Übersetzung des 18. Sonetts Shakespeares mit anderen Ihnen bekannten Übersetzungen (z. B. von Karl Lachmann, Otto Gildemeister, Stefan George, Ludwig Fulda, Karl Kraus, Hanno Helbling, Franz Josef Czernin etc.).

Lektüreempfehlungen

- Friedmar Apel / Annette Kopetzki: Literarische Übersetzung, 2., vollständig überarbeitete Auflage, Stuttgart 2003. *Vielseitige und faktenreiche Einführung in Theorie, Praxis und Geschichte der literarischen Übersetzung und in die literaturwissenschaftliche Übersetzungsforschung.*

- Klaus Reichert: Die unendliche Aufgabe. Zum Übersetzen, München 2003. *Den versammelten Essays ist die Überzeugung gemeinsam, dass das Übersetzen ein offener Prozess ist, der die Beachtung der Fremdheit des Originals als die eigentliche Herausforderung beim Übersetzen begreift.*

- George Steiner: After Babel. Aspects of language and translation, 2. Auflage: Oxford / New York 1992. *Klassiker der Übersetzungstheorie, der alle wichtigen Probleme anregend geschrieben diskutiert.*

9 Interlingualität

Alexander Nebrig

Abbildung 9: Die Fütterung des Dichters mit Makkaroni, Opus Merlini Cocaii poetae Mantuani Macaronicorum (1613)

INTERLINGUALITÄT

Der Holzschnitt illustriert eine Urszene des Dichtens: die Inspiration des Dichters durch die Musen. Doch sind es keineswegs mehr die traditionellen Musen Kalliope, Melpomene, Thalia oder gar ihr Führer, der Dichtergott Apoll, sondern die makkaronischen Musen. Die Verkehrung des hohen epischen Stils in den niederen zeigt sich an der Körperlichkeit der Szene. Die Inspiration erfolgt in der Nahrungsaufnahme, und die grazilen Musen sind zu feisten Köchinnen geworden. Sie geben dem Dichter Makkaroni zu essen, die sie in einem Suppensee (lagus suppae) als ein kulinarisches Mischprodukt gekocht haben, das die Vermischung der Sprachen symbolisiert.

Die Abbildung bezieht sich auf den ersten Gesang der von Teofilo Folengo 1521 unter dem Namen Merlin Cocai veröffentlichten Hexameterdichtung „Baldus", die Vergils Epos „Aeneis" parodiert. Dieses wird vom Prinzip stilistischer und sprachlicher Reinheit (puritas) getragen; Folengo dagegen vermischt die italienische Sprache mit der Lateinischen, was man als makkaronisch in Anlehnung an die „Macaronea" des Tifi Odasi von 1488 bezeichnet. Bis ins 19. Jahrhundert galt das Verfahren der Sprachmischung vor allem in Bezug auf die komische Poesie und wurde erst in der Moderne aufgewertet.

Unter dem Oberbegriff der Interlingualität wird im Folgenden nicht allein die Mehrsprachigkeit der Weltliteratur in den Blick genommen. Es werden gleichfalls sprachwissenschaftliche, sprachpolitische und sprachgeschichtliche Begriffe diskutiert, die mehrsprachige Phänomene der Kultur umfassen und Prinzipien artikulieren. Im Anschluss daran werden mehrsprachige Strategien von einsprachiger Literatur ausgelotet, um schließlich das Wechselspiel der Sprachen in ein und demselben Text vorzustellen.

9.1 **Linguistische Aspekte**
9.2 **Die Mehrsprachigkeit einsprachiger Texte**
9.3 **Mehrsprachige Texte**

9.1 Linguistische Aspekte

Jeder Mensch ist insofern mehrsprachig, als er in unterschiedlichen Kontexten und mit unterschiedlichen Menschen unterschiedliche Sprachen spricht, schreibt oder nur versteht: Dialekte, Fachsprachen, Soziolekte, Zeitungssprachen etc. Diese muttersprachliche Mehrsprachigkeit (vgl. Wandruszka 1979, S. 13–40), die man jeden Tag an sich selbst beobachten kann, hebt die Literatur in einer eigens geschaffenen Poesiesprache auf oder aber bringt sie in ihrer Vielstimmigkeit bewusst zu Gehör – so etwa im Romanwerk von François Rabelais und Fëdor M. Dostojevskij oder in Alfred Döblins *Berlin Alexanderplatz* (1929). Mehrsprachigkeit im engeren Sinne meint das interlinguale Mit- und Gegeneinander tatsächlicher Einzelsprachen.

Mehrsprachigkeit des Menschen

Derzeit sind 6 800 natürliche Sprachen bekannt. In Europa zählt man 56 Sprachen (vgl. Janich/Greule 2002), wobei die Einbeziehung sämtlicher Dialekte zu einer weitaus höheren Zahl führen würde. Die *Encyclopedia of Languages of the World* (Brown 2009) beschreibt 377 einzelne Sprachen und Sprachfamilien. Allerdings werden nicht alle davon geschrieben, von den Schriftsprachen wiederum zählen verhältnismäßig wenige zu den entwickelten Literatursprachen. (Sprachwissenschaftlich gesehen ist Weltliteratur – im Sinne aller weltweit produzierten Literatur – also ein begrenztes Gebiet, das auf Schriftlichkeit basiert, obgleich auch orale Poesieformen einbezogen werden können.) Um jede einzelne Sprache zu erfassen, wird ein Textkorpus dieser Sprache abgegrenzt und nach phonetischen, phonologischen, lexikalischen und syntaktischen Einheiten analysiert. Unweigerlich stellt die empirische Sprachwissenschaft Berührungspunkte her zur Ethnographie und Soziolinguistik. Sprachen können in ihrer historischen Entwicklung und ihren genetischen Zusammenhängen beschrieben werden oder aber durch eine kontrastive Linguistik, womit gemeint ist, dass die Sprachen hinsichtlich eines bestimmten, verschieden realisierten Aspektes miteinander verglichen werden.

Vielfalt der Sprachen

Im 19. Jahrhundert erfuhr das vergleichende Studium der Sprachen, besonders durch Forscher wie Franz Bopp und Jacob Grimm, erhöhte Aufmerksamkeit. Die historisch-vergleichende Sprachwissenschaft entdeckte genetische Zusammenhänge zwischen verschiedenen Sprachen. So gehen die modernen romanischen Sprachen auf das Latein zurück; zentral für das genetische Denken auf dem Gebiet der Sprachwissenschaft wurde die Annahme einer indogermanischen Ur-

Historisch vergleichende Sprachwissenschaft

sprache, deren Verbreitung sich von der indischen Kultur und dem Sanskrit bis hin zu den germanischen Sprachen erstreckt habe. Diese genetischen Zusammenhänge spiegelt, zumindest in Deutschland, die Ordnung der philologischen Disziplinen wider, wo unterschieden wird zwischen slavischen, romanischen und germanischen Sprachen. Die sprachliche Verwandtschaft diente bald auch dazu, kulturelle Gemeinsamkeiten und Unterschiede zu zementieren.

Sprachbünde

Eine alternative Möglichkeit, Sprachen und darauf aufbauend Kulturen miteinander zu vergleichen, bietet das räumlich orientierte Konzept des Sprachbundes. Für einen solchen entscheidend ist weniger die genetische Zusammengehörigkeit oder Differenz der Sprache als vielmehr ihre geografische Nähe und dadurch bewirkte kulturelle, politische und ökonomische Wechselbeziehungen. Der Balkansprachbund ermöglicht etwa, genetisch miteinander nicht verwandte Sprachen wie das Rumänische (romanisch), das Bulgarische (slavisch), das Griechische und das Türkische als eine Einheit zu verstehen, die durch grammatische Gemeinsamkeiten wie den nachgestellten Artikel gekennzeichnet ist. Solche Gemeinsamkeit entstanden vor allem durch die über Jahrhunderte bestehende politische Einheit des Osmanischen Reiches im Balkanraum. Andere Sprachbünde in Europa sind der Donausprachbund oder der baltische Sprachbund.

Mit dem Zeitalter der Nationalkulturen wurde die Einsprachigkeit der Kultur zur Norm. Die damit verbundene Problematik gegenüber dem Anderen hat Jacques Derrida facettenreich in *Le monolinguisme de l'autre* (1996; *Die Einsprachigkeit des Anderen*) beschrieben. Seitdem Einsprachigkeit zur Norm erhoben wurde und andere Sprachen nur noch als Fremdsprachen nachträglich in Schule und Universität erlernt werden, erscheint Zwei- und Mehrsprachigkeit als Sonderfall, der erst durch höhere Bildung eintritt. Die Geschichte kennt viele Gegenbeispiele zur Kultur der Einsprachigkeit. Im Mittelalter, aber auch in Vielvölkerstaaten wie dem Römischen Reich, dem Osmanischen Reich, der Habsburger Monarchie oder der Sowjetunion war es selbstverständlich, dass die Einwohner wenigstens zwei Sprachen beherrschten: die ihrer regionalen und familiären Gemeinschaft sowie die überregionale Verkehrs- und Handelssprache. Dabei besitzen die verschiedenen Sprachen meist unterschiedliche soziale Konnotationen.

Bilingualismus

Bilingualismus ist außerhalb Europas weiterhin verbreitet, so im nordafrikanischen Raum, wo das Französische neben dem Arabischen als Verkehrssprache gesprochen wird. Mit dem Ende der französischen Kolonialzeit wurde dabei das Arabische sozial aufgewertet.

LINGUISTISCHE ASPEKTE

Im Europa der Regionen, das neben der Einheit der Nationen auf die Eigenständigkeit der regionalen Kultur setzt, besteht ebenso ein sprachpolitischer Wille zur Förderung von Minderheitensprachen. Davon profitiert etwa das Baskische in Spanien. In der Bundesrepublik, deren Landessprache Deutsch ist, sind das Sorbische, das Dänische und das Friesische anerkannte Minderheitensprachen.
    Mit Diglossie wird der Umstand bezeichnet, dass ein Sprecher in unterschiedlichen Kontexten sich nicht zweier Sprachen, sondern zweier Varietäten derselben Sprache bedient (vgl. Ferguson 1959). Ein Deutschschweizer etwa wechselt vom Schwyzertütsch in der Regel problemlos ins Standarddeutsch, ebenso ein plattdeutscher Sprecher, wie es Thomas Mann in den *Buddenbrooks* (1901) vorführt. Während zwischen dem Dialektsprecher und dem Standardsprecher Übergänge bestehen, sind die formalen Grenzen bei Varietäten-Sprechern klar definiert.
    Die Linguistik bezeichnet das Phänomen, dass in einer Sprechhandlung der Sprecher zwischen zwei Sprachen wechselt, als *code-switching*. Es können grammatische Strukturen zweier Sprachen miteinander wechseln oder aber der Wortschatz. Besonders unter zweisprachig aufwachsenden Kindern wird von dieser Praxis Gebrauch gemacht.
    Eine politische Ursache von Mehrsprachigkeit ergibt sich aus dem Verlassen des Sprachraums sowie aus seiner Besetzung durch andere Sprachgemeinschaften, wie dies vor allem im europäischen Kolonialismus der Fall war. Besonders die brasilianische Literatur zeigt Bemühungen, Portugiesisches und Indigenes miteinander zu verbinden (etwa in Mário de Andrades *Macunaíma* von 1928).
    Wenn eine Muttersprache stark vereinfacht bzw. deren grammatische Struktur an konkrete Ausdrucksbedürfnisse angepasst und dementsprechend der Wortschatz reduziert wird, spricht man von Pidginsprachen. Sie entstehen aus einem Sprachkontakt und überbrücken in Form einer neuen Sprache die Differenz der beiden Sprachen durch die Reduktion auf das Minimum.
    Aus den Pidginsprachen wiederum können Kreolsprachen hervorgehen, jedoch kann dieser Schritt auch übersprungen werden. Die Vereinfachung der Sprachstruktur gegenüber der Grundsprache besteht auch hier. Kreolsprachen gingen vor allem aus der kolonialen Situation hervor, weshalb sie sich vornehmlich auf den Wortschatz des Französischen (z. B. Haitianisch), Englischen (z. B. Jamaika-Kreolisch), Portugiesischen (z. B. Kapverdisches Kreol) und Spanischen (z. B. kolumbianisches Palenquero) beziehen, nicht so sehr auf deren

Randbemerkungen:
- Monolingualismus in der Krise
- Diglossie
- Code-switching
- Migration und Besatzung
- Pidginsprachen
- Kreolsprachen

Syntax und Lautung. Die durch Sprachkontakt entstandenen Sprachen besitzen den Status einer Muttersprache.

Sprachmischung und Sprachpurismus

Die Sprachmischung wird bisweilen als Verfall und Verlust einer sprachlichen Identität angesehen, in Bezeichnungen wie ‚Franglais‘ und ‚Denglisch‘ drückt sich auch die Sorge aus, das Französische respektive das Deutsche könnten durch die Übernahme englischer Interpunktion (*Gestern, habe ich* …) oder englischer Lexik (*Computer* statt *ordinateur*) ihre Substanz verlieren. Bisweilen werden von nationalen Regierungen sprachpolitische Maßnahmen ergriffen, um den Anteil von Fremdwörtern, die durch neue Techniken und Praktiken entstehen, zu übersetzen und damit zu kontrollieren.

Sprachliche Entlehnung

Der Sprachpurismus widerspricht der geschichtlichen Entwicklung aller Literatursprachen. Aus Sicht der lateinischen Hochsprache mussten die romanischen Volkssprachen als abwegige Barbarismen erscheinen. Als Literatursprachen hingegen wurden sie ab dem 15. Jahrhundert, wie das Englische auch, zu weltweit gesprochenen Kolonialsprachen und gerieten selbst wieder in den Prozess der Kreolisierung. Die altbulgarische Liturgiesprache, die Basis des Kirchenslavischen, war aus der gezielten Transformation griechischer Grammatik und Lexik entstanden, desgleichen orientierte sich die deutsche Grammatik auch an der lateinischen Syntax.

9.2 Die Mehrsprachigkeit einsprachiger Texte

Mehrsprachigkeit der Weltliteratur

Weltliteratur wird oftmals nur in Übersetzungen gelesen. Dabei ist ihr Kennzeichen die Heterogenität der Literatursprachen im Unterschied zur auf Homogenität setzenden Nationalliteratur. Es gibt Autoren, die genau diese Problematik ihren Texten einschreiben, indem sie Mehrsprachigkeit kultivieren. Eine solche Mehrsprachigkeit kann bildungshistorische Ursachen haben, wie im Humanismus der Renaissance, oder epochenspezifische, wie in der modernen Avantgardepoetik, aber auch politische, verbunden mit Exil, Migration und Vertreibung der Autoren oder mit kolonialer Besatzung. Mehrsprachigkeit muss nicht immer, wie im Folgenden vorgestellt, direkt in den Text eingeschrieben sein, sondern kann auch verdeckt bleiben und doch die Aussageabsicht des Textes lenken. Es gibt also ein kosmopolitisches, auf Mehrsprachigkeit basierendes Literaturverständnis auf der Grundlage nur einer Literatursprache. Das meint zugleich, dass auch Nationalliteraturen in einem mehrsprachigen Feld stehen. Nicht nur, weil sie bezogen sind auf mehrsprachige politische Einheiten wie die Schweiz, Belgien oder Kanada, sondern auch, weil sie in einem steten Wechsel mit anderen Literatursprachen stehen. Das wirft ein Problem für die nationale Literaturgeschichtsschreibung auf, die auf der Identität der einen Literatursprache basiert.

Literarische Mehrsprachigkeit ist aber nicht erst für die nationale Literaturgeschichtsschreibung zu einem Problem geworden. Theologisch wird sie als Zustand verstanden, der in einer poetischen Einheitssprache zu überwinden sei (vgl. Eco 1994). Dem Latein und später dem Französischen im Zeitalter der Aufklärung wurde in Diskursen, welche die Pluralität beklagten, die Funktion einer Universalsprache zugesprochen. Berühmt ist Antoine de Rivarols Traktat *Discours sur l'universalité de la langue française* (*Rede über die Universalität der französischen Sprache*, 1784). Auch Dichter problematisierten die Sprachenvielfalt und waren seit Dante immer wieder bestrebt, eine Einheitssprache zu stiften. Hierbei orientierten sie sich am alttestamentlichen Konzept der adamitischen, vorbabylonischen Ursprache oder an dem neutestamentlichen des Pfingstwunders.

<small>Sprachenvielfalt als Problem</small>

In der Moderne, während derer die Idee der Einheitssprache weiterhin produktiv blieb, entwickelten sich zugleich Konzepte, die in der Mehrsprachigkeit einen Gewinn sahen (vgl. Schmeling / Schmitz-Emans 2002, S. 12f.). Sobald Autor und lyrischer Sprecher bzw. Erzähler nicht mehr als identisch konzipiert sind und der Text als vielstimmig angesehen wird, können in ein und demselben Text zur Markierung der Polyphonie mehrere Sprachen miteinander in Dialog treten. Gerade ein heutiges Kulturverständnis, das auf Differenz und Alterität setzt, statt auf Identität und Autochthonie, öffnet sich der Mehrsprachigkeit. Die babylonische Sprachzerstreuung (Gen. 11,1–9) ist etwa für Autoren wie Michel Butor (*1926) nicht mehr die alttestamentliche göttliche „Strafe, sondern eine Chance: die Chance des Viel-Fältigen, die Chance des Diversen, Heterogenen, Heterologen" (Schmitz-Emans 2004a, S. 24; vgl. Schmitz-Emans 1997, S. 49–106).

<small>Sprachenvielfalt als Chance</small>

Vor allem Migranten sind zur Zweisprachigkeit gezwungen, um sich in ihrer neuen Heimat zu verständigen (vgl. Arndt / Naguschewski / Stockhammer 2007). Für die Literatur ist dieser als Exophonie (sinngemäß: Anders-Sprachigkeit) bezeichnete Fall (→ KAPITEL 10.3) oftmals produktiv gewesen, zumal dann, wenn ohnehin Ähnlichkeiten zwischen Herkunfts- und Zielsprache bestehen wie bei den Rumänen Emil Cioran und Eugène Ionesco, die ihre Bücher auf Französisch verfassten. Eine lesenswerte Auseinandersetzung über die stete Fremdheitserfahrung, die eintritt, wenn man sich in einer ande-

<small>Zwei- und mehrsprachige Autoren</small>

ren Sprache als der Muttersprache ausdrücken muss, hat die bulgarische, in Frankreich wirkende Literaturwissenschaftlerin Julia Kristeva geschrieben (*L'Étrangers à nous-même*, 1988; *Fremde sind wir uns selbst*). Zahlreiche Autoren haben wenigstens in zwei Sprachen gedichtet. Bis ins 19. Jahrhundert haben Dichter neben ihrer Muttersprache auch das Lateinische verwendet, so Dante (*Vita Nova*, um 1295), Boccaccio (*De mulieribus claris*, 1361/62) und Petrarca (*Africa*, um 1340), bei den Franzosen Racine und – noch als Schüler – Arthur Rimbaud. Auch Rainer Maria Rilke schrieb französische Gedichte.

<small>Vladimir Nabokov</small>

Seit 1940 verfasste der in die USA exilierte Russe Vladimir Nabokov seine Romane auf Englisch. *Lolita* (1955), *Pale Fire* (1962) und *Ada* (1969) bleiben dennoch auf das Russische bezogen, nicht nur als kultureller Raum, sondern auch linguistisch hinsichtlich lexikalischer Besonderheiten (vgl. D'Angelo 2002, S. 137–145). Es wäre zu einfach, Nabokov ausschließlich als anglophonen Autor zu lesen, da sich das Russische in seinen Romanen indirekt weiterhin zur Sprache bringt. Besonders im Roman *Ada* tut sich ein Reflexionsraum auf, der die sprachliche Herkunft mit einer Distanz thematisiert, die Nabokov auf Russisch nicht gewonnen hätte.

<small>Mehrsprachigkeit und poetischer Purismus</small>

An vielen anderen Beispielen ließe sich zeigen, dass Autoren ihre Mehrsprachigkeit nicht notwendig ausstellen müssen, um sich in einem mehrsprachigen Bezugsrahmen zu verorten. Das rhetorische Stilideal der *puritas* (Reinheit), das nicht nur der Normierung der poetischen Sprache entspricht, sondern ebenso auf Leserbedürfnisse reagiert, stellt einen rezeptionsästhetisch berechtigten Widerstand gegen die Sprachmischung dar. Aber nicht nur aus kommunikationspragmatischen, sondern auch aus Gründen der ästhetischen Ideologie findet es immer wieder Anhänger (vgl. Brokoff 2010).

9.3 Mehrsprachige Texte

<small>Begriff</small>

Bi- und Multilingualität, Polyglossie, Polyphonie, Sprachmischung und Vielsprachigkeit sind Begriffe, die mehrsprachige Strukturen in Texten erfassen. Um semantische Überschneidungen zur Mehrsprachigkeit in einsprachigen Texten auszuschließen, spricht man auch von innertextueller Mehrsprachigkeit (vgl. Knauth 2004b, S. 266). Sie wirkt entweder als semantisches Distinktionsmittel, um kulturspezifische, politische und soziale Besonderheiten zu markieren, oder aber als Formprinzip, sobald nicht mehr unterscheidbar ist, welche der in einem Text, Buch oder Film verwendeten Sprachen die tragende ist und welche sekundär sind. Schließlich gibt es mehrsprachige Texte, die anhand der Sprachmischung eine neue hybride, kreolisierte Sprache schaffen (→ KAPITEL 10.2) und die Differenz der Sprachen bewusst aufheben. Hieraus leiten sich drei Typen von Sprachmischung ab: semantische Distinktion, Ergänzung und Hybridisierung.

Typen von Sprachmischung

Von der Sprachhybridisierung unterscheiden sich jene Fälle, in denen die Integrität der einzelnen Literatursprachen gewahrt bleibt bzw. sich der Text hauptsächlich über eine dominante Sprache organisiert. Der Gebrauch verschiedener Sprachen im selben Text besitzt dann eine distinktive Funktion, die zu interpretieren ist. Wenn in Laurence Sternes *Tristram Shandy* (9 Bde., 1759–67) französische und lateinische Passagen zu finden sind, verweisen diese Sprachen auf Sprachen der Bildung und der Wissenschaften. In Kālidāsas *Sakuntala*-Drama (5. Jahrhundert) sprechen die Oberen Sanskrit, die niederen Schichten Prakrit (vgl. Forster 1974, S. 26). In Tolstojs *Vojna i mir* (*Krieg und Frieden*, 1868/69) gibt es seitenlange Gespräche in Französisch, der Sprache der Politik und der gehobenen russischen Gesellschaft während der napoleonischen Kriege. Sie in einer Übersetzung fortzulassen, würde auch die soziale Differenz der Romanwelt kaschieren. In Rilkes Roman *Die Aufzeichnungen des Malte Laurids Brigge* (1910) trägt das Französische, das Fremdheit markiert, zur Organisation der Handlung bei (vgl. Lauterbach 2002, S. 173–187). Die semantische Distinktion mittels fremder Sprachen kann auf verschiedene Weisen markiert sein (vgl. Goetsch 1986, S. 44–61): durch den einfachen Hinweis des Erzählers, Autors oder Editors, dass nun die Sprache wechsele (in Grimmelshausens *Springinsfeld* [1670] berichtet der Titelheld in Buch XII, wie er sich mit einem Böhmen in slavischer Sprache verständigt habe; Herder nennt in den *Volksliedern* [1778/79] die Sprachzugehörigkeit eines jeden Liedes) oder aber durch die Thematisierung der Vielsprachigkeit wie in Jorge Luis Borges' Erzählung *Pierre Menard, autor del Quijote* [1939; *Pierre Menard, Verfasser des Quijote*]; durch einzelne Wörter, wie Anreden (Sir, Madame); durch die Paraphrase (bei fiktiven Sprachen in utopischen Erzählungen); durch den Akzent einer Figur (wenn Honoré de Balzac in *Le père Goriot* [1834/35; *Vater Goriot*] den Elsässer Baron Nuncingen sprechen lässt) oder durch starke Vereinfachung. Orte fremder Sprachen sind neben der Figuren- und Erzählerrede auch Motti, die einem Text vorangestellt werden (vgl. Goetsch 1986, S. 66f.).

Semantische Distinktionen

INTERLINGUALITÄT

Funktionen für Fremdspracheneinsatz

Wenigstens acht Funktionen lassen sich für den Fremdspracheneinsatz bestimmen (vgl. Horn 1981). Sprachmischung dient erstens der Figurencharakteristik; zweitens der Illusionsbildung (wenn im *Zauberberg* Thomas Manns [1924] der französische Horizont Madame Chauchats durch französische Dialoge markiert ist); wird drittens benutzt, um eine Aussage zu autorisieren (häufig durch Beibehaltung fremdsprachiger Ortsnamen: Lago Maggiore statt Großer See); fungiert viertens, wie im Refrain, als formales Element, um Einheit zu stiften; fünftens besitzt sie komische und parodistische Funktion (wie im makkaronischen Epos oder in Andreas Gryphius' virtuosem Scherzspiel *Horribilicribrifax. Teutsch* [1663]); sechstens kann sie eine sprachspezifische Bedeutung vermitteln; siebentens kann sie einen phonetischen Wert besitzen und achtens schließlich Zitate beglaubigen (etwa wenn zu Beginn von Paul Celans Gedicht *Und mit dem Buch aus Tarussa* [*Die Niemandsrose*, 1963] das Zitat von Marina Cvetaeva steht: „Все поэты жиды" ([Vse poéty židy], Alle Dichter sind Juden).

Ergänzung: Latein und Volkssprache

Vor allem im europäischen Mittelalter und der Renaissance, deren Literaturen von der Konkurrenz zwischen dem Latein und den Volkssprachen geprägt waren, machten Autoren trotz des rhetorischen *puritas*-Gebotes, nur eine Sprache so rein wie möglich zu verwenden, von der Möglichkeit Gebrauch, ihre unterschiedlichen Sprachkenntnisse in den Text einfließen zu lassen: In den *Carmina burana*, bei Oswald von Wolkenstein, bei den Manieristen des 17. Jahrhunderts, vor allem aber bei den provenzalischen Trobadors ist Sprachmischung anzutreffen, wobei die Verwendung einer Sprache auch von der poetischen Gattung abhing (vgl. hierzu und auch zu den Beispielen Forster 1974, S. 30f.). Dante, der selbst auf Latein und auf Italienisch schrieb, hat in der *Divina Commedia* (*Die göttliche Komödie;* 1307–21) nicht nur seine Schuld gegenüber der provenzalischen Poesie zum Ausdruck gebracht, wenn er den Provenzalen Arnault Daniel in dessen Idiom am Ende von Gesang sechsundzwanzig des *Fegefeuers* auftreten lässt. In seinem „vielstimmigen Poem" (Maurer 2004, S. 33), das besonders in der *Hölle* verschiedene italienische Idiolekte einbindet, stellt Arnauts Auftritt in provenzalischer Sprache zudem einen Höhepunkt in sprachpolitischer Hinsicht dar. Die provenzalischen Verse im Italienischen markieren noch einmal jene Differenz, die das Gedicht als Ganzes herstellt: die von Muttersprache zum Latein. Denn wenn Dante keinen „bessre[n] Schmied der Muttersprache" kennt als Arnaut (Dante 1916, S. 253), dann wird in seiner Rede mit dem Provenzalischen zugleich die ‚Muttersprache' an sich gefeiert.

Eine Sonderform mehrsprachiger Dichtung bildet die im Kapitelauftakt bereits vorgestellte makkaronische Poesie (vgl. Knauth 2004b, S. 267f.), die aus einer konsequenten Vermischung des Lateins mit den Nationalsprachen entsteht. Sie stellt die radikalste Synthese des humanistischen Antagonismus von Latinität und Volkssprachlichkeit dar. Je nach Herkunft des Autors werden in lateinische Verse nichtlateinische Wörter integriert, indem sie auch lateinisch flektiert und konjugiert werden. In der Regel ist eine komische Wirkung beabsichtigt (vgl. Genthe 1829, zur Komik, S. 7–34). Vor allem die Italiener taten sich in diesem Genre hervor, deutsche Beispiele sind seltener. Die satirischen *Dunkelmännerbriefe* (*Epistolae obscurorum virorum*, 1514) aus der Zeit des Humanismus bedienen sich weniger der Sprachmischung als vielmehr einer bewussten Barbarisierung (Küchenlatein). Molière parodiert selbst wieder die makkaronische Literatur in *Le malade imaginaire* (*Der eingebildete Kranke;* 1673): „Clysterium donare, | Postea seignare, | Ensuita purgare" (Molière, zit. n. Forster 1974, S. 28f.).

Hybridisierung: Die humanistische Makkaroneske

Weniger auffällig als die Integration der Volkssprachen ins Latein ist der umgekehrte Fall, wobei die Erneuerung einer ganzen Poesiesprache wie in der französischen Renaissance des 16. Jahrhunderts als Entlehnung griechischer und lateinischer Wörter sich vollzieht. Knauth nennt gar die französische Pléiade-Bewegung „die sublime Kehrseite der Makkaroneske" (Knauth 2004b, S. 271). Aufgrund ihrer kulturellen Autorität haben gleichfalls das Französische und später das Englische andere Literatursprachen prägen können. Vor allem Goethe hat sich an der griechischen Sprache und später im *West-östlichen Divan* (1819) an den orientalischen Sprachen durch die Übernahme einzelner Konzepte poetisch erneuert.

Bildung und Erneuerung der Literatursprachen

Im 20. Jahrhundert stieß das mit der Makkaroneske verbundene sprachspielerische und -schöpferische Verfahren im Kontext der Avantgarden auf neues Interesse (vgl. Knauth 2004b, S. 268, 273–275). Guillaume Apollinaire nannte im Manifest *L'antitradition futuriste* (1914; *Futuristische Gegentradition*) den Polyglottismus als ein Konstruktionsprinzip moderner Literatur. Die Pendelbewegung zwischen Babel und Pfingsten (vgl. Stierle 1982), d. h. zwischen Sprachverwirrung und ihrer Überwindung, findet sich in der russischen Zaúm-Poetik Velimir Chlebnikovs wieder, der Dichtung als Mittel verstand, eine neue Sprache zu schaffen, die identisch mit der Ursprache sei. Fremde Sprachen dienen dabei als Wortmaterial für Wortschöpfungen und Neologismen. Als quantitativ vielleicht umfangreichster Ausdruck experimenteller Freisetzung von sprachlichen

Hybride Poesiesprachen der Moderne

Möglichkeiten kann James Joyces Roman *Finnegans Wake* (1939) angesehen werden. Joyce versammelt darin alle ihm bekannten Sprachen, nicht nur die europäischen, sondern auch das Japanische (vgl. Mercier 1965). Gerade weil sich das Werk eigentlich der Übersetzung entzieht, hat es Übersetzer sämtlicher Sprachen herausgefordert. Multilinguale Strategien verfolgen ebenso die Amerikaner T. S. Eliot in *The Waste Land* (1922; *Das wüste Land*) und Ezra Pound in *The Cantos* (1915–62; *Cantos*), wobei letzterer seine Sprachkompetenz im philologischen Studium der provenzalischen Poesie gefestigt hat.

Literarische Sprachpolitik

Stärker an die sprachpolitische Problematik sind Romane geknüpft, die die Vielsprachigkeit ihres Landes thematisieren, um nationale Identität poetisch zu reflektieren. In Mário de Andrades *Macunaíma* (1928) ist die Vielsprachigkeit Brasiliens zentrales Thema und spiegelt sich sprachlich wider.

Interkulturelle Literatur

Zweisprachigkeit überbrückt kulturelle als sprachliche Unterschiede im Werk der deutsch-japanischen Autorin Yoko Tawada und der englisch-chinesischen Autorin Xiaolu Guo (vgl. Albrecht 2011). Beide gewinnen mittels der Sprachmischung Einblick in genau jene Momente der jeweils anderen Kultur, die anscheinend nicht übersetzbar sind. Die bilinguale Poetik, die aus der transkulturellen Situation entsteht, bleibt eingebunden in den Prozess der Kulturübersetzung (→ KAPITEL 10.3) und ist mittlerweile Gegenstand von Linguistik, Kognitions- und Literaturwissenschaft (vgl. Bürger-Koftis 2010).

Vielschriftlichkeit

Eine an die Medialität der Schrift gebundene Sonderform der Mehrsprachigkeit stellt die Vielschriftlichkeit dar. Bereits das Druckbild deutscher Texte des 17. Jahrhunderts offenbart ein heterogenes Bild: Da die Fraktur zu diesem Zeitpunkt die deutsche Literatursprache kennzeichnete, wurden dementsprechend Wörter lateinischer oder französischer Herkunft in Antiqua gedruckt. Im 18. Jahrhundert nutzte vor allem der Philosoph Johann Georg Hamann das ganze Arsenal der zur Verfügung stehenden Schrifttypen für seine Textgestaltung. Seine „Schrift-Bilder" (Schmitz-Emans 2004b, S. 111) in der *Aesthetica in nuce* (1762) vereinen die hebräische, griechische, deutsche und lateinische Schrift und brechen auf diese Weise nicht nur mit der konventionellen Textordnung:

> „Die Kombination von Vielsprachigkeit mit Viel-Schriftlichkeit läßt die differenten Sprachen als nicht aufeinander reduzierbar erscheinen und signalisiert, daß es jenseits der Sprachen in ihrer stets auch physisch-konkreten Besonderheit keine abstrakte Universalgrammatik des Verstandes gibt." (Schmitz-Emans 2004b, S. 116)

Das Spiel mit der Materialität der Schriften löst sich in der Klangpoetik des Dadaismus und in den Neoavantgarden von jeglicher Ausdrucksabsicht. Beliebt ist die Verwendung nicht nur verschiedener Sprachen, sondern auch Schriften (Arabisch, Kyrillisch, Latein, Griechisch, Chinesisch) in der visuellen und konkreten Poesie der modernen Avantgarden (vgl. Clüver 2002; Ernst 2004). Im digitalen Zeitalter des Unicodes sind solchen Verfahrensweisen keine Grenzen gesetzt: Jedes nur denkbare Schriftzeichen ist verfügbar geworden (vgl. Bergerhausen/Poarangan 2011).

Visuelle und konkrete Poesie

Neben der Literatur gibt es auch Medien und Künste, in denen Mehrsprachigkeit eine wichtige Rolle spielt, u. a. in Werbung, Film und Popmusik (vgl. Knauth 2004b, S. 279). Als rhetorisch wirkungsvoll hat sich der Einsatz mehrerer Sprachen in der Werbung erwiesen. Beliebt sind je nach Produkt vor allem anglophone und französische Firmensprüche, so „Feel the difference" für Automobile oder „Liberté toujours" für Zigaretten. In der Popmusik, Medium weltweiter Unterhaltung, ist Mehrsprachigkeit nicht allein experimentelle Geste eines ambitionierten Ausdruckswillens, sondern zugleich Mittel, um kommerziellen Erfolg zu erzielen. Die Kolumbianerin Shakira singt nicht nur auf Spanisch oder Englisch, sondern kombiniert bisweilen beide Sprachen (*Rabiosa*, 2011). Manu Chaos Album *Clandestino* (1998), dessen Titel auf den illegalen Migranten anspielt, bringt englische, französische, portugiesische und spanische Rede zusammen (vgl. Knauth 2004a, S. 104).

Paraliterarische Mehrsprachigkeit

Mit Beginn des Tonfilms wurde die Bildpoetik durch sprachliche Ausdrucksmöglichkeiten ergänzt (für frühe Beispiele vgl. Forster 1974, S. 26f.). Vor allem in Filmen, die wie die James Bond-Reihe auf globalen Schauplätzen spielen, tritt Mehrsprachigkeit notwendig auf (vgl. Bleichenbacher 2008). In Olivier Assayas Film über den internationalen Terrorismus *Carlos* (2010) ist die Sprachkompetenz des Protagonisten eng an die Handlungsstruktur gebunden. Seine spanische Muttersprache tritt in den Hintergrund, stattdessen wird Englisch, Deutsch, Französisch und Arabisch gesprochen. In Irene von Albertis *Tangerine* (2008), der in Marokko spielt, entsteht die Dramaturgie aus dem sich ergänzenden Ineinander von Arabisch, Französisch und Deutsch. In Alejandro González Iñárritus *Babel* (2006) gibt es keine Szene, „in der nicht zwei Sprachen gleichzeitig verwendet werden" (→ ASB REICHARDT, S. 125). Sobald die Mehrsprachigkeit der filmischen Dialogstruktur nicht mehr nur dekorativ gebraucht ist, sondern als ein Distinktionsmerkmal konstitutiv für den Sinnaufbau wird, entzieht sich der Film der Übersetzbarkeit bzw. seiner Synchronisation.

Film

Fragen und Anregungen

- Was versteht man unter makkaronischer Literatur?
- Was ist gemeint, wenn von Mehrsprachigkeit in der Einsprachigkeit die Rede ist?
- Nennen Sie Beispiele für Mischsprachigkeit in anderen Medien und Künsten und erklären Sie deren Funktion.

Lektüreempfehlungen

- **Leonard Forster: Dichten in fremden Sprachen. Vielsprachigkeit in der Literatur**, übersetzt v. Jörg-Ulrich Fechner, München 1974 [zuerst engl. *The poet's tongues. Multilingualism in Literature*, 1970]. *Das im Vorlesungsstil geschriebene Buch geht auf eine große Menge von Beispielen literarischer Mehrsprachigkeit zwischen Mittelalter und Moderne des 20. Jahrhunderts (George, Rilke, Joyce) ein und ist eine Fundgrube für weitergehende Studien.*

- **K. Alfons Knauth: Weltliteratur. Von der Mehrsprachigkeit zur Mischsprachigkeit** sowie **Multilinguale Literatur**, in: Monika Schmitz-Emans (Hg.): Literatur und Vielsprachigkeit, Heidelberg 2004, S. 81–110; S. 265–289. *Beide Beiträge führen anhand zahlreicher Beispiele ins Thema ein und schlagen nützliche, bisweilen sich überschneidende Rubrizierungen vor.*

- **K. Alfons Knauth: Auswahlbibliographie**, in: Monika Schmitz-Emans (Hg.): Literatur und Vielsprachigkeit, Heidelberg 2004, S. 291–305. *Die Auswahlbibliografie enthält linguistische und literaturwissenschaftliche Arbeiten zur Mehr- und Mischsprachigkeit, zum literarischen Multilingualismus sowie Sekundärliteratur zum Multilingualismus bei verschiedenen Autoren der Weltliteratur.*

10 Interkulturalität

Dirk Kretzschmar

Abbildung 10: Jan Van der Straet: *Amerigo entdeckt America. Einmal von ihm benannt, ist sie für immer erwacht* (ca. 1600)

INTERKULTURALITÄT

Der Kupferstich des flandrischen Malers Jan Van der Straet von 1584 stellt eine Urszene dar. Der Florentiner Seefahrer Amerigo Vespucci (1451–1512) betritt den Boden des neu entdeckten amerikanischen Kontinents und tauft ihn auf den Namen „America" – die weibliche Form seines Vornamens. Sowohl die Bildunterschrift – „Amerigo entdeckt America. Einmal von ihm benannt, ist sie für immer erwacht" – als auch das Bild selbst sollen dem zeitgenössischen europäischen Betrachter jene Unterschiede zwischen eigener und fremder Kultur vor Augen führen, die eine Inbesitznahme und Kolonisierung der ‚Neuen Welt' legitimieren. Der – männliche, mächtige – Entdecker, ausgestattet mit den Errungenschaften und Insignien europäischen Wissens und Glaubens, blickt von oben auf seine – weibliche, ohnmächtige – Entdeckung „America" herab. Sie, nur mit indianischem Kopf- und Beinschmuck bekleidet, schaut, mimisch und gestisch freudige Erwartung ausdrückend, zu ihrem Entdecker, Erwecker und Eroberer empor. Die übrigen Bildelemente repräsentieren die zwischen Faszination und Angst changierenden kollektiven Vorstellungen der Europäer von der ‚Neuen Welt' und ihren Bewohnern. Die üppige Flora und Fauna verheißen ein paradiesisch-exotisches Leben; die kannibalistische Szene im Bildhintergrund warnt indes vor den Gefahren der Begegnung mit dem Fremden. Die in Reichweite der Frau stehende Keule sowie das Schwert des Mannes signalisieren, dass die Begegnung der Kulturen jederzeit in Konflikt und Gewalt umschlagen kann.

Dem heutigen Betrachter eröffnet die Darstellung einen Blick auf zentrale Fragen aktueller Interkulturalitätsdiskurse in Literatur und Literaturwissenschaft: Von welchen Hierarchien und Asymmetrien können Kulturkontakte geprägt sein? Welche Begriffe von Kultur und Interkulturalität treten im Zuge der Globalisierung an die Stelle vormaliger, häufig kolonialistisch-eurozentristischer Konzepte? Wie verändern Kulturbegegnungen und -vergleiche die daran beteiligten Kulturen? Und schließlich: Wie ist die Literatur an der Entstehung, Verfestigung, Modifikation und Reflexion kultureller Identitäten und Differenzen beteiligt?

10.1 **Kultur**
10.2 **Interkulturalität**
10.3 **Interkulturelle Literatur und Literaturwissenschaft**

10.1 Kultur

Auf die Frage „Was ist Kultur"? antwortet der Soziologe Niklas Luhmann (1927–98): „Kultur ist einer der schlimmsten Begriffe, die je gebildet wurden" (Luhmann 1995a, S. 398). Eine auf den ersten Blick höchst überraschende These; im Rahmen unserer alltäglichen und alltagssprachlichen Erfahrungen sind wir ja gewohnt, mit dem Wort Kultur eher positive Assoziationen zu verbinden. Allerdings wird ‚Kultur' dabei meist mit dem ‚Kulturleben' der Gesellschaft, also mit den Veranstaltungen und Institutionen des sogenannten Kulturbetriebs – Theateraufführungen, Konzerte, Ausstellungen, Lesungen etc. – gleichgesetzt. Luhmanns kritischer Blick richtet sich hingegen auf die anderen, problematischen Aspekte der komplexen Semantik (Bedeutung) des Kulturbegriffs. Vor allem geht es ihm um die zahlreichen präskriptiven und normativen (vorschreibenden) Bedeutungsaspekte von ‚Kultur'.

_{Kritik der Kultur}

Die historisch ebenso wirkmächtigen wie verhängnisvollen Wendungen ‚Unkultur' oder ‚Kulturlosigkeit' aber auch die nach wie vor gebräuchliche Unterscheidung zwischen ‚Hochkultur' und ‚Populärkultur' zeigen, dass jedes Reden über Kultur und jedes Handeln im Namen der Kultur wertende, hierarchisierende und ausschließende Züge annehmen kann – annehmen *kann*, nicht annehmen *muss*. Denn im Verlauf seiner langen Geschichte erhielt der Kulturbegriff auch neutrale, wertfreie und deskriptive (beschreibende) Bedeutungsakzente. Dies war vor allem in der zweiten Hälfte des 18. Jahrhunderts der Fall. In dieser Zeit differenzierten sich die unterschiedlichen Funktionssysteme der modernen Gesellschaft aus. Wirtschaft, Recht, Politik, Religion und Kunst praktizierten nun ihre je eigenen Wirklichkeitsbeobachtungen und -deutungen, die nicht länger in einem vereindeutigenden, übergreifenden Sinnhorizont zusammengeführt werden können. Zudem avancierten Presse und Buchdruck zu Massenmedien, die eine Vielzahl unterschiedlichster Informationen und Meinungen speichern und verbreiten. Schließlich nahm im 18. Jahrhundert die Vernetzung von Kommunikationen und Informationen bereits nahezu globale Dimensionen an.

Begriffsfacetten von ‚Kultur'

Der neue Kulturbegriff rekurriert nun exakt auf diesen immensen Zuwachs an neuen Meinungen, Handlungsoptionen und Weltbildern, indem er entsprechende Differenzen durch intra- und interkulturelle Vergleiche feststellt und reflektiert. Dabei – und dies ist der entscheidende Gesichtspunkt – gerät unvermeidlich die Kontingenz der einzelnen Standpunkte in den Blick. Kontingent ist etwas, „was […] so, wie es ist […] sein kann, aber auch anders möglich ist"

(Luhmann 1984, S. 152). Bezogen auf die Kultur als Vergleichsschema, das unvermeidlich die Kontingenz der eigenen Sichtweise offenlegt, schreibt der Soziologe Dirk Baecker: „Eine Kultur ist [...] die Form der Bearbeitung des Problems, daß es auch andere Kulturen gibt. Sie ist eine Distinktionsformel, die ohne einen vorausliegenden Kulturkontakt leer wäre" (Baecker 2001, S. 17; vgl. auch Reckwitz 2004). Etwas praxisnäher formuliert:

> „Nach wie vor kann man mit einem Messer schneiden, kann man zu Gott beten, zur See fahren, Verträge schließen oder Gegenstände verzieren. Aber außerdem läßt sich all das ein zweites Mal beobachten und beschreiben, wenn man es als kulturelles Phänomen erfaßt und Vergleichen aussetzt." (Luhmann 1995b, S. 41f.)

Sobald also die eigene Kultur mit anderen Kulturen in anderen Teilen der Welt verglichen wird, erscheint sie im Horizont möglicher Abwandlungen und verliert auf diese Weise jeglichen Anspruch auf Notwendigkeit. Der moderne Kulturbegriff des 18. Jahrhunderts ermöglicht es demnach zum einen, von Kulturen – im Plural – zu sprechen; zum anderen muss kulturelle Alterität (Andersheit, Fremdheit) nicht länger als fehlerhafte Normabweichung behandelt (und geahndet) werden, sondern kann als kontingente, zeit- und ortsgebundene Diversität (an-)erkannt werden.

Pluralität der Kultur

Der nächste Entwicklungsschritt der Interkulturalitätstheorien und -begrifflichkeiten vollzog sich in den 1980er- und 1990er-Jahren. So sprach man zunächst – nicht selten auf idealisierend-romantisierende Weise – von ‚Multikulturalität' im Sinne eines ‚bunten' Zusammenlebens der verschiedenen, nach außen abgeschlossenen Kulturen (Stichwort ‚Salatschüssel'), oder man propagierte deren harmonische Vermischung (Stichwort ‚Schmelztiegel'). Auf der anderen Seite der Skala stand das vom amerikanischen Politologen Samuel Huntington entworfene Szenario eines unvermeidlichen „Kampfes der Kulturen" (Huntington 2002). Es wurden jedoch auch dynamische Konzepte von Kultur(en), Kulturkontakten und -vergleichen entwickelt, die den rasant zunehmenden interkulturellen Begegnungen und Fremdheitserfahrungen im Rahmen von Globalisierung, weltumspannender Informations-, Reise- und Migrationsdynamik sowie verstärkter kultureller Binnendifferenzierung moderner Gesellschaften gerecht wurden. Dabei wurden endgültig sogenannte „Container"-Konzepte von Kultur verabschiedet, die Kulturen als intern homogene und extern abgeschlossene Entitäten (Einheiten) betrachten, die mit räumlichen, regionalen oder nationalstaatlichen Grenzen mehr oder weniger zusammenfallen.

Kulturkontakte

Stattdessen fasste man ‚Kultur' nun eher anthropologisch, als Fähigkeit des Menschen, die Phänomene und Erscheinungen der empirisch wahrnehmbaren Welt mit einem Netz von sinnerzeugenden Deutungen, Beobachtungen und Reflexionen zu überziehen. Der Ethnologe Clifford Geertz spricht daher von Kultur als „selbstgesponnene[m] Bedeutungsgewebe", in das der Mensch „verstrickt" sei (Geertz 1987, S. 9). Weniger metaphorisch definieren die Literatur- und Kulturwissenschaftler Vera und Ansgar Nünning: ‚Kultur' ist der „von Menschen erzeugte Gesamtkomplex von Vorstellungen, Denkformen, Empfindungsweisen, Werten und Bedeutungen, der sich in Symbolsystemen materialisiert" (Nünning/Nünning 2003, S. 6). Dieser Kulturbegriff hebt sich zum einen deutlich von essenzialistischen Vorstellungen ab, die auf der Annahme stabiler, homogener und trennscharf abgrenzbarer kultureller Identitäten beruhen. Zum anderen vermeidet er hierarchische, polarisierende und eurozentristische Differenzierungen zwischen eigener und fremder Kultur.

Anthropologie und Empirie

10.2 Interkulturalität

Speziell für die Komparatistik, die sich aufgrund ihrer fachspezifischen Erkenntnisinteressen *per se* nicht auf die exklusive Beschäftigung mit einzelnen Nationalliteraturen, Kulturräumen oder Medien beschränkt, sind Fragestellungen, Begriffe und Theorien von Belang, die eine Beschreibung und Analyse der komplexen Kontakt-, Vergleichs- und Verhandlungsprozesse zwischen Kulturen in globaler Perspektive ermöglichen. In diesem Zusammenhang plädierte der Philosoph Wolfgang Welsch Mitte der 1990er-Jahre dafür, generell den Begriff der *Trans*kulturalität zu verwenden und ihn – weil eher auf den kulturübergreifenden Charakter gegenwärtiger globaler Kommunikation ausgerichtet – an die Stelle des herkömmlichen Begriffs *Inter*kulturalität zu setzen (vgl. Welsch 1994).

Begriffsspektrum

Der Germanist Norbert Mecklenburg verweist hingegen darauf, dass beide Begriffe zwar auf gemeinsamen Prämissen beruhen, jedoch verschiedene Sachverhalte bezeichnen. Übereinstimmend gehen sie davon aus, „dass es Kulturen gibt, also auch Kulturgrenzen und Kulturunterschiede", und davon, „dass diese Grenzen nicht undurchlässig und diese Unterschiede nicht absolut sind" (Mecklenburg 2008, S. 91f.). Der Unterschied zwischen beiden Begriffen folgt indes, so Mecklenburg weiter, aus den jeweiligen Vorsilben. „[...] ‚inter' bedeutet ‚zwischen' und ‚gegenseitig', ‚trans' bedeutet ‚quer hindurch',

Trans- und Interkulturalität

‚über hinaus', ‚jenseits'. Bei ‚inter' werden eher Abstand und Verbindung, bei ‚trans' Übergang und Bewegung konnotiert" (Mecklenburg 2008., S. 92f.). Transkulturalität hebt demnach eher als Interkulturalität auf Überlagerungen, Vermischungen und Kombinationen kultureller Identitäten ab. In der literatur- und kulturwissenschaftlichen Praxis wird jedoch auch mit Interkulturalitätskonzepten gearbeitet, die beide Aspekte berücksichtigen. Ortrud Gutjahr versteht daher unter Interkulturalität „ein intermediäres Feld, das sich im Austausch der Kulturen als Gebiet eines neuen Wissens herausbildet und erst dadurch wechselseitige Differenzidentifikation ermöglicht" (Gutjahr 2002, S. 352).

Gerade aber kulturelle Synkretismen (Vermischungen) sind in der heutigen Weltgesellschaft von erheblicher Bedeutung. Ihrer theoretischen und terminologischen Erfassung gilt daher – insbesondere von Seiten der postkolonialen Literatur- und Kulturtheorie – eine erhöhte Aufmerksamkeit. Dem postkolonialen Kontext entstammen Begriffe wie Hybridität, Kreolisierung und Dritter Raum. Unter Hybridität bzw. Hybridisierung versteht der indische Literaturwissenschaftler Homi K. Bhabha (*1949) die Kombination unterschiedlicher kultureller Formen, Traditionen, Praktiken und Identitäten (vgl. Bhabha 2000). Das Hybriditätskonzept lässt also sowohl die Vorstellung geschlossener Einzelkulturen als auch das simplifizierende Bild eines schlicht summarischen ‚multikulturellen' Nebeneinanders hinter sich. In den Blickpunkt gerät stattdessen das aus Kulturkontakten und -überlappungen hervorgehende Neue, eben ein eigenständiger, „dritter (kultureller) Raum". Da für Bhabha vor allem Literaten und Künstler häufig über ‚trans-' und ‚interkulturelle' Biografien sowie über Exil- und grenzüberschreitende Mobilitätserfahrungen verfügen, zählt er sie zu den wichtigsten Repräsentanten und Kommunikatoren transkulturell-hybrider und polyphoner (mehrstimmiger) dritter Räume. Da das Hybriditätskonzept mithin auch das Ergebnis einer engen Wechselwirkung zwischen theoretischer Reflexion und literarischer/künstlerischer Praxis ist, besetzt es in der interkulturellen Literaturwissenschaft und Komparatistik einen recht exponierten Platz.

Hybridität

Kreolisierung

Ähnliches gilt für den Begriff der Kreolisierung (→ KAPITEL 9.1). Maßgeblich geprägt von französischen und karibischen Schriftstellern, Kulturtheoretikern und -historikern wie Edouard Glissant (*1928), Serge Gruzinski (*1949) oder Patrick Chamoiseau (*1953) richtet er sich politisch-programmatisch gegen den kulturellen Eurozentrismus des (französischen) Kolonialismus. Auf der Ebene der literarischen und kulturellen Praxis bezeichnet er Aneignungs-, Übersetzungs- und Transformationsprozesse zwischen europäischen und karibischen bzw. lateinamerikanischen Kultur- und Identitätsmustern.

10.3 Interkulturelle Literatur und Literaturwissenschaft

Alle genannten Interkulturalitätstheorien basieren – wenn auch nicht immer explizit – auf der erkenntnistheoretischen Grundannahme des Konstruktivismus. Demnach ist Wirklichkeit – und damit auch dasjenige, was in der Gesellschaft als ‚Kultur' bezeichnet und praktiziert wird, ein (primär) sprachlich erzeugtes, medial verbreitetes und sozial tradiertes Konstrukt. Die Literatur wiederum gehört zu jenen gesellschaftlichen Wissensformationen, die maßgeblich an der Konstruktion und Reflexion kultureller Identitäten und Differenzen beteiligt sind. Es besteht somit ein zirkuläres Wechselverhältnis zwischen Literatur und Kultur: Die kulturelle Umwelt wirkt auf die literarische Sinnproduktion ein; diese wiederum wirkt auf die kulturelle Sinnproduktion zurück.

Konstruktivismus

Der exklusive Stellenwert der Literatur als (Re-)Präsentationsmedium interkultureller Konstellationen, kultureller Ambivalenzen und Fremdheitserfahrungen beruht auf ihren spezifischen formalen und inhaltlichen Potenzialen. So haben literarische Texte aufgrund ihrer generellen Polyvalenz (Mehrdeutigkeit), die sich durch Verfahren wie multiperspektivisches Erzählen oder polyphone (vielstimmige) Personenkonstellationen noch steigern lässt, die Möglichkeit, sich jedem (monokulturell) vereindeutigenden Zugriff zu widersetzen. Weiterhin erweisen sich einzelne literarische Genres mit ihren eigentümlichen Stilmitteln und thematischen Schwerpunkten als besonders geeignet, Situationen (inter)kultureller Alterität zu gestalten.

Literatur als Ort kultureller Fremdheit

Hofmann erwähnt in diesem Zusammenhang vor allem Satire, Parodie, Groteske, Komik und Phantastik (vgl. Hofmann 2006, S. 59f.). Diese Textsorten und Schreibverfahren zeichnen sich zudem durch charakteristische Modalitäten der Weltbeobachtung und -deutung aus. Sie verfremden die Wirklichkeit, indem sie herkömmliche und automatisierte Sichtweisen aufbrechen. Auf diese Weise lassen sich auch kulturelle Identitäten und Differenzen aus einer distanzierten Außenperspektive beobachten und in ein völlig neues Licht setzen.

Interkulturelle Genres

Bereits diese formalen Möglichkeiten machen aus der Literatur ein besonders geeignetes Kommunikationsmedium, wenn es gilt, die kaleidoskopischen Kulturverhältnisse der heutigen Weltgesellschaft und der subkulturell differenzierten modernen Gesellschaften abzubilden und den Umgang mit ihnen einzuüben. Dies gilt umso mehr für die potenziell unendliche inhaltlich-thematische Variationsbreite literarisch-fiktionaler Weltentwürfe. So können in jedem literarischen Genre alle möglichen Erscheinungsformen von Interkulturalität zur Anschauung kommen. Erwähnt seien beispielsweise plurikulturelle Biografien, historische und gegenwärtige Cross-Culture-Erfahrungen im Rahmen von (Reise-)Mobilität, Migration oder Exil, aber auch das Mit- und Gegeneinander in viel-kulturell geprägten Weltregionen (→ KAPITEL 12).

Literatur und interkultureller Weltentwurf

Die intertextuelle Ebene (→ KAPITEL 7) der Literatur spielt ebenfalls eine zentrale Rolle. So entstehen durch das Kombinieren und Zitieren von Versatzstücken kulturell unterschiedlicher Texte und Kontexte formal wie inhaltlich dezidiert hybride Texte. Einer der bedeutendsten Vertreter dieser Art interkultureller Literatur ist der indisch-britische Autor Salman Rushdie (*1947). Beispielsweise kreiert er in seinem Roman *Der Boden unter ihren Füßen* (2000) eine aus Elementen der griechischen Mythologie, der europäischen Philosophie, der Mehrsprachigkeit der Protagonisten (→ KAPITEL 9) sowie aus einer Vielzahl intertextueller und intermedialer Verknüpfungen (→ KAPITEL 11) zusammengesetzte „Ästhetik des Mischens und Überschreitens" (Hofmann 2006, S. 184).

Salman Rushdie

Rushdies Texte machen zudem besonders augenfällig, wie und warum die wissenschaftliche Beschäftigung mit heutiger interkultureller Literatur eine Bedeutungserweiterung des komparatistischen Kernbegriffs Übersetzung (→ KAPITEL 8) nach sich zieht. Angesichts globaler kultureller Vernetzung und der daraus resultierenden neuen ‚Weltliteratur' bezieht sich ‚übersetzen' nicht mehr nur auf sprachliche, sondern auch auf kulturelle Transfer-, Austausch- und Vermittlungsprozesse jeder Art. Salman Rushdie selbst hat diese (inter-)kulturelle Begriffsdimension des Übersetzens in poetologischen Statements wiederholt thematisiert und reflektiert (vgl. dazu Rushdie 1991).

Übersetzung

Eine vergleichbare semantische Entwicklung durchlief im Kontext interkultureller Literatur und Literaturtheorie der schon erwähnte Terminus Kreolisierung. Ursprünglich lediglich auf sprachliche Mischungsphänomene bezogen (→ KAPITEL 9.1), bezeichnet er nun auch Phänomene inter- und subkultureller Heterogenität. In dieser Version illustriert der Kreolisierungsbegriff zudem die enge Verzahnung zwischen den konkreten Phänomenen heutiger transkultureller Globalität, ihren Beschreibungen und Reflexionen im Medium der Literatur

Kreolisierung

sowie ihren wissenschaftlichen Konzeptualisierungen durch die Literatur- und Kulturtheorie.

Hier kann erneut auf Patrick Chamoiseau verwiesen werden, dessen Romane, beispielsweise *Texaco* (1992), sich mit der Kultur der *créoles*, der Bewohner der französischen Antillen, auseinandersetzen. Seine spezifische inter- und transkulturelle Hybridität erzeugt der Roman mit der ganzen Bandbreite entsprechender literarischer Verfahren: Künstlerische Bricolagen (Rekombinationen) aus afrikanischen, europäischen und asiatischen Kultur- und Sprachelementen finden sich ebenso wie Rückgriffe auf die mündlichen Erzählformen indigen-karibischer Mythen und Märchen, deren Eigenheiten den europäischen Erzählmustern verschriftlichter Literatur kontrastiv zur Seite gestellt werden. Sowohl der Roman als auch das mit ihm interagierende theoretische Konzept der *créolité* geben mithin der ehemals nur als Kollektivobjekt europäischer Kolonisierung wahrgenommenen Bevölkerung des karibischen Raumes ihre individuelle kulturelle Stimme (zurück). Der in die Metapher von der ‚eigenen Stimme' gekleidete Anspruch interkultureller Literatur, das kulturell Andere ‚zum Sprechen zu bringen', entstammt dem programmatischen Essay *Can the Subaltern Speak?* (1988) der indischen Literaturwissenschaftlerin und Komparatistin Gayatri Chakravorty Spivak (*1942).

Chamoiseaus Texaco

Die Darstellung von Räumen mit ihren multiplen (inter-)kulturellen Codierungen ist ein weiterer zentraler Themenkomplex interkultureller Literatur. So werden das Dazwischen, das Weder-noch, das Sowohl-als-auch interkultureller Konstellationen häufig mit Bildern transitorischer (flüchtiger, kurzlebiger) Räume (z. B. Wege, Züge, Hotelzimmer etc.) oder topographischer Grenz-, Übergangs- oder Vermischungsorte (z. B. des Strandes in der kreolischen Literatur) ausgedrückt (vgl. Weigel 1992).

Multiple Räume

Weiterhin können einerseits die unübersehbaren Symptome einer Marginalisierung des Raumes im Zeitalter der globalen Mobilität von Waren, Geld, Kommunikationen und Kulturen, andererseits aber auch die – als Glokalisierung bezeichneten – Beharrungskräfte des Raumes und seiner kulturspezifischen Zurichtungen reflektiert werden.

Marginalisierung und Glokalisierung

Der 2010 erschienene Roman *Andernorts* des 1964 in Tel Aviv geborenen und in Wien lebenden Autors Doron Rabinovici handelt unter anderem von diesen komplexen Relationen. Sein Hauptheld, der Soziologe Ethan Rosen, wird dem Leser – durch eine pointierte Verwendung der entsprechenden kulturwissenschaftlichen Termini – als souveräner Theoretiker und Praktiker inter- und transkultureller Verhältnisse präsentiert.

Rabinovicis Andernorts

„[Er] hatte auf deutsch einen Aufsatz über Transkulturalität in der hebräischen Literatur geschrieben und danach in Ivrit einen Kommentar für eine israelische Zeitschrift [...]. Rosen war dafür bekannt, Deutsch, Hebräisch, Englisch und Französisch geschliffen zu formulieren. Nicht wenige waren beeindruckt, daß er Italienisch und Spanisch las und Arabisch verstand. [...] Aber es war kein freundliches Interesse für die Welt, das ihn trieb. [...] Ethans Mißtrauen galt den Zivilisationen und Ideologien. Er schrieb an den Bruchlinien entlang." (Rabinovici 2010, S. 10f.)

Interkulturalität – Literarisch beobachtet

Auf seinem Rückflug von Tel Aviv, wo er am Begräbnis seines engen Freundes Dov Zedek, teilgenommen hat, nach Wien, wird Rosen zum Beobachter von und aktiven Teilnehmer an komplexen interkulturellen Prozessen. Während einerseits territoriale und kulturelle Grenzen im wortwörtlichen Sinn ‚im Flug' genommen werden, kommt es andererseits zu einem – satirisch-ironisch beschriebenen – „Kampf der Kulturen" auf engstem Raum. So beobachtet der Atheist Rosen seinen Sitznachbarn, einen Repräsentanten des orthodoxen Judentums.

„Rechts von ihm ein dicker Orthodoxer. Der bückte sich gerade nach einer Tasche, holte sein Samtetui hervor, in dem Gebetsbuch und Gebetsriemen aufbewahrt waren.

Warum mußte gerade er neben diesem Wiedergänger sitzen, dachte Ethan, neben einem Wiederkäuer der Schrift, der ihn mit seinen Schläfenlocken, dem wolligen Haar und dem langen Bart an ein Schaf erinnerte. So einer wollte nichts als beten, würde sich während des ganzen Fluges hin- und herwälzen. [...] Vor einer Woche, auf dem Flug von Wien nach Tel Aviv, war er auch an der Seite eines Frommen gesessen, ohne daß ihn das Zeremoniell gestört hätte. [...] Was unterschied diesen Gläubigen von dem anderen? Damals hatte er auf das jüdische Original geschaut [...], bereit, ihn gegen jeden scheelen Blick zu verteidigen, jedem entgegenzutreten, der über den schwarzen Kaftan und den breitkrämpigen Hut die Nase rümpfen würde. Jetzt, in der Gegenrichtung, von Ost nach West, bemerkte er den muffigen, süßlichen Geruch dieses Mannes, der zu warm angezogen war [...]." (Rabinovici 2010, S. 14f.)

Konflikte der Kultur

Dieser interkulturelle Konflikt, der genau genommen auf der intrakulturellen Differenz zwischen religiösem und areligiösem Judentum beruht, verweist darauf, dass die Art und Weise des Beobachtens von und des Umgehens mit kulturellen Unterschieden auch von ihrer Verortung abhängt. Dass kulturelle Kontexte immer auch lokale

Kontexte sind, verdeutlicht Rabinovicis Roman zudem anhand des Zentralkonflikts. Auf besagtem Rückflug liest Rosen in einer Wiener Zeitung einen Nachruf auf seinen soeben zu Grabe getragenen Freund Dov Zedek – einen Überlebenden des Holocaust. Darin zitiert der österreichische Judaist Rudi Klausinger einen Text, der Zedeks Bemühungen, die Erinnerungen an den Holocaust wachzuhalten, kritisch kommentiert. Rosen verfasst daraufhin einen polemischen Gegenartikel, der Klausinger implizit des Antisemitismus beschuldigt. In der nun einsetzenden, international Kreise ziehenden Debatte gerät Rosen immer mehr in eine (existenzbedrohende) Defensive, muss er doch erkennen, dass das von Klausinger benutzte Zitat von ihm selbst stammt. Rosen hatte es seinerzeit auf Hebräisch und für israelische Leser geschrieben, es nun aber in der deutschen Übersetzung nicht wiedererkannt. Ein identischer Text kann demnach in einer anderen Sprache sowie in einem anderen kulturellen Kontext, also „andernorts", völlig neue Bedeutungen bekommen.

Der Roman thematisiert mithin einen weiteren Forschungszweig interkultureller Literaturwissenschaft und Komparatistik, nämlich kulturdifferente Lesarten von Texten. Die interkulturelle Beobachtung der Literatur nimmt hier eine bedeutende Erweiterung der Problemstellungen herkömmlicher Hermeneutik, des deutenden Verstehens (literarischer) Texte, vor. Während die ‚klassische' Hermeneutik die zeitliche Differenz zwischen Textproduktion und -rezeption als zu überwindende Barriere des Verstehens behandelt, eruiert die interkulturelle Hermeneutik die komplexen kulturellen Differenzen der Herstellung, Lektüre und Deutung von Texten (vgl. dazu Schmidt 1995).

Interkulturelle Hermeneutik

Aus dem bisherigen Überblick über formale und inhaltliche Spezifika interkultureller Literatur und ästhetischer Praxis kann nun das Forschungsfeld interkultureller Literaturwissenschaft und Komparatistik folgendermaßen umrissen werden: Im Fokus des Interesses stehen die komplexen Prozesse der Erzeugung, Zuschreibung, Beobachtung, (kritischen) Reflexion und Veränderung kultureller Identitäten und Differenzen *in* und *durch* Literatur.

Zusammenfassung

Von besonderer Relevanz sind dabei Formen transkultureller Intertextualität und Intermedialität sowie kulturelle Stereotypisierungen (vgl. Wertheimer 1998). Letztgenannter Gegenstand firmiert in der Komparatistik unter einer eigenen Bezeichnung: Die Imagologie (von lateinisch *imago* = Bild) untersucht die Entstehung, Entwicklung und Wirkung der – häufig stereotypen – kollektiven Wahrnehmungsmuster der eigenen Kultur (Autoimages) und fremder Kulturen (Heteroimages).

Imagologie

INTERKULTURALITÄT

Saids Orientalism

Als exemplarisch kann in diesem Zusammenhang die 1978 erschienene Studie *Orientalismus* des amerikanischen Literaturwissenschaftlers und -kritikers palästinensischer Herkunft Edward Said (1935–2003) erwähnt werden (Said 2009). In ihr demonstriert Said mithilfe diskurs- und machttheoretischer Ansätze, wie im 19. Jahrhundert aus dem Zusammenwirken kolonialistischer Politik, literarischer und künstlerischer Imaginationen und wissenschaftlicher ‚Orientalistik' ein Konstrukt entsteht, in dem ‚der Orient' als das ‚Andere' des Westens konzeptualisiert wird. Westliche Vorherrschaft und die eigene kulturelle Identität werden dabei vor allem mithilfe der Differenzen ‚männlich', ‚rational', ‚aktiv' (= Westen) versus ‚weiblich', ‚irrational', ‚passiv' (= Orient) konstruiert und legitimiert. Die Ähnlichkeiten zum frühneuzeitlichen Kolonialdiskurs sind unübersehbar (s. o., Bildbeschreibung zu → ABBILDUNG 10). Unter dem Titel *Okzidentalismus* liegt mittlerweile auch eine ‚Gegenstudie' vor, in der das östliche Bild vom ‚Westen' als ebensolches Konstrukt stereotyper Diskurs re- und dekonstruiert wird (Buruma / Margalit / Wirthensohn 2004).

Mehrsprachigkeit

Wie bereits mehrfach betont, ist Literatur in der Lage, interkulturelles *crossing-over* sowohl auf inhaltlich-thematischer wie auf formaler Seite zu inszenieren und zu reflektieren. Zur formalen Seite gehört natürlich auch und vor allem der kreative Umgang mit ihrem ureigenen Medium – der Sprache. Literarische Texte können die sprachliche Genese kultureller Identität und Alterität also sowohl darstellen als auch autoreferenziell (selbstbezüglich) ästhetisch nutzen. So siedelt beispielsweise Patrick Chamoiseau in seinen Romanen die kulturellen Kreolisierungsprozesse häufig auf der Ebene der Sprache an, indem er französische und karibische Lexik, Syntax und Semantik hybrid-komplexe Allianzen eingehen lässt (→ KAPITEL 9.3).

Exophonie

Ein weiteres Verfahren, Sprachfremdheit und Multilingualität zur Darstellung und Reflexion interkultureller Konstellationen zu nutzen, ist der spezifisch literarische Umgang mit der „Exophonie" (Anderssprachigkeit; vgl. dazu Arndt / Naguschewski / Stockhammer 2007). Dabei beziehen Autoren gegenüber fremden Sprachen, und damit gegenüber fremden Kulturen, eine vergleichende Beobachterposition, indem sie nicht in ihrer Muttersprache, sondern in der Sprache ihres (gegenwärtigen) Aufenthaltsortes schreiben. In Deutschland wird solche Literatur als „Chamisso-Literatur" bezeichnet, nach dem gleichnamigen Literaturpreis, der Autoren prämiert, die Deutsch als ihre Literatursprache gewählt haben, selber aber nicht deutschsprachiger Herkunft sind.

Die mit solch polyperspektivischem Beobachten von Sprach-Kulturen verbundenen Durchbrechungen einer monokulturellen Sicht der Dinge praktizieren und reflektieren beispielhaft die Texte der japanisch-deutschen Autorin und Literaturwissenschaftlerin Yoko Tawada (*1960) (vgl. Esselborn 2007; Ivanovic 2010). So heißt es in ihrer Essaysammlung *Überseezungen* (2002):

> „Einmal sagte der in Japan lebende amerikanische Autor Ivan Levi zu mir, die japanische Gesellschaft sei Nicht-Japanern verschlossen, auch die japanische Kultur sei nicht offen. Das einzig Offene in Japan sei die Sprache, jeder dürfe sie schreiben. Seine Worte waren ein heftiger Tabu-Bruch für die meisten Japaner, die gerade durch die Unantastbarkeit der heiligen Muttersprache ihre nationale Identität sichern wollen.
> In Deutschland würden die meisten Menschen nicht behaupten, daß die deutsche Sprache von anderen nicht geschrieben werden darf. Aber indirekt geben sie einem immer wieder zu verstehen, daß die Sprache ein Besitztum sein muß. Sie sagen zum Beispiel, daß man eine Fremdsprache nie so gut beherrschen könne wie die Muttersprache. [...] Es gibt auch Menschen, die behaupten, in einer Fremdsprache ist die Kindheit abwesend. Aber ich fand nirgendwo so viel Kindheit wie in der deutschen Sprache. Schmatzen, schnaufen, schluchzen, schlürfen: Viele deutsche Wörter klingen wie Onomatopoesie. Für die Neugeborenen klingt vielleicht jede Sprache so wie Deutsch für mich." (Tawada 2002, S. 109f.)

Tawadas Texte demonstrieren zudem ein weiteres Mal, dass die komplexen Prozesse des Ineinander-Übersetzens und Vergleichens von Sprache[n] und Kultur[en] die zentralen Themenfelder interkultureller Literatur und interkultureller Literaturwissenschaft sind. Und dies gilt keineswegs nur für die gegenwärtigen, von der Globalisierung geprägten Kulturkontakte und interkulturellen Texte. Immer dann, wenn Kulturen über ihre eigenen Grenzen hinausblicken, und dies ist in Europa ja bereits seit der Antike der Fall, übernimmt die Literatur die zentrale Aufgabe der Beschreibung und Reflexion damit einhergehender Veränderungen kultureller Eigen- und Fremdwahrnehmungen. Eine interkulturelle Lesart ist also grundsätzlich für Texte aller literarischen Epochen eine gewinnbringende Option.

Fragen und Anregungen

- Welche normativen, ausschließenden und hierarchisierenden Wirkungen können vom Begriff ‚Kultur' ausgehen?
- Formulieren Sie einen Kulturbegriff, der diese problematischen Effekte vermeidet.
- Welche Bedeutung gewinnt Interkulturalität im Zeichen von Postkolonialismus und Globalisierung?
- Skizzieren Sie, welche zentralen Themen, Motive und Verfahren interkulturelle Literatur auszeichnen.

Lektüreempfehlungen

- **Wilhelm Amann / Georg Mein / Rolf Parr (Hg.): Globalisierung und Gegenwartsliteratur. Konstellationen – Konzepte – Perspektiven,** Heidelberg 2010. *Dieser Sammelband vereint Beiträge zum Verhältnis von Gegenwartsliteratur, Regionalisierung und Globalisierung.*

- **Michael Hofmann: Interkulturelle Literaturwissenschaft. Eine Einführung,** Paderborn 2006. *Kompakte Einführung in das Gebiet der interkulturellen Literaturwissenschaft. Die Bedeutung der Literatur als Reflexions- und Inszenierungsmedium des kulturell Eigenen und Fremden wird an Textbeispielen der europäischen und außereuropäischen Literatur aus dem 19. und 20. Jahrhundert aufgezeigt.*

- **Norbert Mecklenburg: Das Mädchen aus der Fremde. Germanistik als interkulturelle Literaturwissenschaft,** München 2008. *Umfangreiches Grundlagenwerk, das im ersten Teil zentrale Begriffe und Konzepte wie Kultur, Inter- und Transkulturalität, kulturelle Differenz, Hybridität, interkulturelle Hermeneutik, Imagologie, Übersetzung u. a. erklärt und diskutiert. Der zweite Teil erörtert diese interkulturellen Aspekte am Beispiel der deutschsprachigen Literatur vom 18. Jahrhundert bis zur Gegenwart.*

11 Intermedialität – Interart Studies

Evi Zemanek

Abbildung 11: Pompeo Girolamo Batoni: *Allegorie der Künste* (1740)

Das klassizistische Gemälde von Pompeo Batoni zeigt fünf weibliche Figuren, die sich als Personifikationen der Künste ausweisen: Links unten sitzt die Bildhauerei, in der Mitte thront die Malerei, neben ihr steht die lorbeerbekränzte Poesie. Weniger leicht ist die Identifikation der Frauen im Hintergrund, doch lassen das von der Figur rechts gehaltene Blasinstrument auf die Musik und das Winkelmaß der Figur links auf die Baukunst schließen. Weder die Gesten der Figuren noch ihr Verhältnis zueinander sind ohne Weiteres zu deuten. Impliziert ihre Verteilung sowie ihre Beleuchtung und Verschattung eine Hierarchie der Künste? Während die Malerei, die offenbar eng mit der Bildhauerei verbunden ist, mit der Dichtung kommuniziert, fungieren die Architektur und die Musik nur als Statisten. Es nimmt nicht Wunder, dass sich die Malerei selbst ins Zentrum rückt, jedoch orientiert sich ihr Blick an den Schwesterkünsten, vor allem an der Poesie. Obwohl deren ausgestreckte Hand ambivalente Deutungen zulässt, wirkt das Zusammenspiel der Frauen friedlich und eher von wechselseitiger Inspiration als von Konkurrenz geprägt. Für ihre Darstellung des Hermes bzw. Merkur benötigt die Malerei die Hilfe der Bildhauerei, um den Körper plastisch abzubilden, sowie das Wissen der Poesie, zu deren Füßen nicht zufällig eine Homer-Ausgabe liegt. Eben diese hier personifizierten Künste wurden im 18. Jahrhundert zu den Schönen Künsten zusammengefasst.

Das Verhältnis der Künste zueinander wurde seit der Antike in Kunsttraktaten und poetologischen Schriften ausgelotet. Lange war es als Wettstreit imaginiert, der in einem Vergleich Vorzüge und Nachteile der jeweiligen Kunst profilierte, um einen Sieger zu bestimmen. Erst die Idee des Gesamtkunstwerks relativiert diese Urteilsweise und weicht die bis dato gängige Typologie von Kunstgattungen auf. Letztere wird ohnehin stetig erweitert durch das Aufkommen neuer Ausdrucksformen wie etwa der Oper, der Fotografie und des Films – ganz zu schweigen von den Neuen Medien. Da die Entwicklung anderer Kunstformen und Medien die Literatur prägt, sind die sogenannten Interart Studies (ebenso wie die Intermedialität) ein wichtiger Forschungsbereich der Komparatistik. Bevor im Folgenden Einblicke in hauptsächlich zwei Kernbereiche der Comparative Arts Studies – die sogenannten Word and Image sowie Word and Music Studies – gegeben werden, wird die Geschichte des Künste-Vergleichs skizziert. Gemäß dem textbasierten Grundinteresse dieser Einführung ist ein *comparandum* dabei stets die Wortkunst.

11.1 Comparative Arts – Der Vergleich der Künste
11.2 Intermedialitätsforschung und ihre Gegenstände

11.1 Comparative Arts – Der Vergleich der Künste

Die Wurzeln der Interart oder synonym auch Comparative Arts Studies reichen weit in die Geschichte zurück. Ein Vergleich, der über die ‚bildenden' Künste hinausgeht, beginnt schon in der Antike mit der Feststellung von Verwandtschaftsverhältnissen, am nachhaltigsten zwischen Malerei und Dichtung sowie zwischen Lyrik und Musik. Man beachte nur den Ursprung der ‚Lyrik' im Lied, das ursprüngliche Zusammenspiel von rhythmisiertem Text und musikalischer Begleitung; und man denke an die Auffassung, Malerei sei „stumme Dichtung" und Dichtung „sprechende Malerei", eine Formulierung, die dem griechischen Dichter Simonides von Keos zugeschrieben wurde und die Rede von den ‚Schwesternkünsten' erklärt. Berührungspunkte zwischen den Künsten bestehen nicht nur *per se*, sondern sind auch das Ergebnis wechselseitiger Orientierung aneinander. Die Gemeinsamkeiten betreffen sowohl die Behandlung derselben Themen, Stoffe und Motive, was zur Gegenüberstellung von Einzelwerken einlädt, als auch vergleichbare Wirkungsabsichten (Naturnachahmung, Gedächtnisarbeit, ästhetischer Genuss). Darüber hinaus wurden trotz der Unterschiedlichkeit der Ausdrucksmittel schon damals tiefergehende strukturelle, in der Darstellungsweise zu entdeckende Analogien impliziert, freilich ohne dies medientheoretisch zu fundieren. Dies beinhaltet übrigens auch den Vergleich von Dichtung mit Bildhauerei und Baukunst, wenngleich solche Parallelen seltener gezogen werden als zu Malerei und Musik. Die Analogisierung, die stets auch grundlegende Unterschiede zutage bringt, blieb mindestens bis ins 18. Jahrhundert ziemlich vage und ist bis heute aufgrund der verschiedenen Zeichensysteme der Künste problematisch, erfährt jedoch seit Jahrzehnten intensive Bemühungen. Schon die im Kapiteltitel genannten Fachbegriffe für den disziplinären Künste-Vergleich signalisieren, dass man hier das Terrain der rein textbezogenen Literaturwissenschaft verlässt und interdisziplinär arbeiten muss, selbst wenn die Perspektive des Komparatisten primär literaturwissenschaftlich geprägt ist.

Bedeutsam für die Ausbildung einer Tradition des Künste-Vergleichs war ein in der Renaissance zunächst in Italien und bald in ganz Europa öffentlich ausgetragener Wettstreit: innerhalb der bildenden Kunst meist zwischen Malerei und Bildhauerei, kunstübergreifend vor allem zwischen der Bildkunst und der Dichtung, seltener auch unter Einbezug von Musik oder gar Tanz. Für den Vergleich setzt sich der italienische Begriff *paragone* durch, abgeleitet von *paragonare* (deutsch: vergleichen) und zugleich auf den griechischen *agon* (deutsch: Wettstreit) zurückgehend (→ KAPITEL 2.1). Im Rahmen des *paragone* wurden seit dem 15. Jahrhundert in kunsttheoretischen und zunehmend auch in literarischen Texten Möglichkeiten und Grenzen der einzelnen Künste erörtert. Das Argumentationsmuster dieser Denkfigur zielt auf die Ausbildung eines ästhetischen Urteils und wirkt gleichzeitig als produktives, den Künstler anleitendes Prinzip. Auf dem Prüfstand waren u. a. Naturtreue, Lebendigkeit und Dauerhaftigkeit jedes Kunstwerkes. Dies verbalisiert zum Beispiel mustergültig Gian Giorgio Trissino in seinem Verbalporträt der Renaissance-Fürstin Isabella d'Este, das schon mit seinem Titel *Ritratti* (1524) plakativ den Bezug zur Malerei, genauer zum Porträtgemälde, herstellt (italienisch *ritratto* = Porträt). Der Dichter strebt danach, den Maler in der Personendarstellung mit rhetorischer Finesse zu übertreffen: nicht allein in der direkten Charakterisierung der Fürstin, die das ‚stumme' Gemälde nur mithilfe von visuellen Symbolen und physiognomisch kodierten Merkmalen andeuten kann, sondern auch in der Präsentation des Äußeren, in der die Malerei dank ihrer Evidenz einen Vorsprung hat.

Trissinos Mustertext

Während in kunsttheoretischen Traktaten technische Aspekte von Gemälde und Skulptur gegeneinander abgewogen werden, steht in der Dichtung naturgemäß ihr eigenes Verhältnis zur Bildkunst im Zentrum des Interesses. Dass darüber schon in der Antike nachgedacht wurde, belegt auch das berühmte Diktum „ut pictura poesis" („wie das Bild, so die Dichtung"), mit dem der römische Dichter Horaz in seiner *Ars Poetica* Vergleichbarkeit und Gleichrangigkeit der beiden Künste betont, ohne dies befriedigend zu explizieren. Die suggestive Formel inspirierte jedoch zu vielerlei Spekulationen und weiterführenden Reflexionen.

Horaz: „ut pictura poesis"

Insbesondere im Rahmen von Beschreibungen (Menschen, Landschaften, Interieurs u. a.) misst sich die Dichtung immer wieder mit der Malerei und orientiert sich an derselben (vgl. Boehm/Pfotenhauer 1995). „Beschreibung ist die Kunst, mit Worten zu malen", lautet eine vielzitierte Definition, „oder die Technik, mit Worten einen bildlichen Eindruck beim Zuhörer bzw. Leser hervorzurufen" heißt es ergänzend im *Historischen Wörterbuch der Rhetorik* (Halsall 1992, Sp.1495). Die *descriptio* (= Beschreibung von Personen, Ereignissen oder Dingen) wird in der antiken Rhetorik als Bestandteil der zweckgebundenen Rede wegen ihres wirkungssteigernden Potenzials geschätzt. Cicero zum Beispiel betont ihr Vermögen, Dinge vor Augen zu führen, d. h. sie scheinbar evident zu machen. Eine lebendi-

Descriptio ...

ge sprachliche Darstellung soll außerdem der Einsatz der *colores rhetorici* (wörtlich ‚Farben der Rhetorik') garantieren. Auch diese Metapher für rhetorische Stilmittel impliziert die Vergleichbarkeit von Sprache und Bild, wobei das *tertium comparationis* stets die Anschaulichkeit ist. Eben danach strebt besonders die *ekphrasis*, die nur gemäß ihrer weitesten Definition mit der *descriptio* gleichzusetzen ist, im engeren Sinne aber die Beschreibung von Kunstwerken meint. Paraphrasiert wird sie oftmals als ‚sprachliches Bild' oder ‚Kunstwerk aus Worten'. Ein berühmtes antikes Beispiel ist die Beschreibung des Schildes von Achill in Homers *Ilias* (18. Gesang).

... und ekphrasis

Natürlich bedarf es einer bildlichen Vorstellungskraft, um die Beschreibung ästhetisch zu goutieren, liegt doch der wesentliche Unterschied der beiden Künste bzw. Medien in der Evidenz des Dargestellten: In der Bildkunst ist sie dank ikonischer Zeichen gegeben, nicht aber in der Literatur, die symbolische Zeichen verwendet. Schon Platon unterschied diesbezüglich im *Kratylos*-Dialog zwischen ‚natürlichen' und ‚konventionellen' Zeichen (Platon 1957, S. 126f. [383a–385d]).

Ikonische/‚natürliche' vs. symbolische/‚konventionelle' Zeichen

In der ausführlichsten neuzeitlichen Abhandlung zum *paragone*, die Leonardo da Vinci gegen Ende des 15. Jahrhunderts verfasste, spricht der Maler den Bildkünsten, insbesondere der Malerei, den Vorrang gegenüber der Dichtung sowie der Musik zu, da er die visuelle Wahrnehmung gegenüber der auditiven privilegiert (vgl. Simonis/Simonis 2011). Einem breiten Publikum wurden seine Argumente durch eine Synopse in Baldassare Castigliones *Libro del Cortegiano/Der Hofmann* (1528) zugänglich. Mitte des 16. Jahrhunderts war das Debattieren über die relativen Vorzüge der einzelnen Künste zu einer in akademischen und künstlerischen Kreisen verbreiteten Form der Auseinandersetzung mit Kunst geworden. Bis ins 18. Jahrhundert wurden in ganz Europa Synopsen sämtlicher Argumente der Debatte verfasst, wobei die Unterschiede zwischen den Künsten weiterhin profiliert werden, zunehmend aber weniger mit dem Ziel einer Hierarchisierung, sondern verständiger Wertschätzung beider. Erwähnung verdienen in diesem Zusammenhang exemplarisch John Drydens *A Parallel of Poetry and Painting* (1695) und Hildebrand Jacobs Essay *Of the Sister Arts* (1734).

In Deutschland gipfelte der *paragone* in Gotthold Ephraim Lessings *Laokoon: oder über die Grenzen der Mahlerey und der Poesie* (1766). Der Titel benennt die antike Laokoon-Gruppe als skulpturales Anschauungsobjekt, anhand dessen die Thesen entwickelt werden. Diese Schrift stellt einen Wendepunkt dar, indem sie die Ver-

Lessings *Laokoon*

gleichbarkeit der im Titel genannten Künste aufgrund ihrer unterschiedlichen Raum-Zeit-Struktur relativiert und damit das ut pictura poesis-Diktum infragestellt. Zunächst hält Lessing in der Vorrede seiner Schrift jedoch als Gemeinsamkeit von Malerei bzw. bildender Kunst und Poesie fest, dass sie auf deren Liebhaber eine ähnliche Wirkung ausüben, beide „abwesende Dinge als gegenwärtig, den Schein als Wirklichkeit" vorstellen, „beide täuschen und beider Täuschung gefällt". Zu unterscheiden sei jedoch ihre „Art der Nachahmung", im Fall der Malerei mit „Figuren und Farben in dem Raume", bei der Poesie mit „artikulierte[n] Tönen in der Zeit". In modernerem Vokabular kann man die Opposition als eine von Simultaneität und Linearität bezeichnen. Folglich empfiehlt Lessing den beiden Künsten je eigene, ihren Möglichkeiten entsprechende Gegenstände: der Malerei solche, „deren Teile nebeneinander existieren", d. h. die simultan rezipiert werden, wie etwa (statische) Körper; der Dichtung solche, „deren Teile aufeinanderfolgen", d. h. die sukzessive rezipiert werden, also (dynamische) Handlungen. Gleichwohl vermögen beide Künste auch das ihrem Zeichensystem weniger Entsprechende, nämlich die Malerei Zeitlichkeit und die Literatur Räumlichkeit, wenigstens anzudeuten, wenngleich Zeichen und Bezeichnetes, so Lessing, dann nicht in einem „bequeme[n] Verhältnis" zueinander stehen (Lessing 1987, S. 3, 114). Nicht selten endet die fortgesetzte Debatte mit der Zuschreibung verschiedener Aufgabenbereiche: Die Bildkunst solle das Sichtbare, die Dichtung das Unsichtbare darstellen.

Zahlreiche pikturale und poetische Experimente streben jedoch gerade danach, die dem eigenen Medium inhärenten Grenzen zu überschreiten. Man denke nur an die Avantgarden des 20. Jahrhunderts, etwa an die kubistische Malerei, die durch die Auffächerung verschiedener Ansichten einer Sache deren zeitlichen Aspekt andeutet, oder an die Visuelle Poesie, welche die räumliche Textanordnung exponiert und semantisiert.

Obwohl Lessings Thesen bis heute vielfach präzisierenden Revisionen unterzogen werden, eignet sich seine grundlegende Dichotomie noch immer als Ausgangsbasis für konkrete Text-Bild-Vergleiche. Weniger bekannt sind seine Überlegungen zum Verhältnis von Dichtung und Musik, doch bezeugen sie – neben stärker beachteten Schriften wie Daniel Webbs *Observations on the Correspondance between Poetry and Music* (1762) –, dass auch dieser Vergleich seinerzeit schon gezogen wurde.

Als Gegenstand einer disziplinär-universitären Literaturwissenschaft wurde die Gegenüberstellung von Oskar Walzel unter dem Schlagwort

„wechselseitige Erhellung der Künste" in gleichnamiger Schrift (1917) propagiert. Es nimmt nicht Wunder, dass Walzel gerade vor dem Hintergrund der nach Grenzüberschreitungen strebenden Avantgarden versucht, in interdisziplinärer Zusammenarbeit mit dem Kunsthistoriker Heinrich Wölfflin Stilistika aus der Kunst(wissenschaft) für die Literatur(wissenschaft) fruchtbar zu machen. Außerdem erprobt er – indem er auch die Musik in den Blick nimmt – etwa die Übertragung von Begriffen wie Rhythmus und Harmonie auf die Literatur, was von seinen Nachfolgern im von ihm begründeten Forschungsfeld ebenso fortgesetzt wird wie die künsteübergreifende Stilforschung.

> „Wechselseitige Erhellung der Künste"

Mit demselben Schlagwort setzt der Komparatist Ulrich Weisstein, der wegweisende Beiträge sowohl in den Word and Image als auch in den Word and Music Studies verfasst hat, in der zweiten Hälfte des 20. Jahrhunderts im anglophonen und deutschsprachigen Raum das Plädoyer für den Künste-Vergleich fort (vgl. Weisstein 1972, S. 184–197). Letzterer nimmt seinerzeit also langsam einen festen Platz in der Komparatistik ein, wobei sich der von amerikanischen Studien promovierte Begriff *comparative arts* zunächst durchsetzt. Wegweisende Studien aus diesem Bereich, die man heute als medienkomparatistisch bezeichnen würde, widmen sich der Korrelation von Wort- und Bildkunst (vgl. Hansen-Löve 1983), spezieller der ‚Übersetzung' von Malerei in Dichtung (vgl. Clüver 1978, 1992; Kranz 1981–87) oder Visueller und Konkreter Poesie (vgl. Adler/Ernst 1987; Clüver 1989; Ernst 1991) sowie umfassend dem Verhältnis von Musik und Literatur (vgl. Scher 1984), insbesondere Musik in der Dichtung (vgl. Dahlhaus/Miller 1988; Lubkoll 1995). Die meisten vergleichen keineswegs nur separate Künste, sondern untersuchen auch das Zusammenspiel derselben in ‚Mischformen'. Eine Vielzahl daran anknüpfender Studien trägt ab Mitte der 1990er-Jahre zu einer vom Einzelphänomen abstrahierenden Theoriebildung und zur Entwicklung einer für die Analyse notwendigen Metasprache bei, welche die aufkommende Intermedialitätsforschung exzessiv systematisieren wird.

> Comparative arts / Medienkomparatistik

Eine Herausforderung für jeden Künste-Vergleich besteht in der Wahl einer für die zu vergleichenden Künste bzw. Medien passenden Metasprache, eine andere in der Wahl von Vergleichskriterien und einem *tertium comparationis*. Um dies am Beispiel des Text-Bild-Vergleichs zu verdeutlichen: Jegliche fixe Gleichsetzung einzelner Elemente der Sprache mit solchen des gemalten Bildes wird in der neueren Forschung großenteils abgelehnt. Das Grundproblem besteht darin, für das Wort als kleinste Einheit der syntaktischen Komposi-

> Prämissen des Text-Bild-Vergleichs

tion ein Äquivalent in der Malerei zu bestimmen, denn dieses variiert von Bild zu Bild und kann der Pinselstrich ebenso sein wie die geometrische Form oder die Farbe, je nach Stil des Gemäldes. Im Unterschied zum klar isolierbaren, disjunkten Wort sind die Bildzeichen kontinuierlich und analogisch. Daher kann man allenfalls sagen, dass bestimmte non-verbale Zeichen in ihrem Kontext eine vergleichbare Funktion haben wie das einzelne Wort oder Lexem. Außerdem kann man versuchen, verschiedene Ebenen der Sprache und der Malerei zu parallelisieren, etwa die phonologische der Sprache mit allgemeinen pikturalen Darstellungsverfahren für räumliche Verhältnisse, unabhängig vom dargestellten Objekt; sowie die semantische Ebene mit der spezifischen Objektdarstellung (vgl. Hansen-Löve 1983, S. 319). Ohne die Eigenarten der Künste bzw. Medien ignorieren zu wollen, sucht der Vergleich nach Gemeinsamkeiten in den Gestaltungsprinzipien. Es empfiehlt sich, anstelle von fixen Eins-zu-eins-Analogien relationale Analogien zu betrachten, die sich im Verhältnis zwischen Form und Funktion oder in der internen Beziehung verschiedener Elemente eines Kunstwerks abzeichnen.

Vergleich der Gestaltungsprinzipien

Solche Einsichten und Empfehlungen werden überhaupt erst mit wachsendem Bewusstsein der ‚Eigenarten der Künste', oder besser der jeweiligen medienspezifischen Qualitäten möglich – und dies wiederum entwickelt sich erst in medienwissenschaftlicher Forschung, die auch im Rahmen der Literaturwissenschaft und damit natürlich auch in der Komparatistik betrieben und heute meist mit „Intermedialitätsforschung" überschrieben wird.

11.2 Intermedialitätsforschung und ihre Gegenstände

Intermedialität

Intermedialität hat sich im deutschsprachigen Raum in den 1990er-Jahren als Sammelbegriff für verschiedene Phänomene, die mehrere Medien involvieren, und damit als Synonym zum weniger gebräuchlichen Begriff Medien-Interferenz etabliert. Und auch international ersetzt das im selben Maße eine Interaktion in einem ‚Zwischenraum' suggerierende, englische Äquivalent *intermedia* zunehmend die *interart(s)*. Der neue Terminus signalisiert einen konzeptuellen Wandel im Verständnis der Beziehungen verschiedener Künste zueinander und verspricht eine medientheoretische Systematisierung derselben. In der Literaturwissenschaft wurde er zunächst als Erweiterung des Intertextualitätsbegriffs eingeführt (→ KAPITEL 7), der durch die Vielfalt von Phänomenen, in denen literarische Texte mit anderen Medien interagieren, an seine Grenzen geraten ist. Da unter „Medium" bzw. „Medien" innerhalb – und erst recht außerhalb – der Literaturwissenschaft Unterschiedliches verstanden wird, variieren die Definitionen von Intermedialität dementsprechend. Zum Beispiel werden sowohl die traditionellen Künste wie Malerei, Musik und Literatur als auch die Bedeutungsträger Bild, Ton und Sprache als Medien bezeichnet. Es lässt sich darüber streiten, ob Literatur eine Kunst oder ein Medium ist (vgl. Hansen-Löve 1983; Zima 1995). Eine Unterscheidung zwischen beiden wird in fast allen Intermedialitätskonzepten verwischt.

Versteht man aber das ‚Medium' als „Möglichkeit einer Form, [...] als Mittel im weitesten Sinne", so ist es „Qualität oder Grund von formalen Eigenschaften in Kunstwerken" (vgl. Paech 1998, S. 23, 19). Dies entspricht in etwa der systemtheoretischen Medienauffassung, die auf der Unterscheidung von Medium und Form beruht und nach der ein Medium eine Anzahl von ‚lose gekoppelten Elementen' ist, die sich verschiedenartig zu ‚fester Kopplung' verbinden und deshalb eine potenziell endlose Menge von Neubildungen hervorbringen können (Luhmann 1995a, S. 165–214, bes. S. 167–169). Die vorliegende Einführung versteht unter Medium ein konventionell als distinkt wahrgenommenes Kommunikationsdispositiv. Wird vom ‚Medium' Literatur gesprochen, so im Sinne einer Abstraktion vom konkreten historischen Einzelphänomen, sozusagen als theoretisches Konstrukt. Angesichts des Wandels medialer Möglichkeiten sind allgemeine und überzeitliche Bestimmungen der Medienspezifik aber immer nur begrenzt gültig. Deshalb sind Medien stets in ihrem historischen Kontext zu sehen und mit Berücksichtigung der seinerzeit vorherrschenden Vorstellung vom jeweiligen Medium zu beurteilen.

Kunst vs. Medium

Neuere Ansätze der Intermedialitätsforschung betonen den Konstruktcharakter der Medien, stellen die Abgrenzbarkeit der Einzelmedien infrage und betrachten Intermedialität als ein omnipräsentes Basisphänomen. Parallelisiert man den Begriff Intermedialität mit dem poststrukturalistischen Konzept der universalen Intertextualität (→ KAPITEL 7), wie dies oft getan wird, so verliert er seine Trennschärfe, denn demnach sind *alle* Texte ebenso intermedial wie intertextuell. So wie Literatur zwar seit jeher und zu jeder Zeit intertextuell gewesen ist, aber die Intensität ihrer Intertextualität in verschiedenen Epochen variiert, gilt dies auch für die Intermedialität von Texten. Daher empfiehlt es sich, konkreten Untersuchungen einen Intermedialitätsbegriff zugrunde zu legen, der die Unterscheidung verschiedener Arten und gradueller Abstufungen von Intermedialität zulässt.

Intermedialität als Basisphänomen

Inter- vs. Transmedialität

Vorab ist jedoch sicherzustellen, dass ‚intermediale' Konfigurationen nicht mit ‚transmedialen' (d. h. medienübergreifenden) Phänomenen verwechselt werden (vgl. Rajewsky 2002, S. 12f.): bei Ersteren beziehen sich verschiedene Medien aufeinander oder greifen ineinander; bei Letzteren bestehen medienunspezifische Gemeinsamkeiten, zum Beispiel in Themen- und Motivwahl, Stil oder Gestaltungsprinzip, ohne dass sich die Medien gegenseitig als solche thematisieren oder imitieren. Auch transmediale Phänomene verschiedenster Art – zum Beispiel das Porträt (vgl. Zemanek 2010) – finden in komparatistischen Studien Beachtung und laden ein zu Medienvergleichen. Besondere Aufmerksamkeit erfährt das Erzählen, unter diesem Aspekt werden etwa Literatur und Film verglichen (vgl. Poppe 2007), das Computerspiel untersucht (vgl. Backe 2008) und eine transmediale Narratologie vorgestellt (vgl. Mahne 2007).

Im Folgenden steht jedoch Intermedialität als intendierte und oft markierte Bezugnahme im Fokus.

Art, Quantität und Intensität von Intermedialität

Wichtige Untersuchungsaspekte sind die Art der intermedialen Bezugnahme, ihre Quantität (partielle, punktuelle Referenz vs. totale, kontinuierliche Intermedialität) sowie die Intensität, die zwischen den Polen Kontiguität (vorstellbar als ein ‚Nebeneinander') sowie Synthese (denkbar als Verschmelzung) verortet werden kann. Um Ordnung in die schwer überschaubare Vielfalt von Einzelphänomenen zu bringen, kann man mit Irina Rajewsky (ohne deren ganzes, sehr komplexes System zu übernehmen, aber mit Präzisierungen hinsichtlich der Intensität) drei ‚Subkategorien' oder ‚Phänomenbereiche' des Intermedialen unterscheiden, die sich als Begriffe in der literaturbasierten Intermedialitätsforschung durchgesetzt haben (vgl. Rajewsky 2002, S. 15–18):

1. Intermediale Referenzen

Erstens, Intermedialität in Form von intermedialen Referenzen wie zum einen die Thematisierung bzw. Evokation eines anderen Mediums, zum anderen die Imitation bzw. Simulation altermedialer Strukturen oder Darstellungsverfahren, wobei immer nur ein einziges Medium materiell präsent ist, nämlich dasjenige, welches auf ein anderes Bezug nimmt. Die Tatsache, dass hier konzeptionell Verschiedenes unter „Referenz" zusammengefasst wird, spiegelt sich in der großen Bandbreite der Phänomene, allein schon aus dem Bereich der Word and Image und Word and Music Studies: Die einfachsten, in literarischen Texten zu findenden Referenzen bestehen in der bloßen Erwähnung einzelner realer oder fiktiver Musikstücke oder Bildwerke (Einzelreferenz), im Einsatz von Musikern, Komponisten, Malern oder Bildhauern als Protagonisten oder in einer pauschalen

Thematisierung der Musik bzw. der Bildkunst als solcher (System- — Thematisierung
referenz). Etwas intensiver gestaltet sich die Referenz in lyrischen oder
prosaischen Beschreibungen (realer oder fingierter) bildkünstlerischer
oder musikalischer Werke – im ersten Fall denke man beispielsweise
an das Gemäldegedicht, im zweiten Fall spricht man bisweilen von
verbal music. Einen umgekehrten Fall von Bezugnahme, nämlich in
der Musik auf andere Künste und Kontexte, stellt die Programmmusik
dar, d. h. Instrumentalmusik, die etwa aus Dichtung und Malerei, aber
auch aus Geschichte und Politik, ein Programm entlehnt.

Noch intensiver ist die Referenz (nun wiederum von Seiten der
Literatur) bei der sprachlichen Imitation pikturaler Ausdrucks- und — Imitation
Kompositionsformen, zum Beispiel Kontrastierung/*chiroscuro*, bzw.
musikalischer Ausdrucks- und Kompositionsformen, wie etwa
Rhythmus, Leitmotiv- oder Kontrakpunkt-Technik, Fuge oder Sonate
(vgl. Lubkoll 2007). Auf die Imitation altermedialer Gestaltungsprinzipien wird häufig metaphorisch verwiesen, wenn die Rede ist von
fotografischem oder filmischem Schreiben, um auch Phänomene aus
der jüngeren Mediengeschichte zu nennen.

Der Imitation altermedialer Strukturen oder Darstellungsverfahren
sind aufgrund der medienspezifischen Differenzen freilich Grenzen
gesetzt: Das fremde Zeichensystem kann niemals vollends realisiert,
sondern immer bloß fingiert oder simuliert werden, weshalb Rajewsky vom „als-ob-Charakter" spricht (Rajewsky 2002, S. 39). Natürlich können auch die genannten Arten der Referenz in einem Werk
miteinander verbunden werden. Man denke exemplarisch an Thomas Manns Roman *Doktor Faustus* (1947), in dem ein Komponist
im Zentrum steht, die Prinzipien der modernen Musik, insbesondere
die Zwölftontechnik, thematisch und strukturbildend werden und
neben fiktiven Kompositionen des Protagonisten auch Beethovens
Klaviersonate op. 111 beschrieben wird.

Nur die intermediale Referenz als erste Kategorie von Intermedialität ist wirklich mit der Intertextualität vergleichbar, bei der ebenfalls keine anderen Medien aktiv beteiligt sind. Anders ist dies bei
den beiden folgenden Kategorien:

Zweitens, Intermedialität als Medienwechsel, bei dem ein medien- 2. Medienwechsel
spezifisch fixiertes Phänomen durch einen obligatorischen Transformationsprozess in ein anderes Medium übersetzt wird, wobei produktionsästhetischen Aspekten besondere Aufmerksamkeit zuteil
wird. Nur in diesem Fall von Intermedialität ist von Ausgangsmedium / -produkt und Zielmedium / -produkt die Rede. Es ist davon auszugehen, dass Charakteristika des Ausgangsmediums in das Zielme-

dium transponiert und dabei Modifikationen unterzogen werden, welche die spezifisch andere Konstitution des Zielmediums diktiert. Bleibt man im Beispielbereich der Word and Image und Word and Music Studies, so kann man hier zum einen rein instrumentelle (Gedicht-)Vertonungen, zum anderen das Gemäldegedicht nennen, vorausgesetzt Letzteres erscheint isoliert und nicht neben dem Bild, dessen poetische ‚Übersetzung' es ist. Das heute gern angeführte Standardbeispiel für den Medienwechsel ist allerdings die Literaturverfilmung – ein seit Jahrzehnten bei Studierenden beliebtes Thema für Seminare und Hausarbeiten. Festzuhalten ist in jedem Fall, dass das durch Transformation entstandene Produkt zwar in einer genetischen Beziehung zum Referenzobjekt steht, jedoch nicht notwendigerweise explizit darauf verweist. Geschieht dies dennoch, so hat man es gleichzeitig mit der bereits erläuterten intermedialen Bezugnahme zu tun.

– Transformation

Drittens, Intermedialität als Medienkombination, das heißt, das additive Zusammenwirken mindestens zweier distinkt wahrgenommener Medien, deren Interaktion von einer bloßen Kontiguität bis zu einem originellen Zusammenspiel gehen und zur Genese einer neuen Gattung führen kann. Häufig genanntes Musterbeispiel dafür ist der Bild, Ton und Text kombinierende Film. Klassische Beispiele für das Zusammenwirken von Text und Ton sind Lied, Hörspiel und Oper (bei der noch das visuelle Moment hinzukommt); ein Grenzfall ist das Notenzitat eines Musikstücks im literarischen Text wie in Arthur Schnitzlers *Fräulein Else* (1924). Eine Kombination von Text und Bild liegt vor im Emblem, im illustrierten literarischen Werk, im Fotoroman und im Comic. Macht sich Letzterer wie die visuelle Poesie die Tatsache zunutze, dass die Schrift *per se* visuell wahrgenommen wird, kann man eigentlich von einer Medienfusion sprechen. ‚Kunstwerke', die auf einer Medienkombination basieren wie in der zeitgenössischen Kunst etwa die Raum-Klang-Installation – als deren Vorläufer man Kandinskys Bühnenkomposition *Der Gelbe Klang* (1909), die Umsetzung der Idee einer Kunstsynthese, ansehen kann –, werden heute häufig auch mit den Stichworten „multimedia" oder „mixed media" bezeichnet.

3. Medienkombination

– Multimedia / mixed media

Das skizzierte Phänomenspektrum, unterteilt in drei Großkategorien intermedialer Relationen, lässt sich im Überblick anschaulich am Beispiel Sonett (vgl. Greber/Zemanek 2012) – das bereits mehrfach unter verschiedenen Gesichtspunkten Beachtung fand (→ KAPITEL 1, 7) – zeigen: → ABBILDUNG 12–16.

Beispiel Sonett

INTERMEDIALITÄTSFORSCHUNG UND IHRE GEGENSTÄNDE

 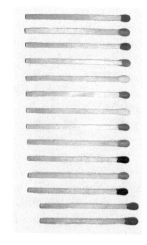 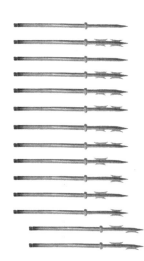

Abbildung 12: Karl Riha: *pyromanisches sonett* (1988)
Abbildung 13: Erika Greber: *Shakespyromanisches Sonett* (2001)
Abbildung 14: Erika Greber / Stefan Schukowski: *Schüttelspeer-Sonett / Shaken Spears Sonnet* (2009)

Abbildung 15: Eric Gill: Illustration zu Shakespeares *Sonetten* (1947)

Abbildung 16: Queen Elizabeth, Eve und Shakespeare auf der Bühne des Berliner Ensembles, in *Shakespeare's Sonnets* (2009), inszeniert von Robert Wilson, vertont von Rufus Wainwright

Gemeinsamer ‚Prätext' all dieser medialen Transformationen ist das vierzehn Verse umfassende Sonett mit seinen beiden gängigen strophischen Gliederungsvarianten, dem romanischen (4–4–3–3) und dem englischen, nach Shakespeare benannten Typus (4–4–4–3). Eine visuelle ‚Übersetzung', deren Titel spielerisch auf die (den Strophen entsprechend unterschiedlich großen) Streichholzschachteln und zugleich auf den Formtypus des Prätexts verweist, ist Karl Rihas *pyromanisches sonett* (→ ABBILDUNG 12). Dieses wurde in Erika Grebers *Shakespyromanischem Sonett* (→ ABBILDUNG 13) sozusagen (mitsamt farblicher Markierung der Reime durch unterschiedlich gefärbte Streichholzköpfe) ins Englische übertragen. In wortspielerischer Anspielung auf den Namensgeber der Form knüpft daran das *Schüttelspeer-Sonett/Shaken Spears Sonett* an (→ ABBILDUNG 14). Während diese ohne Text auskommenden Beispiele Ergebnisse eines Medienwechsels sind, erscheinen Illustrationen zu Shakespeares Sonetten (→ ABBILDUNG 15) neben ihrem Prätext und damit in Medienkombination. Um eine solche handelt es sich auch beim plurimedialen Spektakel, das unter dem Titel *Shakespeare's Sonnets* 2009 im Berliner Ensemble uraufgeführt wurde und sich aus der Vertonung der Sonette (von Rufus Wainwright) und ihrer performativen Inszenierung (von Robert Wilson) zusammensetzt (→ ABBILDUNG 16). In digitaler Form, das heißt in zusätzlicher medialer Rahmung, kann dieses Stück auf den einschlägigen Videoplattformen im Internet angesehen werden. Und auch eine animierte Version des *Shaken Spears Sonnets* ließ sich im Netz verwirklichen.

Werke wie diese sowie die darauf reagierende Konjunktur der Intermedialitätsforschung spiegeln die Mediendominanz in unserem Alltag wider, die sich auch in einer rasant wachsenden intermedialen Gegenwartsliteratur manifestiert (vgl. Wehdeking 2007). Unübersehbar sind die Kunstwerken aller Art inhärente Medienreflexion und die experimentelle ‚Erweiterung' durch Integration oder Simulation anderer Medien.

Die vorgestellte Differenzierung im Phänomenspektrum soll hilfreiche Anhaltspunkte für die Werkanalyse bieten, nicht aber zu einer künstlich erzwungenen (Über-)Systematisierung führen, wie man sie in der Forschung bisweilen feststellen muss. Die verschiedenen Arten intermedialer Grenzüberschreitungen haben stets einen Erkenntniswert für die Medienkomparatistik: Nicht nur jegliche Thematisierung des Altermedialen ist zugleich Reflexion der eigenen medialen Konstitution. Auch können gerade durch ‚Hybridisierung' die Eigenschaften der gekreuzten Medien deutlich werden (vgl. McLuhan 1994,

S. 84f.) Die Literaturwissenschaft verspricht sich von der Beschäftigung mit inter- und multimedialen Phänomenen, die Spezifik der Sprache immer präziser konturieren zu können. Gleichzeitig bewirken zunehmende Hybridisierung und Multimedialisierung die Auflösung der Grenzen zwischen den ‚alten Künsten'. Deren Unterteilung wird hinfällig in einer Medienkunst, die mit und in den neuen Medien realisiert wird.

Fragen und Anregungen

- Was versteht man unter *paragone* und inwiefern lässt er sich als Vorläufer des Medienvergleichs begreifen?
- Worin gründet die Problematik bei konkreten Vergleichen verschiedener Kunstwerke, zum Beispiel eines Gedichts und eines Gemäldes?
- Nennen Sie drei Arten (bzw. ‚Phänomenbereiche') von Intermedialität und geben Sie dafür jeweils ein Beispiel.

Lektüreempfehlungen

- **Achim Hölter (Hg.): Comparative Arts. Universelle Ästhetik im Fokus der Vergleichenden Literaturwissenschaft.** Beiträge zur XIV. Tagung der Deutschen Gesellschaft für Allgemeine und Vergleichende Literaturwissenschaft, Münster 26.–28. November 2008, Heidelberg 2011. *Band mit zahlreichen Beiträgen zu einer komparativen Ästhetik, zum Künste-Wettstreit, zu Multi- und Intermedialität und einem erweiterten Kunstsystem.*

- **Nicole Mahne: Transmediale Erzähltheorie,** Göttingen 2007. *Entwurf einer medienübergreifenden Narratologie für Roman, Comic, Film, Hörspiel und Hyperfiktion.*

- **Urs Meyer, Roberto Simanowski, Christoph Zeller (Hg.): Transmedialität. Zur Ästhetik paraliterarischer Verfahren,** Göttingen 2006. *Sammelband, dessen Titel schon darauf verweist, dass darin die Grenzüberschreitung der Medien im Zentrum steht und der Fokus vom Ergebnis auf den Transferprozess verschoben ist.*

- Joachim Paech, Jens Schröter (Hg.): **Intermedialität analog / digital. Theorien, Methoden, Analysen,** München 2008. *Umfangreicher Band, der systematisch zwischen Intermedialität ‚literarischer', ‚analoger', ‚performativer' und ‚digitaler' Medien unterscheidet.*

- Irina O. Rajewsky: **Intermedialität,** Tübingen / Basel 2002. *Grundlagenwerk, das in Orientierung an der Intertextualitätstheorie und mit Fokus auf Text-Film-Beziehungen eine umfassende Typologie der verschiedenen Phänomenbereiche des Intermedialen entwirft.*

- Annette Simonis (Hg.): **Intermedialität und Kulturaustausch,** Bielefeld 2009. *Sammelband, der Zusammenhänge zwischen medialen Verschiebungen und Interferenzen einerseits und Kulturtransfers andererseits aufdeckt.*

12 Literatur und Komparatistik in Zeiten globaler Vernetzung

Alexander Nebrig, Evi Zemanek

Abbildung 17: Fischschwarm

LITERATUR UND KOMPARATISTIK IN ZEITEN GLOBALER VERNETZUNG

In einer Zeit, in der die Erde als Globus noch nicht entdeckt war, fand der ins Exil geschickte Dante Alighieri in den Fischen ein treffendes Bild für dichterische Weltbürgerschaft, da im Meer die Grenzen aufgehoben sind, welche die Erde durchziehen. Obgleich seine Heimat Florenz respektive der Fluss Arno war, rechnete Dante sich jenen zu, denen die ganze Welt das Vaterland sei wie den „Fischen das Meer": *„velut piscibus aequor"* (Dante 2011, I.VI,3). Auch der topische Vergleich des Dichters mit dem Vogel, der zunächst zwar auf den Gesang abzielt, bezieht sich auf das Moment räumlicher Freiheit und Grenzenlosigkeit.

Trotz der inzwischen festgelegten Luft- und Seeräume bleiben solche Bilder des Globalen in der Moderne nicht nur verbindlich, sondern erleben derzeit sogar eine Konjunktur. Neueste Literatur entdeckt das Meer als Medium des Globalen wieder – und mit ihr tut dies die aktuelle Forschung. So wählt Frank Schätzing den *Schwarm* in seinem gleichnamigen Roman (2004) – der auch als Hydrothriller bezeichnet wird – als Figuration eines globalen, maritimen Netzwerkes, das danach trachtet, die Menschheit in Reaktion auf deren Ausbeutung der Meere in der Weltherrschaft abzulösen. Schätzing setzt damit kurz nach der Jahrtausendwende einen neuen Maßstab für den Ökothriller, der wie die anderen neuerdings vermehrt erscheinenden Klimaromane eine weltweite Katastrophe inszeniert und, nicht zuletzt dank innovativer Darstellung der globalen Dimension, ein Musterbeispiel ‚globaler Literatur' ist.

Das folgende Kapitel reflektiert über Entstehungsbedingungen und Arten von ‚globaler Literatur', stellt das Internet und die darin entstehende Literatur als Medium der Globalisierung vor und lotet den Aufgabenbereich sowie die Funktionen der Komparatistik im globalisierten Zeitalter aus.

12.1 **Globale Literatur**
12.2 **Das Internet als Medium des Globalen**
12.3 **Komparatistik und Globalisierung**

12.1 Globale Literatur

Globalisierung meint Vernetzung, die nationale Grenzen überschreitet. Das Konzept ist aus der Wirtschaft in den 1990er-Jahren in den sozialwissenschaftlichen Diskurs entlehnt worden und schnell zum Schlüsselbegriff unserer Zeit avanciert. Für die zunehmende Relevanz der Globalisierung spricht vor allem, dass ihre theoretisch-begriffliche Beschreibung sehr komplex geworden ist, wovon zahlreiche Begriffsprägungen zeugen, die hier nur erwähnt werden können: Neben Globalisierung spricht man von Globalismus, von Globalität, vom Globalen, aber auch von Mondialisation oder Planetarität (→ ASB REICHARDT; KAPITEL 1.1).

Globalisierung

Das in allen begrifflichen Prägungen wiederkehrende Moment ist das Bewusstsein, in einer vernetzten Welt zu leben, auf die jede staatliche Gemeinschaft bezogen bleibt. Längst ist die ganze Welt zum Schauplatz in der Literatur geworden, sodass sich sowohl in ihr als auch in anderen Medien wie dem Film jenseits nationaler Bindungen ein globales Bewusstsein artikuliert. Es kennzeichnet sich durch die Unmöglichkeit, den eigenen Standpunkt in Abgrenzung zu einem konkreten Außen zu bestimmen (vgl. Hardt/Negri 2000), weil fast alle Staaten mittlerweile die Weltöffentlichkeit mitkonstituieren. Im Unterschied zur Situation des Kalten Krieges (1945–89) ist die bipolare Statik der Welt zugunsten einer Dynamik aufgehoben worden, die permanent Zentrum und Peripherie verschiebt. Andererseits darf die Tendenz zur Globalisierung von Politik und Wirtschaft nicht über die nationalstaatlichen politischen Einheiten und ihre spezifischen Wirtschaftsräume hinwegtäuschen, weshalb nicht allein die Globalisierung als solches in Frage steht, sondern die Spannung, die sie zur jeweiligen Nation bewirkt. Das globale Bewusstsein ist nicht abgelöst vom kulturellen Raum, in dem es aufkommt. Die Literatur spiegelt diese Spannung wider oder trägt sie in hybriden, mehrsprachigen Experimenten aus, vor allem bei jenen Autoren, die nicht in ihrer Muttersprache schreiben (→ KAPITEL 9.2).

Globales Bewusstsein

Wurde kulturelle Globalisierung lange Zeit aus der Perspektive der Kolonialmächte gedacht, kehrte sich nach dem Ende des Kolonialismus die Situation um. In der jeweiligen Kolonialsprache entwickelten sich neue Sprachkulturen. Obzwar auf den ersten Blick das Französische in Algerien, das Englische in Indien oder das Portugiesische in Brasilien (das schon 1822 unabhängig wurde) eine gewisse sprachliche Kontinuität suggerieren, besitzt die postkoloniale Variante dieser Literatursprachen aufgrund der zum Mutterland differenten

Postkoloniale Situation

Geschichte, Politik und Gesellschaft einen anderen Status. Die zwischen der traditionellen und der postkolonialen Variante entstehende Differenz ist für das Verständnis der kulturellen Globalisierung von Bedeutung. Die Erfahrung der Pluralität im scheinbar Identischen zu beschreiben wird zur Aufgabe einer global orientierten Komparatistik. Während des Kolonialismus hatte das globale Moment darin bestanden, die Welt von Europa aus kulturell und sprachlich zu kolonialisieren; in postkolonialer Gegenwart erzählt die Welt dagegen ihre eigenen Geschichten (obgleich derzeit noch zu einem großen Teil für den ‚westlichen' Buchmarkt). Die großen Kolonialsprachen haben in den neuen Kulturen ein Eigenleben entwickelt und stehen zu den einstigen europäischen Hegemonialkulturen in Konkurrenz.

Sprachdifferenz

Die postkoloniale Sprachdifferenz ist bezeichnend für den Zustand der globalen Literatur. Sie lässt deutlich werden, dass Sprache nicht an einen bestimmten Raum gebunden bleiben muss, sondern potenziell auf der ganzen Welt von unterschiedlichen Ethnien und Kulturen verwendet werden kann. Die relativ gesehen starke Einheit des deutschsprachigen, vor allem aber des japanischen Sprachraums erscheint vor diesem Hintergrund als veraltetes Modell der Kultur. In globaler Perspektive ist deshalb zu unterscheiden zwischen Literatursprachen, die an einen bestimmten geografisch-geschichtlichen Raum gebunden sind, und solchen, die von ihm abgekoppelt werden. Einen solchen Zustand, in den jede Literatursprache potenziell geraten kann, bezeichnet man auch mit dem Terminus der Deterritorialisierung. Es geht um die Ablösung der Literatur bzw. Kultur von einem bestimmten Raum bzw. die Anbindung an einen weltweiten Raum. Bedenkt man allerdings, dass Literatur nicht nur mit alten kulturgeografischen Identitäten bricht, sondern auch danach strebt, neue zu schaffen, muss man in der globalisierten Welt gleichfalls die Momente der Territorialisierung berücksichtigen.

Deterritorialisierung

Folgen für die Literatur der Gegenwart

Welche Folgen hat die Globalisierung für die Literatur? Es stellt sich die Frage, ob Globalisierung bedeutet, dass sämtliche Unterschiede verschiedener Kulturen eingedampft werden, weil eine für den Weltmarkt produzierte Literatur dazu neigt, sich zu vereinheitlichen, bzw. die Marktbedingungen Homogenität erzeugen. Oder ist es genau anders herum, und der Weltmarkt schafft erst den Überblick über sowie den Zugang zu Vielfalt? Globale Literatur kann sowohl eine Literatur meinen, die Prozesse der Globalisierung in ihren verschiedensten Facetten reflektiert, als auch solche, die global zugänglich ist, also global distribuiert oder von einer globalen Schreibgemeinschaft produziert wird (Stichwort: Interaktivität). Da sich globale Literatur vielfach erst im Netz realisiert, auf jeden Fall darin distribuiert, rezipiert und auch diskutiert wird, muss ihr ein erweiterter Literaturbegriff zugrunde gelegt werden, der an ein multimediales Produkt denkt. Die Globalisierung wirkt sich sowohl auf Literatur qua Primärtext aus als auch auf Konzepte von Literatur bzw. des Literarischen. Die gegenwärtige Forschung muss also fragen, wie die Globalisierung in all ihren Aspekten die Literatur und den Diskurs darüber prägt.

Ulfried Reichardt hat in Anlehnung an die Studie *Global playing in der Literatur. Ein Versuch über die ‚Neue Weltliteratur'* (Sturm-Trigonakis 2007) drei Gruppen globaler Literatur vorgestellt (→ ASB REICHARDT, KAPITEL 11): Zur ersten zählt er alle Literatur, die ‚Globalität' darstellt bzw. reflektiert durch gezielte Kultur- und Sprachmischung, durch die Verwendung einer anderen Sprache als der Muttersprache (*Exophonie*), so zum Beispiel Salman Rushdies Romane. Der zweiten Gruppe lassen sich ‚Fiktionen der Globalisierung' wie Don DeLillos *Cosmopolis* (2003) zuordnen. Neuere Reiseliteratur, Ökothriller und Science Fiction, die alternative Welten imaginiert, gehören oft ebenfalls in diesen Bereich. Die dritte Gruppe schließlich umfasst Weltentwürfe im allgemeinsten Sinn, die nur indirekt auf die aktuelle Globalisierungsfrage bezogen sind, wie Hermann Melvilles *Moby Dick* (1851), in dem die Jagd nach dem weißen Wal den Protagonisten die Welt erfahren lässt. Speziell in Großgattungen wie Epos und Roman werden freilich häufig ganze Welten konzipiert.

Typen globaler Literatur

Mit ihrer Thematisierung weltumspannender ökonomischer, juristischer und politischer Konsequenzen der Globalisierung erlangt die Gegenwartsliteratur den Status einer ethischen Beurteilungsinstanz. Robert Stockhammer fragt daher nach der literarischen Gattung bzw. Textsorte, die dem Kosmopolitismus angemessen sei, und befindet, dass „literarische Texte gerade auch auf der Ebene ihrer Sprachigkeit in Globalisierungsprozesse intervenieren, ohne diese notwendigerweise zu ihrem ‚Gegenstand' zu machen" (Stockhammer 2010, S. 334). Mit diesem Hinweis verbindet sich der Gedanke, dass die Literatur und ihr Beobachtungsort, die Literaturwissenschaft, Globalisierungsprozesse einerseits mitgestalten und andererseits kritisch reflektieren. Der Bedeutungsgewinn für die Literatur und ihre Wissenschaft liegt auf der Hand, geht es doch darum, den literarischen und den literaturwissenschaftlichen Diskurs gleichberechtigt neben den der Soziologie oder den der Ökonomie zu stellen. Stockhammer

Das Literarische als Globalisierungskategorie

möchte also nichts weniger, als mit dem Literarischen eine neue Globalisierungskategorie vorschlagen, die die juristischen, politischen und soziologischen ergänzt, sogar überbietet, weil jenen aufgrund ihrer Konventionalität die dynamische Realität entgeht, welche die Literatur gerade einfängt.

Genres — Die literarische Reportage und der Reiseroman können als wichtige literarische Genres hervorgehoben werden, um Globalisierungsphänomene zu versprachlichen. Popliteratur, die von der durch die industrielle Waren- und Markenwelt geprägten Alltagskultur erzählt, veranschaulicht den internationalen Warenverkehr und Migrationsliteratur menschliche Mobilität. Sie alle bieten Möglichkeiten, um Grenzüberschreitungen, ethische, kulturelle und soziale Konflikte im Rahmen der Raumentdeckung und Fremderfahrung zu narrativieren. Längst sind sich Autoren bewusst, dass die Fremdwahrnehmung der Gefahr unterliegt, in einen kolonialen Blick umgewandelt zu werden. Neueste Literatur der Welterkundung hat die eurozentristische Perspektive aufgegeben.

Trojanows Der Weltensammler — Ilija Trojanow lotet in verschiedenen Reportagen, vor allem aber im Reiseroman *Der Weltensammler* (2006) „die Möglichkeiten interkulturellen Verstehens" aus (Streim 2010, S. 73), indem er die Globalisierung zum Gegenstand macht, obgleich er diesen Begriff kaum verwendet. Trojanow analysiert zugleich Kulturkonflikte als eine Folge, die aus der Nichtakzeptanz der neuen Heterogenität entsteht: Das Beharren auf Homogenität und Abgrenzung sind Gegenbewegungen zu einer auf Integration bedachten Globalisierung und erzeugen ein Konfliktpotenzial (vgl. Streim 2010, S. 75). Mit der Entscheidung, einen historischen Reiseroman über den Übersetzer, Forschungsreisenden und Kolonialoffizier Richard Francis Burton (1821–90) zu erzählen, eröffnet sich Trojanow im *Weltensammler* zudem die Möglichkeit, die gegenwärtige globale Situation zu reflektieren. Die Begegnung mit dem Orient dient ihm „als historische Folie für die Reflexion problematischer Identitätsbestimmungen in einer globalisierten, durch Mobilität und Diskontinuität geprägten Welt" (Streim 2010, S. 84).

Nobelpreis — Globale Literatur entsteht aber auch durch Literaturpolitik. Der Nobelpreis etwa ist eine Institution, die einem Autor schlagartig weltweite Aufmerksamkeit verleiht, mit der Folge, dass seine Bücher in die unterschiedlichsten Sprachen übersetzt werden. Daher richtet die Komparatistik ihr Augenmerk auch auf globale Marktmechanismen von Literatur und anderen Medien.

12.2 Das Internet als Medium des Globalen

Versteht man Globalisierung als Vernetzung, die neue soziale Großgruppen in neuen Raum-Zeit-Konstellationen verbindet, so kommt dem Internet bei diesem Vorgang eine zentrale Aufgabe zu. Als global zugängliches, jede Distanz überwindendes, transnationales Massenmedium ist das Internet (kurz für *interconnected network*) das Vehikel der Globalisierung – und damit auch der kulturellen Hybridisierung. Aus gutem Grund stammt der Ausdruck *global village*, der sich als Metapher für die globale Kommunikationsgesellschaft des Internets etabliert hat, aus der Medientheorie, namentlich von Marshall McLuhan, der den paradoxen Begriff schon in den 1960er-Jahren verwendete, um die Relativierung der globalen Ausmaße und Disparitäten durch die dank elektronischer Technik erreichte Verdichtung und Vernetzung zu beschreiben (vgl. McLuhan 1994).

Global village

Die in den letzten Jahrzehnten des 20. Jahrhunderts rasant zunehmende Computerisierung und Digitalisierung sowie die Etablierung des Internets als größte Innovation im Informationswesen seit Erfindung des Buchdrucks stellte die Weichen für den Anbruch des Informationszeitalters. Diesen kann man mit dem Beginn des digitalen Zeitalters spätestens um die Jahrtausendwende situieren: Anfang des dritten Jahrtausends wurden erstmals mehr Informationen digital als analog gespeichert. Für die Masse der Menschheit werden die Möglichkeiten der Vernetzung vor allem durch die Internetdienste Email und World Wide Web spürbar: Ersteres war in Militär und Wissenschaft in den USA schon in den frühen 1980er-Jahren in Gebrauch, Letzteres wurde im Wendejahr 1989 entwickelt, nach einem Beschluss im Jahr 1990 kommerziell nutzbar gemacht und für Amateure geöffnet, sodass es heute die wichtigste Plattform für Netzwerke darstellt.

Informationsgesellschaft im digitalen Zeitalter

Das globale Internet hat eine beachtliche prinzipielle Demokratisierung des Zugangs zum Weltwissen bewirkt – dafür steht paradigmatisch die auf einer ‚Schwarmautorschaft' basierende Enzyklopädie *Wikipedia*. Trotzdem bestehen noch ökonomischen Ungleichheiten entsprechende Asymmetrien in den Zugangsmöglichkeiten, auf die mit dem Begriff *digital divide* verwiesen wird. Auch staatliche Zensurmaßnahmen sind weltweit zu registrieren, desgleichen wirtschaftlich motivierte Rückbindungen des Netzes an staatliche Einheiten.

Digital divide

Ungeachtet dessen hat sich durch den globalen virtuellen Interaktionsraum nicht nur der globale ökonomische Markt, sondern durch unreglementierte Publikationsmöglichkeiten auch der literarische Markt verändert, was sich nicht zuletzt auf die Text-Ästhetik aus-

Text im Internet

wirkt. Zu differenzieren ist allerdings zwischen lediglich digitalisierter, in alter Form ins Netz gestellter Literatur und digitaler Literatur, die in ihrer Form nur im Netz entstehen bzw. erscheinen kann. Drei Begriffe, die oft ungenau synonymisch zum Oberbegriff „digitale Literatur" gebraucht werden, betonen je verschiedene Charakteristika: „Hypertext" verweist auf vom Text angebotene Navigationsalternativen, „Netzliteratur" auf Konnektivität im Sinne der Vernetzungsmöglichkeit der Nutzer und „interaktive Literatur" auf die Mitgestaltungsmöglichkeiten der Nutzer am Text (vgl. Simanowski 2007, S. 251).

Hypertextualität

Im Vergleich zu seiner Erscheinungsform als Handschrift oder im Printmedium hat sich Text dahingehend verändert, dass er auf Websites eine bildschirmgemäße Ästhetik aufweist, die vor allem durch Portionierung und Verlinkung der Fragmente gekennzeichnet ist. Für seine Rezeption bedeutet dies die Möglichkeit der nicht-linearen Lektüre. Der Begriff Hypertext wurde schon vor Erfindung des Internets für nicht-lineare Texte verwendet, wie sie die experimentelle, aber monomediale Literatur seit und insbesondere in den 1960er-Jahren hervorbrachte. Hypertextualität wurde darin zum Beispiel durch Angaben im Text realisiert, die den Leser zu je verschiedenen, inhaltlich unterschiedlichen Anschlussstellen lenken – wie in Julio Cortázars Roman *Rayuela* (1963), benannt nach dem Kinderspiel, das im Deutschen „Himmel und Hölle" heißt, oder in Andreas Okopenkos 1970 erschienenem *Lexikon Roman*. Eine andere Variante von Hypertextualität legte Marc Saporta 1961 in seinem ‚Kartenspiel-Roman' *Composition No. 1* vor, der dem Leser durch Verteilung des Textes auf lose, unpaginierte Blätter die Reihenfolge der Lektüre selbst überlässt. Die daraus folgende Unabschließbarkeit der vermittelten Geschichte stellt Autoren von sogenannter *hyperfiction* vor narrative Herausforderungen hinsichtlich plot, Spannungsentwicklung und -auflösung. Dass ‚Hypertexte' nicht unbedingt digitaler Art und auch nicht verpflichtend in Prosa verfasst sein müssen, zeigt Raymond Queneaus kombinatorisches Sonett *Cent mille millards de poèmes* (1961), das der Leser jedes Mal, wenn er das Werk in die Hand nimmt, neu erschafft: Hier sind sämtliche Verse aus zehn Sonetten jeweils auf feste Papierstreifen gedruckt, die man beim Blättern beliebig miteinander zu einem vertikalen Gedicht kombinieren kann.

Digitaler Hypertext

Digitaler Hypertext ist also eine Fortsetzung a-linearer erzähltechnischer Experimente, erlaubt darüber hinaus aber auch die Vernetzung und Mitgestaltung der Nutzer. Gemäß einem Vorschlag des

Medienwissenschaftlers Roberto Simanowski empfiehlt es sich, als Netzliteratur nur solche zu bezeichnen, „die erst bzw. nur dank kollaborativer Vernetzung der Nutzer existieren kann" (Simanowski 2007, S. 251).

Netzliteratur

Die sogenannte Interaktivität definiert Simanowski, zwischen zwei Arten differenzierend, als „Teilhabe des Rezipienten an der Konstruktion des Werkes, die in Reaktion auf die Eigenschaften des Werkes erfolgen kann (programmatische Interaktivität zwischen Mensch und Software) oder in Reaktion auf Handlungen anderer Rezipienten (netzgebundene Interaktivität)" (Simanowski 2007, S. 248). Man denke zum einen an die bereits erwähnten Entscheidungsmöglichkeiten bei der Rezeption eines hypertextuellen Werkes, zum anderen an die auf Initiativen Einzelner reagierenden, in kollektiver Autorschaft verfassten Texte, die oftmals Amateure erst zu Autoren werden lassen und eine Vielzahl lokal disparater Individuen zu einem Projekt zusammenbringen.

Interaktivität

Dabei entstehen neue Schreibgenres wie der Webblog, der einmal eher die Funktion eines Tagebuchs, ein anderes Mal eher die eines Kommentarforums hat. Die Herausbildung derartiger Formen sozialer Interaktion verdankt sich neben den technisch-strukturellen Rahmenbedingungen des Internets auch seiner ‚demokratischen' Nutzbarkeit, dem Wegfall äußerer Kontrolle. Um eben solche Möglichkeiten der Interaktivität zu betonen und von passiver Rezeption abzugrenzen, kann man den Begriff des *global village* durch den weniger bekannten des *global theatre* ersetzen – ein Begriff, der auch insofern passt, als die Internetkommunikation zu neuen Formen der Selbstdarstellung (*self-fashioning*) geführt hat.

Neue Schreibgenres

Neben der Interaktivität zählt Simanowski die Intermedialität und die ‚Inszenierung', das heißt die „Programmierung einer bestimmten Verhaltensweise des Werkes in Raum und Zeit während der Rezeption" (Simanowski 2007, S. 248) zu denjenigen Charakteristika digitaler Medien, die sich die digitale Literatur besonders zunutze macht. Ein Beispiel für die Kinetisierung eines Textes wäre das animierte *Shaken Spears Sonnet* (→ KAPITEL 11.2); ein anderes, das ebenfalls eine Replik auf einen mittlerweile kanonischen Text darstellt, ist Johannes Auers *worm applepie für doehl* (vgl. Auer 1997): Der Netzkünstler lässt hierbei Reinhard Döhls *apfel* (1965), eines der bekanntesten Werke der Konkreten Poesie, schrittweise von einem immer größer werdenden Wurm zerfressen, der analog zum Apfel freilich auch nur aus dem Wort „Wurm" besteht. Die genannten Werke kann man selbstredend nur im Internet ansehen.

Inter- und Multimedialität im Internet

Die Digitalisierung bringt neue Formen von Intermedialität mit sich, die dadurch gekennzeichnet sind,

„dass die Transposition eines (medial konfigurierten) Zeichens in ein anderes System von Zeichen auf der Grundlage eines gemeinsamen Nenners erfolgt, nämlich eines digitalen Codes. Der digitale Code nivelliert, so scheint es zumindest, die Differenz zwischen den Medien Schrift, Ton und Bild. [...] Zwar ermöglicht die digitale Technik der Datenverarbeitung durch die ‚Beliebigkeit der Konfiguration' die Verschmelzung der vormals differenten Medien, zugleich verdeckt sie aber aufgrund ihrer Integrationsfunktion die Differenzqualität der einzelnen Medien und macht dadurch die intermedialen Transformationsprozesse ‚unsichtbar'." (Wirth 2007, S. 261)

Deshalb wird der Computer von Anfang an als „totaler Medienverbund" angesehen (Kittler 1986, S. 8), während alternativ von der „Hybridisierung" von Medien die Rede ist (McLuhan 1994, S. 84).

Es versteht sich, dass nicht nur die Literatur durch die digitalen Rahmenbedingungen verändert wird, sondern auch die Komparatistik, da das Netz neben seiner Funktion als Wissensspeicher auch Vehikel für den Kultur- und Medienvergleich sowie Ort der wissenschaftlichen Kommunikation ist.

12.3 Komparatistik und Globalisierung

Der Romanist Erich Auerbach, der vor den Nationalsozialisten nach Istanbul geflohen war und dort den komparatistischen Klassiker *Mimesis* (1946) verfasst hatte, veröffentlichte 1952 eine wichtige Programmschrift für eine *Philologie der Weltliteratur*. Seine Frage, wie man Philologie jenseits einer nationalsprachlichen Überlieferung betreiben soll, bleibt bis heute offen bzw. verlangt zu jeder Zeit neue Antworten (vgl. die Beiträge in: Damrosch / Melas / Buthelezi 2009, S. 309–420). Die Komparatistik in einer globalisierten Welt muss sich gegen den Vorwurf behaupten, sie sei entgegen ihrem globalen Anspruch ein bescheidenes intellektuelles Unternehmen, „fundamentally limited to Western Europe, and mostly revolving around the river Rhine (German philologists working on French literature)" (Moretti 2000, S. 54). Lange Zeit bestand die in Europa betriebene Komparatistik tatsächlich darin, Gemeinsamkeiten der europäischen bzw. ‚westlichen' Literatur herauszuarbeiten, wobei sich neben den Deutschen vor allem die Franzosen hervortaten. So wichtig die ver-

Philologie der Weltliteratur?

gleichende Erforschung der abendländischen Literaturgeschichte für ihr Verständnis ist, so wenig wird ein solches Wissenschaftsverständnis der gegenwärtigen globalen Literaturproduktion gerecht.

Einer global orientierten Komparatistik kann es nicht allein darum gehen, den Gegenstandsbereich von Europa und Nordamerika auf die ganze Welt auszudehnen, zumal es hierfür ja die Spezialwissenschaften wie die Orientalistik oder Afrikanistik gibt. Ihr globaler Anspruch muss sich stattdessen darin realisieren, dass die Komparatistik einerseits (unter dem vielbedeutenden Schlagwort „Weltliteratur") literarische Diskurse untersucht, die sich selbst als global verstehen, andererseits selbst global funktionierende Wissenschaftsdiskurse entwickelt, die sich von nationalen Wissenschaftstraditionen lösen und unterschiedliche Wissenschaftspraktiken miteinander kompatibel machen.

<small>Global orientierte Komparatistik</small>

Richtet man den Blick zunächst auf den Forschungsgegenstand und seine wissenschaftliche Wahrnehmung, so lautet eine wichtige Frage: Wie ist eine globale Literaturgeschichte der Weltliteratur denkbar? Eine Antwort darauf offeriert Pascale Casanova mit ihrer Studie *République mondiale des lettres* (1999), in der sie auf der Basis von Pierre Bourdieus Feldtheorie die Ausbildung einer internationalen Literatur in geografisch *de facto* nationalen Räumen und vor dem Hintergrund der Marktmechanismen untersucht. Das Konzept einer ‚Weltrepublik der Literatur' lässt außer Acht, dass nicht alle Autoren Aufnahme in diese ‚Republik' finden, sich also nicht auf dem literarischen Weltmarkt etablieren können. Anschaulich gemacht wird das Konzept anhand der Situation in der ersten Hälfte des 20. Jahrhunderts, als Paris als die ‚literarische Hauptstadt' dieser Weltrepublik der Literatur galt und es demnach entscheidend war, ob ein Autor in Paris verlegt oder übersetzt wurde. In diesem Raum kann man die Konkurrenz von ‚nationaler' und ‚internationaler' Literatur beobachten – wobei sich der Blick darauf freilich selbst den Vorwurf des Paris- oder Franko-Zentrismus gefallen lassen muss, was auf das Grundproblem des fehlenden internationalen Raumes verweist. Casanovas Studie führt selbst ungewollt vor, wie das idealistische Konzept einer ‚Weltliteratur' aufgrund der herrschenden Unübersichtlichkeit an der in konkreter historischer Forschung unvermeidbaren Fokussierung und damit an unwillkürlicher Kanonisierung scheitert.

<small>République mondiale des lettres</small>

Generell zeigt sich, dass sich eine solche ‚Weltrepublik' prinzipiell in Kämpfen zwischen Zentrum bzw. einigen wenigen Zentren und Peripherien formiert und dass ‚Weltliteratur' zwar an vielen Orten entstehen mag, aber erst mit ihrer Wahrnehmung an einem bestimmten ‚Ort' zu solcher gemacht wird. Einen virtuellen ‚internationalen' Raum, der bessere Voraussetzungen bietet als jeder nationale, stellt heute das Internet dar. Darin sieht jedoch keine Chance, wer polyzentristische Strukturen wegen fehlender Ordnung als anarchisch kritisiert.

Bleibt man beim Gegenstand der Komparatistik, so empfiehlt sich alternativ eine praktischere Definition von Weltliteratur, von der in gewisser Hinsicht die Kanonauswahl des vorliegenden Bandes ausgeht (→ KAPITEL 13.2): David Damrosch versteht Weltliteratur nicht als Kanon von Texten oder ein bestimmtes Guthaben kulturellen Kapitals, sondern als „mode of reading" (Damrosch 2003, S. 281). Sobald Literatur jenseits ihres Entstehungskontextes übersetzt, gelesen, interpretiert, kommentiert, inszeniert oder adaptiert wird, kann von Weltliteratur gesprochen werden. Die Tradition der Weltliteratur wird nach Damrosch gerade durch nicht nationalliterarische Überlieferungsprozesse gestiftet und lebt von der kulturellen Divergenz zwischen Ausgangs- und Zielkultur.

<small>Weltliteratur als „mode of reading"</small>

Die anhaltende Diskussion über den Begriff der Weltliteratur zeigt, dass diese nicht nur Hauptgegenstand der gegenwärtigen Komparatistik ist, sondern dass die Globalisierung eine Neukonzeption des Begriffes verlangt. Weltliteratur und Globalisierung sind aufeinander bezogen, sodass letztlich alles weltliterarisch von Interesse sein kann, was in irgendeiner Weise mit Globalisierung und Globalität zusammenhängt. Seit der Jahrtausendwende ist die Globalisierung für die Komparatistik ein wichtiger Forschungsgegenstand (Schmeling/Schmitz-Emans/Walstra 2000). Im Jahr 2011 widmete sich der Jahreskongress der Deutschen Gesellschaft für Allgemeine und Vergleichende Literaturwissenschaft dem Thema „Figuren des Globalen" (veranstaltet von Christian Moser und Linda Simonis). Im Zentrum standen der Gegensatz von Lokalität und Globalität, mit diesem verbundene transgressive Phänomene, Mehrsprachigkeit, globale Visualisierungsstrategien, Welterzeugung und Weltdarstellung in der Literatur, geopoetische Konzepte, der Zusammenhang von Handel, Verkehr und Migration für die Bildung von Globalität, Weltwissen, Weltdiskurse sowie poetische Weltgenres – und natürlich der Begriff der Weltliteratur selbst, dessen Interpretation entscheidend für das jeweilige Fachverständnis ist.

<small>Aktuelle komparatistische Forschung:</small>

<small>Figuren des Globalen</small>

Begriffsgeschichtliche Forschungen, die sich transnationalen Modellen der Literaturbeschreibung widmen (vgl. Goßens 2011), werden von einer global orientierten Komparatistik ebenso behandelt wie strukturelle Fragen nach der Leistung von Literatur, Welten zu entwerfen. Autoren zeigen immer wieder die Tendenz, das Nationale im Reich der Literatur zu transzendieren. Literatur ist als Medium trotz der sprachlichen Begrenzung darauf aus, ganzheitliche Weltkonzepte vorzustellen.

Neben der historischen Erforschung globaler Konzepte der Literaturgeschichtsschreibung und der Literaturtheorie (vgl. Lindberg-Wada 2006) sowie von ästhetischen Weltentwürfen in der Literatur widmet sich eine globale Komparatistik den gegenwärtigen Globalisierungsprozessen, wie sie sich in der Literatur nicht nur widerspiegeln, sondern von ihr sogar vorangetrieben werden (vgl. Stockhammer 2010).

Einige Vorschläge zur Frage, welche Voraussetzungen für eine ‚globale Lektüre' gegeben sein müssten, macht Reichardt (→ ASB REICHARDT, KAPITEL 9.4): Dazu gehört nicht nur die einem erweiterten Literaturbegriff entsprechende Praxis im Umgang mit verschiedenen Medien (Internet, Film, u. a.) und deren Zeichensystemen, sondern auch die Berücksichtigung einer Vielheit von (nationalen, kulturspezifischen) Bezugsrahmen, während das Weltganze aber der zentrale Horizont bleibt. „Globale Lektüren müssen vergleichen und übersetzen", heißt es hier (→ ASB REICHARDT, S. 142) – womit sie implizit dem Aufgabenbereich der Komparatistik zugewiesen werden, die eben diese Kernkompetenzen kennzeichnet.

<small>Globale Lektüre</small>

Der geforderte Ansatz einer Multiperspektivierung bei gleichzeitiger ganzheitlicher Betrachtung bedarf notwendig einer Erweiterung der in einzelnen Bildungs- und Kulturräumen erworbenen Kompetenzen und der kritischen Überprüfung von lokal praktizierten Methoden. Dies erfordert nicht nur interdisziplinäre, sondern auch internationale Kooperationen, das heißt die Internationalisierung der Komparatistik selbst. Einen wichtigen Teil trägt dazu die *International Comparative Literature Association* (ICLA) bei, die einzelne Komparatisten ebenso zusammenführt wie nationale Verbände miteinander verbindet, zum Beispiel die analog lautende amerikanische ACLA, die britische BCLA, die kanadische CCLA mit der *Comparative Literature Association of India* (CLAI) oder der *Deutschen Gesellschaft für Allgemeine und Vergleichende Literaturwissenschaft* (DGAVL). Sowohl die von diesen Verbänden organisierten internationalen Konferenzen als auch deren Publikationsorgane sind unentbehrliche Foren für den meist in englischer Sprache stattfindenden wissenschaftlichen Austausch und befördern das gemeinsame Forschen an großen Themen. Der Sicherung eines übergreifenden Qualitätsstandards dienen dabei anonyme Begutachtungsverfahren (*peer review*), die mittlerweile auch Online-Zeitschriften implementiert haben: Denn ebenso wie für globale Literatur ist das Internet auch für die globale Komparatistik zentrales Kommunikationsmedium geworden.

<small>Globalisierte Komparatistik</small>

Fragen und Anregungen

- Inwiefern unterscheidet sich die Literatur von den ökonomischen, juristischen oder politischen Diskursen zur Globalisierung?
- Skizzieren Sie drei Typen globaler Literatur und recherchieren Sie jeweils ein Textbeispiel.
- Welche Rolle spielt das Internet für die Herausbildung einer globalen Literatur?

Lektüreempfehlungen

- **Ulfried Reichardt: Globalisierung. Literaturen und Kulturen des Globalen**, Berlin 2010 (= ASB Studienbuch). *Beleuchtet die Globalisierung aus politischer, historischer, ökonomischer und kultureller Sichtweise anhand zahlreicher Beispiele und der Präsentation der wichtigsten Sekundärliteratur.*
- **Roberto Simanowski (Hg.): Digitale Literatur.** Sonderband Text und Kritik 152 (2001). *Der einführende Sammelband bietet eine Typologie der digitalen Literatur, reflektiert die veränderten Bedingungen einer Literatur im digitalen Medium sowie über Autorschaft und Rezeptionsverhalten im Netz.*
- **Horst Steinmetz: Globalisierung und Literatur(geschichte)**, in: Manfred Schmeling / Monika Schmitz-Emans / Kerst Walstra (Hg.), Literatur im Zeitalter der Globalisierung, Würzburg 2000, S. 189–201. *Davon ausgehend, dass Globalisierung nicht nur dazu führt, die Welt zu vereinheitlichen, versucht der Aufsatz zu zeigen, dass Globalisierung das Bewusstsein für kulturelle Differenz und Regionalität schafft. Diese Alterität und Differenz betonende globale Literatur wird der Weltliteratur der Moderne des 20. Jahrhunderts entgegen gestellt, die in abstrakten Konstellationen eher das Gemeinsame betont hatte (Samuel Beckett, Franz Kafka).*
- **Elke Sturm-Trigonakis: Global playing in der Literatur. Ein Versuch über die Neue Weltliteratur**, Würzburg 2007. *Vor allem Literatur, die vor dem Hintergrund kultureller Wechselbeziehungen in den unterschiedlichsten Kontexten entstanden ist und diese Besonderheit durch Hybridisierung und Sprachmischung reflektiert, ist Gegenstand dieser Studie, die damit zugleich Merkmale einer Literatur festmacht, die derzeit für die Literatur der ganzen Welt prägend sind.*

13 Weltliteratur lesen

Alexander Nebrig, Evi Zemanek

Abbildung 18: Giuseppe Arcimboldo: *Der Bibliothekar* (1566)

Giuseppe Arcimboldos aus Büchern bestehender Mensch ist eine der originellen Hybridkreationen aus Porträt und Stillleben, für die der italienische Maler aus der Spätrenaissance bekannt ist und die ihn dem Manierismus zuweist. Mit diesem Konzept hinterfragt er subtil und geschickt das bis dato in der Renaissancemalerei vorherrschende Diktat der zu perfektionierenden Naturnachahmung (imitatio naturae), indem er zwar einzelne Gegenstände, wie hier die Bücher, realitätsgetreu abbildet, sie in ihrem Arrangement jedoch zweckentfremdet und damit ein Porträt kreiert, das zwischen Realitätsferne und dennoch vorhandener Menschenähnlichkeit schwankt.

In der Literatur- und Kunsttheorie konkurriert die *imitatio naturae* mit der *imitatio auctorum*, der Nachahmung anderer Autoren bzw. Künstler, die gerade in der italienischen Renaissance programmatisch gestärkt wurde: Die Wiederentdeckung antiker Werke führte zur Ausweisung bestimmter ‚Klassiker' und damit zur Konstituierung eines ‚Kanons'. So erklärte Petrarca die antiken Autoren auf der Schwelle zur Frühen Neuzeit zu nachahmungswürdigen ‚Klassikern', ebenso wie anderthalb Jahrhunderte später, nunmehr im Buchdruckzeitalter, sein Herausgeber Pietro Bembo die Trias Dante, Petrarca, Boccaccio zum Muster der von diesen Autoren begründeten italienischsprachigen Literaturgattungen erhob. Damit werden qualitative Maßstäbe geschaffen und Werke zu ‚Prätexten' gemacht, von denen sich künftige Generationen inspirieren lassen – so wie die Surrealisten Jahrhunderte später von Arcimboldo.

Das folgende Kapitel reflektiert die Problematik eines auf ästhetischer Wertung beruhenden normativen Kanons, skizziert die verschiedenen Facetten der Weltliteratur als Gegenstand der Komparatistik und bietet anstelle einer langen (notwendig unabschließbaren) Liste von Lektüreempfehlungen eine kurze: Das stark begrenzte Korpus veranschaulicht die intertextuellen Relationen, die das jeweilige Werk zu einem besonders geeigneten Gegenstand komparatistischer Forschung machen. Dieser Einblick soll zeigen, was schon Arcimboldo visualisiert: Der Komparatist ist, was er liest.

13.1 Vom Nutzen und Nachteil eines Kanons
13.2 Kleiner Kanon der Weltliteratur für Komparatisten

13.1 Vom Nutzen und Nachteil eines Kanons

Versteht man unter einem Kanon ein begrenztes, auf Selektion basierendes Textkorpus, das eine bestimmte Interessengruppe für wertvoll befindet und deshalb zur Lektüre, zum Studium und zur Überlieferung empfiehlt, so handelt es sich um ein uraltes Phänomen, das sich in jeglicher Schul- und Lehrpraxis sowie in allen literaturgeschichtlichen Schriften manifestiert. Ebenso wirkt es – schon vor Anwendung des Begriffs auf Literatur – seit dem 17. Jahrhundert auf dem Buchmarkt der „belles lettres" (der späteren Belletristik) in den ‚Klassikerausgaben'. Wurde den europäischen Lesern der Aufklärung in dieser Form schon ‚Weltliteratur' *avant la lettre* angeboten, so konkurrierte damit bald das Bedürfnis nach nationalen Kanones, wie sie Literaturgeschichten implizit konstituieren. Die genannten Kontexte deuten auf die drei Hauptfunktionen eines Kanons hin, der dafür keineswegs als Liste, wie man sie heute aus Lehrbüchern und Organen des Buchmarkts kennt, vorliegen muss: Indem er die Werte einer Gruppe oder Gesellschaft repräsentiert, dient ein Kanon der Identitätsstiftung, Selbstlegitimation und Handlungsorientierung (vgl. Winko 2007, S. 257–264). Mit dem normativ-präskriptiven Moment (griechisch *kanón* = Maßstab) geht eine eingeschränkte Validität einher, repräsentiert der Kanon doch stets nur eine gesellschaftliche Gruppe, wie etwa das Bildungsbürgertum, oder eine kulturell homogene Gemeinschaft. Deshalb wird er in heterogenen und multikulturellen Gesellschaften zum Zankapfel.

<small>Konzept und Funktionen eines Kanons</small>

Als Ergebnis einer im letzten Drittel des 20. Jahrhunderts in den Literatur- und Geisteswissenschaften virulent gewordenen Kanondebatte, die sich immer wieder und zuletzt an Harold Blooms *The Western Canon* (1994) neu entzündete, ist heute zum einen ein dezidierter Kanonverzicht, zum anderen sowohl innernational als auch international eine Kanon-Pluralität festzustellen. Der propagierte Verzicht setzt sich in der literaturwissenschaftlichen Praxis allerdings kaum durch.

<small>Kanondebatte</small>

Vielmehr sind infolge der vielstimmigen Kritik an der dem traditionellen westlichen, ‚männlichen' Kanon inhärenten Ausgrenzung und Abwertung literarischer Werke von Frauen und verschiedensten kulturellen ‚Randgruppen' neben den einstmals dominanten akademischen und bildungsbürgerlichen Kanon verschiedenartig ausgerichtete populärkulturelle und feministische sowie neben den ‚eurozentristischen' zahlreiche alterkulturelle (Gegen-)Kanones getreten. Jegliche Literaturwissenschaft hat freilich beide Stoßrichtungen der

<small>Kanon-Pluralität</small>

Expansion bzw. Pluralisierung zu berücksichtigen; für die Komparatistik ist die transnationale, transkulturelle besonders brisant und erweist sich als große Herausforderung bei der Kanonbildung. Ist das Problem schon theoretisch-konzeptuell schwer lösbar, so erweist es sich als praktisch unmöglich, hält man am Ziel einer ‚Liste' fest.

Lange Zeit beschränkten sich die von diversen Institutionen veröffentlichten Kanones ganz auf einzelne Nationalliteraturen. Eine gewisse Erweiterung der Perspektive, die international Beachtung erfuhr, vollzog Harold Bloom mit dem bereits erwähnten, umstrittenen Katalog (*The Western Canon*, 1994), der dennoch ‚nur' die abendländische Literatur in Betracht zieht. Im selben Jahr gaben auch Germanisten eine um fremdsprachige Literaturen erweiterte umfangreiche „Leseliste" heraus, doch steht die deutsche Literatur klar im Zentrum (Griese et al. 2002 [zuerst 1994]), wie dies ebenso für die anglophone Literatur in Blooms Kanon gilt. Damit wird ein Grundproblem der Kanonbildung deutlich (vgl. Heydebrand / Winko 1996; Heydebrand 1998; Arnold / Korte 2002), nämlich ihre zwangsläufige und trotz komparatistischer Erweiterung stets sichtbar bleibende Perspektivierung. So ist jede Auswahl vom kulturellen und historischen Kontext sowie vom subjektiven Lektürehorizont der Auswählenden geprägt.

Problem eines weltliterarischen Kanons

Trotzdem ist eine nationalphilologische Begrenzung für die Komparatistik ausgeschlossen, da das Fach sich als Gegenstand die Weltliteratur wählt. Diese kann man prinzipiell unterschiedlich definieren, nämlich relational, qualitativ, quantitativ und soziologisch (vgl. Lamping 2005, S. 7; Birus 2003; Lamping 2010a).

Bedeutungsspektrum von Weltliteratur:

– relational

Die relationale Auffassung fokussiert die Relationen zwischen Literaturen, Autoren und Werken, wie es Goethes Idee von Weltliteratur entspricht, die, wohlgemerkt in produktionsästhetischer Perspektive, den „Austausch zwischen Autoren verschiedener Literaturen" (Lamping 2005, S. 8) propagiert, der vor Goethes Zeit nur vereinzelt stattgefunden hatte, seitdem aber stetig zunahm. Die qualitative Auffassung zählt – wie es Bloom tut – nur die besten Werke zur Weltliteratur, das heißt, es wird eine problematische ästhetische Wertung vorgenommen; die quantitative Definition hingegen umfasst alle Literatur der Welt und wendet sich mit dieser integrativen Geste etwa gegen einen eurozentristischen, normativen Kanon – und untergräbt so im Grunde jegliche Kanonbildung. Die literatursoziologische Auffassung schließlich betrachtet die Weltliteratur als Resultat zunehmender Internationalisierung (vgl. Steinmetz 1988) und ist damit gut an die gegenwärtige Globalisierungsdebatte anschließbar. Betrachtet

– qualitativ

– quantitativ

– soziologisch

man in diesem Sinne Weltliteratur als zeitgebundenes Phänomen, so verträgt sich dies jedoch nicht mit einem transhistorischen ‚Kanon'. Streitbar bleibt dabei, ob die Globalisierung notwendig zu einer ‚Homogenisierung der Literatur' (Lamping 2005, S. 11, vgl. Steinmetz 1988; Auerbach 1992, S. 83f.) oder zur bemühten „Erhaltung von Differenz" (Lamping 2005, S. 11, vgl. Bachmann-Medick 1998) führt.

Die im Folgenden präsentierte Leseliste entspricht konzeptuell dem auch schon von Dieter Lamping stark gemachten ‚intertextuellen' Verständnis von Weltliteratur als einem „Beziehungssystem von Texten verschiedener Literaturen" (Lamping 2005, S. 12). Diese Beziehungen müssen jedoch erst angezeigt werden. Bei einer wie hier vorgenommenen Vorstellung des einzelnen Werkes in seiner intertextuellen Vernetzung kann sowohl dessen Referenz auf vorherige bedeutende Werke als auch dessen produktive Rezeption (vgl. Barner 1971) in nachfolgenden Werken beleuchtet werden – mit Lamping kann man diesbezüglich von einer „aktiven" vs. einer „passiven Teilhabe an der ‚Weltliteratur'" sprechen (Lamping 2005, S. 13). Wir machen, wo möglich, beide Aspekte sichtbar, erachten jedoch die rezeptionsästhetische Perspektive für ausschlaggebend für die notwendig inter- oder transnationale Bedeutung des Werkes (vgl. Damrosch 2003).

<small>Weltliteratur als Prä- und Intertext</small>

Die von uns ausgewählten Werke sind so wirkmächtig, weil sie Gattungen oder Schreibweisen begründen oder entscheidend transformieren und sich dies international auswirkt. Sie haben sich in semantischer und ästhetischer Hinsicht gleichermaßen als komplex und als vielseitig anschlussfähig erwiesen – das heißt, sie besitzen die beiden Merkmale, welche oft entscheidend sind für die Aufnahme in einen Kanon (vgl. Winko 2007, S. 254–264). Freilich kann hier nur ein kleiner Einblick in die komplexen Verflechtungen der Weltliteratur gegeben werden, und dieser Nukleus ist von Studierenden unbedingt selbstständig zu erweitern.

Wie die anderen im Rahmen der deutschsprachigen und europäisch institutionalisierten Komparatistik veröffentlichen Kanones muss sich auch der Unsere den Vorwurf einer (die amerikanische Literatur mit einbeziehenden) ‚eurozentristischen' Perspektive gefallen lassen. In der Tat ist er ein spezifisch fokussierter Ausschnitt aus dem Kern des westlichen Kanons. Dessen Manko wird hier jedoch in Kauf genommen, lassen sich intensive und extensive intertextuelle Relationen einzelner europäischer Werke doch in eben diesem abendländischen Kontext entdecken. Die Perspektive entspricht den traditionellen Forschungsgegenständen europäischer Literaturwissenschaft und den vorauszusetzenden Basiskompetenzen einer in Europa praktizierten

<small>Perspektive einer ‚europäischen' Komparatistik</small>

Komparatistik. Gleichwohl hat diese Komparatistik den Blick nicht erst im Zuge postkolonialer Studien längst auf viele anderen Weltkulturen und deren Literaturen erweitert und setzt dies stetig fort. Die lobenswerte Absicht, sämtliche Literaturtraditionen der Welt zu integrieren (vgl. Griese et al. 2002; Lamping 2005) wäre in einem größeren Rahmen und mit einem größeren Autorenteam umzusetzen, das vereint entsprechend breite, diverse philologische Kenntnisse besitzt und die hier angestrebte inhaltlich qualifizierte Kommentierung leisten kann.

Nachteil und Nutzen dieses ‚Kanons'

Unsere Auswahl ist nicht normativ intendiert, gleichwohl empfiehlt sie die Lektüre der Werke – und zwar nur als einen ersten Schritt auf dem Feld der Weltliteratur. Demnach beantwortet dieser Katalog nicht die Frage, welche Werke ein Komparatist gelesen haben muss – denn ein Komparatist liest viel mehr, als hier aufgelistet werden könnte, und er liest nicht nur bereits kanonische Texte.

Es folgen dreißig Hinweise auf Werke von Sapphō bis Virginia Woolf, die in anderen Texten, aber auch in Film, Musik, Bildkunst und anderen Medien produktiv rezipiert wurden. Die intertextuelle und intermediale Vernetzung dieser Werke kann gut skizziert werden und ihre Kenntnis bietet daher eine wichtige Grundlage für komparatistisches Arbeiten und literatur- bzw. kulturgeschichtliches Denken. Aufgrund dieser wirkungsgeschichtlichen Begründung der Auswahl versteht es sich, dass die Moderne, also die erste Hälfte des 20. Jahrhunderts, eine vorläufige Grenze sein möge.

Auf Handlungssynopsen, wie sie sich beispielsweise in *Kindlers Literaturlexikon* finden, wird zugunsten von Hinweisen auf die Wirkungsgeschichte verzichtet (vgl. dazu auch Duden 2011). Die aufgezeigten Beziehungen können zugleich für Hausarbeiten aufgegriffen und erörtert werden. Die genannten Übersetzungen, deren Zahl auf maximal drei begrenzt ist und die in der Regel in der Komparatistik viel verwendet werden, sind lediglich eine Empfehlung für Einsteiger, die nicht auf einem ultimativen Qualitätsurteil beruht.

13.2 Kleiner Kanon der Weltliteratur für Komparatisten

Griechische Antike – Lyrik

Sapphō: Das lyrische Werk, um 600 v. Chr.; Übersetzungen: Emil Staiger, Dietrich Ebener, Joachim Schickel. – Von der zehnten Muse, wie man sie in der Antike nannte, sind nur Fragmente und wenige ganz erhaltene Gedichte wie die *Ode an Aphrodite* überliefert. Sapphische Lyrik war als Ausdruck intimer Subjektivität nicht nur für Dichter wie Catull oder Horaz vorbildlich, sondern bis in die Neuzeit modellbildend für weibliche Autorschaft überhaupt (vgl. Reynolds 2000). Von Louise Labé in der Renaissance bis zu Marguerite Yourcenar (*La Couronne et la Lyre* [Die Krone und die Leier], 1986) sind Bezugnahmen bezeugt. Die pädagogische Praxis des Mädchenkreises der Sapphō wurde in der späteren Deutung ins Erotische verkehrt. Das Leben der Lyrikerin stieß bei (männlichen) Dichtern als literarischer Stoff weltweit auf Interesse, etwa bei Franz Grillparzer (*Sappho*, 1818). Bildliche Darstellungen der Dichterin sind zahlreich; berühmt ist Raffaels Sappho im *Parnass* (1510/11).

Homer: *Ilias* und *Odysseia* (deutsch: *Ilias/Odyssee*), beide zweite Hälfte des 8. Jh. v. Chr., literarisch belegt erst um 600 v. Chr.; Übersetzungen: Johann Heinrich Voß, Wolfgang Schadewaldt. – Die beiden ersten, aus mündlicher Überlieferung schöpfenden Epen begründen die abendländische Tradition des Heldenepos. Sie umfassen je 24 Gesänge aus Hexameterversen in einer Kunstsprache bzw. Mischung verschiedener griechischer Dialekte. Vergil synthetisiert beide Handlungen (Trojanischer Krieg und Irrfahrt) in seiner *Aeneis* (um 29–19 v. Chr.). Die homerischen Epen dienten in Mittelalter und Renaissance als Musterbeispiele der Gattung und waren in der Literaturtheorie des Sturm und Drang bedeutsam. Insbesondere die *Odyssee* inspiriert den modernen Abenteuerroman, die produktive Rezeption erlebt einen Höhepunkt mit James Joyces *Ulysses* (1922). Lev N. Tolstoj stellte seinen Roman *Krieg und Frieden* (1868/69) in die Tradition des Kriegsepos der *Ilias*.

Griechische Antike – Epos

Sophokles: *Oidípous Týrannos* (deutsch: *König Ödipus*), um 425 v. Chr.; Übersetzungen: Friedrich Hölderlin, Emil Staiger, Wolfgang Schadewaldt. – Aristoteles bespricht das Drama in seiner *Poetik* als idealtypische Tragödie. Inzest, Vatermord und Erkenntniskrise des Ödipus gingen als Motive in die Weltliteratur ein. Nicht nur die direkte Auseinandersetzung Voltaires, der in *Œdipe* (1718) die Figur im Kontext der Aufklärung interpretiert, und Jean Cocteaus, der sich in *La machine infernale* (1934) auf das Wesen der Sphinx konzentriert, kennzeichnen die Rezeption. Als Vorbild des analytischen Dramas kehrt Sophokles' Stück wieder in Heinrich von Kleists Komödie *Der zerbrochne Krug* (1806). Die produktive Rezeption des 20. Jahrhunderts ist stark von Sigmund Freuds psychoanalytischer Deutung des Mythos geprägt. Verfilmt wurde die Tragödie von Pier Paolo Pa-

Griechische Antike – Tragödie

solini (*Edipo re* [1967]) und vertont auf der Basis von Cocteaus Text durch Igor Stravinskij (1927).

Römische Antike / Augusteisches Zeitalter

Vergil (Publius Vergilius Maro): *Aeneis*, um 29–19 v. Chr.; Übersetzungen: Johann Heinrich Voß, Emil Staiger. – Das Nationalepos der Römer, das den Gründungsmythos des Imperiums in 12 Büchern darlegt, war fast zwei Jahrtausende lang Pflichtlektüre humanistischer Bildung und galt dank seiner sprachlich-kompositorischen Perfektion bis zur Aufwertung Homers im 18. Jahrhundert als unangefochtener Mustertext. Dementsprechend viele Nachahmungen verzeichnet die Literaturgeschichte: z. B. den altfranzösischen *Roman d'Eneas* von unbekanntem Verfasser, auf den sich Heinrich von Veldeke im *Eneasroman* (1184/86) bezieht und damit den mittelhochdeutschen höfischen Roman begründet, oder auch das portugiesische Nationalepos *Os Lusíades* (1572) von Luís de Camões. Dante wählt Vergil als Vorbild zum fiktionsinternen Führer auf der Jenseitsreise in der *Divina Commedia* [*Die Göttliche Komödie*, um 1307–21]. Insbesondere die tragische Liebeshandlung zwischen Aeneas und Dido wurde zwischen Renaissance und Moderne auch in anderen Gattungen und Künsten adaptiert, wie in Drama und Oper, z. B. Francesco Cavallis *La Didone* (1641), Henry Purcells *Dido and Aeneas* (1689) und Hector Berlioz' *Les Troyens* (1858).

Ovid: *Metamorphoseon libri* (deutsch: *Metamorphosen / Verwandlungen*), um 1 v. Chr.–10 n. Chr.; Übersetzungen: Johann Heinrich Voß, Michael von Albrecht, Gerhard Fink. – Das Hexameterepos, dessen 15 Bücher die Geschichte von der Weltschöpfung bis ins Augusteische Zeitalter anhand von 250 Verwandlungen der Götter und Menschen in Tiere und Pflanzen durchlaufen, schöpft aus der griechischen und italischen Mythologie und tradiert deren Sagen in einzigartiger Bündelung. Unzählige literarische und bildkünstlerische Werke greifen einzelne Figuren heraus und schildern ihr prägnantes metamorphotisches Schicksal, das meist entweder Strafe oder Rettung bedeutet. Dies tun in jeweils sechs musikalischen Adaptionen auch die Komponisten Carl Ditters von Dittersdorf (Sechs Symphonien nach Ovids Metamorphosen, uraufgeführt 1786) und Benjamin Britten (*Six Metamorphoses after Ovid* für Solo-Oboe, op. 49, 1951). Eine typisch postmoderne transformative Reaktualisierung des Ovid'schen Werkes liegt mit Christoph Ransmayrs *Die letzte Welt* (1988) vor.

Dante Alighieri: *La Divina Commedia* (deutsch: *Die Göttliche Komödie*), um 1307–21; Übersetzungen: Karl Streckfuß, Rudolf Borchardt, Hermann Gmelin. – Das christliche Epos, das in drei symmetrischen Teilen und insgesamt 100 Gesängen aus Terzinen eine allegorische Reise durch die Jenseitsreiche (Hölle, Fegefeuer und Paradies) beschreibt und dabei ein Panorama des Wissens seiner Zeit und eine Parade historischer Personen bietet, markiert den Beginn der italienischen Nationalliteratur. Seit seiner Wiederentdeckung in der Romantik findet man zahllose literarische Referenzen auf seine Protagonisten, den Wanderer ‚Dante' und seine Führer Vergil und Beatrice, sowie auf einzelne Episoden; in der Moderne z. B. in den *Cantos* von Ezra Pound und T. S. Eliots Dichtung (vgl. Kuon 1993; Zemanek 2008). Als eines der meistillustrierten Werke der Weltliteratur schlägt sich die *Commedia* in der bildenden Kunst von Sandro Botticelli bis Auguste Rodin ebenso wie in diversen Comic-Adaptionen und neuerdings im Computer-Spiel *Dante's Inferno* (2010) nieder und hinterlässt ein anhaltendes Echo in Musik von Franz Liszts *Dante Sinfonie* (1857) bis zur Trilogie *Inferno / Purgatorio / Paradiso* (2002–06) der Elektronik-Band Tangerine Dream.

Zwischen Spätmittelalter und Früher Neuzeit

Francesco Petrarca: *Il Canzoniere* (deutsch: *Liederbuch*), Originaltitel: *Rerum vulgarium fragmenta*, um 1327–68; Übersetzungen: Karl Förster, Karlheinz Stierle. – Die Sammlung, die nach dem Introduktionsgedicht gemäß Jahrestagen 365 Gedichte enthält, steht am Anfang der abendländischen Liebeslyrik und der daran anknüpfenden Tradition des europäischen Petrarkismus. Selbst geprägt von dem aus der provenzalischen Trobadorlyrik und der Sizilianischen Dichterschule hervorgehenden „süßen neuen Stil" (*dolce stil novo*) sowie von Dantes *Vita Nuova*, aber auch von der Motivik in Ovids *Metamorphosen*, schlägt sich Petrarcas Lyrik international etwa bei Joachim du Bellay, Pierre de Ronsard, Luis de Góngora, Garcilaso de la Vega, Shakespeare und noch im Werk moderner Dichter nieder, wobei neben der Struktur des Sonett-Zyklus vor allem das Konzept der paradoxalen Schmerzliebe, begründet in der Unerreichbarkeit der geliebten Dame, imitiert wird.

Giovanni Boccaccio: *Il Decamerone* (deutsch: *Das Dekameron*), um 1349–53; Übersetzungen: August Wilhelm Schlegel, Karl Witte. – Als ‚Zehn-Tage-Werk' ist diese Sammlung von 100 Novellen laut zyklischer Rahmenhandlung das Ergebnis eines Unterhaltungsspiels von zehn jungen Adligen, die einander während eines zehntägigen Land-

Italienische Renaissance

aufenthalts anlässlich der im Sommer 1348 in Florenz ausgebrochenen Pest pro Person und Tag zu je neuem Leitthema je eine Novelle erzählen. Strukturell angelehnt an die Zahlensymbolik der *Divina Commedia*, inhaltlich jedoch durch weltlichen Humor und pikante Erotik abgewendet von mittelalterlicher Religiosität und Moral, diente das aus Anekdoten schöpfende, die Rahmenhandlung aus dem Orient importierende Werk in Italien als Modell für Prosa überhaupt und europaweit für nachfolgende Novellensammlungen wie Geoffrey Chaucers *Canterbury Tales* (Ende 14. Jahrhundert), Marguerite de Navarras *Heptaméron* (1559), Miguel de Cervantes' *Novelas ejemplares* (1613), Goethes *Unterhaltungen deutscher Ausgewanderten* (1795), Honoré de Balzacs *Contes drolatiques* (1832/37). Andere Werke beziehen sich gezielt auf Stoffe und Motive einzelner Novellen des *Decamerone* (vgl. z. B. Lessings Ringparabel in *Nathan der Weise*, 1779) – so auch die Bildkunst von Sandro Botticelli bis John Waterhouse.

17. Jahrhundert – England

William Shakespeare: *Hamlet [The Tragedy of Hamlet, Prince of Denmark]* (deutsch: *Die Tragödie von Hamlet, Prinz von Dänemark*), Erstdruck 1603; Übersetzungen: August Wilhelm Schlegel, Erich Fried. – Das ethisch vielseitige Stück über Trauer, Melancholie, Wahnsinn und Rache des Prinzen am Onkel Claudius, der Hamlets Vater ermordete, um die Mutter zur Frau zu nehmen und selbst König zu werden, ist wohl das am häufigsten adaptierte Drama. Besonders die psychologisch komplexe Titelfigur und ihr Reflexionsprozess, aber auch der Opheliastoff und einzelne berühmte Verse wurden in verschiedenen Künsten aufgegriffen und auf vielfältige Weise imitiert und transformiert. Neben Reaktualisierungen auf der Bühne wie Heiner Müllers Kurzdrama *Die Hamletmaschine* (1977), Opern- und Hörspielfassungen sowie über zwanzig Verfilmungen sind originelle Referenztexte, die Hamlets Geschichte neu perspektivieren, indem sie den Fokus auf Nebenfiguren verschieben oder die Vorgeschichte erzählen, Georg Brittings Roman *Lebenslauf eines dicken Mannes, der Hamlet hieß* (1932), Tom Stoppards Stück *Rosenkranz and Gildenstern are dead* (1966) und John Updikes Roman *Gertrude and Claudius* (2000).

17. Jahrhundert – Spanien

Miguel de Cervantes Saavedra: *El ingenioso hidalgo Don Quixote de la Mancha* (deutsch kurz: *Don Quijote*), Erstdruck 1605 (Teil I), 1615 (Teil II); Übersetzungen: Ludwig Tieck, Susanne Lange. – Als Parodie auf Ritterromane wie den berühmten *Amadís de Gaula*

(*Amadis von Gallien*, 1508) von Garci Rodríguez de Montalvo oder Ludovico Ariostos *Orlando Furioso* (*Rasender Roland*, 1516/32), deren Lektüre den Protagonisten Don Quijote verrückt macht, ist dieser Text aus Spaniens „Goldenem Zeitalter" (*Siglo de Oro*) eine frühe Form von Literatur über Literatur: Dieser mit Novellen gespickte Roman, der eine Bücherverbrennung darstellt, handelt von den Gefahren der Romanlektüre und schildert im zweiten Teil die Rezeption des ersten. Als Freundespaar, das den Konflikt zwischen Idealismus und Realismus verkörpert, gingen der ‚Ritter von der traurigen Gestalt' und sein Knappe Sancho Panza gleichsam als Archetypen ins Repertoire literarischer Figuren ein; die komische Konstellation zweier physisch und psychisch gegensätzlicher Figuren wird bis heute gern aktualisiert (vgl. Perrot 2003). Die Abenteuer der beiden sind vielfach illustriert, musikalisch verarbeitet (u. a. von Antonio Salieri, Jules Massenet, Richard Strauss, Maurice Ravel), als Ballett adaptiert und verfilmt worden. Literarische Auseinandersetzungen reichen von der deutschen Romantik bis zu Graham Greens *Monsignor Quixote* (1982).

Pedro Calderón de la Barca: *La vida es sueño* (deutsch: *Das Leben ein Traum*), um 1634/35; Übersetzungen: Max Kommerell, Eugen Gürster. – Das dreiaktige Versdrama des besten Dramatikers des spanischen *Siglo de Oro* stellt das Schicksal Sigismunds, Sohn des polnischen Königs Basilius, dar, der sich zwischen Kerker und Regentschaft, Leben und Traum bewegt. Es wurde vor allem aufgrund seiner philosophischen Tiefe vielfach adaptiert. Zu den Bearbeitungen zählen Franz Grillparzers *Der Traum ein Leben* (1840), Hugo von Hofmannsthals *Der Turm* (1927) und Pier Paolo Pasolinis Drama *Calderón* (1966) ebenso wie Giacomo Rossinis Oper *Sigismondo* (1814) und diejenige von Gian Francesco Malipiero, *La vita è sogno* (1940/41). Aber auch Heinrich von Kleists *Prinz Friedrich von Homburg* (1809/10) kann als Hypertext des spanischen Dramas gelesen werden (vgl. Leopold 2003).

Racine: *Phèdre* (deutsch: *Phädra*), Erstdruck 1677; Übersetzungen: Friedrich Schiller, Wolf Steinsieck, Simon Werle. – Racines mustergültige klassizistische Tragödie geht über Euripides' Dramatisierung des mythologischen Stoffes, der die Geschichte einer verschmähten Liebe erzählt, hinaus, indem sie das Personal erweitert und psychologisiert. Racines Meisterwerk wirkt vorbildlich auf den europäischen Neoklassizismus um 1800 (vgl. James/Jondorf 1994) und wurde mehrfach vertont, z. B. durch Jean-Philippe Rameau in der Oper *Hippolyte et*

17. Jahrhundert – Frankreich

Aricie (1733) oder Benjamin Britten (op. 93, 1976) auf Grundlage der amerikanischen Übersetzung von Robert Lowell (1960).

Molière: *Le misanthrope ou l'atrabilaire amoureux* (deutsch: *Der Menschenfeind oder der verliebte Melancholiker*), Uraufführung 1666; Erstdruck 1667; Übersetzungen: Luise Adelgunde Victorie Gottsched, Wolf Heinrich Graf Baudissin, Hans Magnus Enzensberger. – Molière, der Meister der Typenkomödie, greift für die Darstellung der Misanthropie auf die antike Tradition der Charakteristik zurück, an die vor ihm bereits Shakespeare für sein Drama *The Life of Timon of Athens* (deutsch: *Timon von Athen*, 1623) angeknüpft hatte. Aufgrund des sozialen Anspruchs geht der Franzose über die Vorlagen hinaus. Molières eigentlich tugendhafter Held Alceste wird zum sozialen Störfaktor, weil er die Spielregeln seiner Gesellschaft nicht anerkennt. Molières Gegensatz von Individuum und Gesellschaft wird von der optimistischen Literatur der Aufklärung kritisch aufgegriffen und personifiziert sich als Charakter in epischen Genres sowie in Dramen, etwa in Alexandr Sergeevič Griboedovs *Gore ot uma* (*Wehe dem Verstand*, 1824) oder in Hugo von Hofmannsthals *Der Schwierige* (1921). Der melancholische Menschenfeind wird in der Moderne zudem gleichbedeutend mit der Künstlerfigur etwa bei Thomas Bernhard (vgl. Jauss 1983).

Aufklärung – Großbritannien

Laurence Sterne: *The Life and Opinions of Tristram Shandy, Gentleman* (deutsch: *Leben und Ansichten von Tristram Shandy, Gentleman*), Erstdruck 1759–67 (9 Bände). Übersetzungen: Johann Joachim Christoph Bode, Rudolf Kassner. – Die fiktive Lebensgeschichte, die zugleich eine Parodie auf das Genre der Autobiografie ist, indem diese etwa nur fragmentarisch in den neun Bänden erzählt wird, charakterisiert sich formal durch das Moment der Abschweifung (Digression). Der in ganz Europa euphorisch rezipierte Roman (vgl. Voogd/Neubauer 2004) prägte Diderots *Jacques le Fataliste* (1778–80) und in Deutschland das Romanwerk Jean Pauls. In Brasilien folgte Sterne Joaquim Maria Machado de Assis mit *Memorias Postumas de Bras Cubas* (*Brás Cubas. Nachträge zu einem verfehlten Leben*, 1881). Das Sterne'sche Erzählen erfuhr in der Moderne durch Autoren wie James Joyce und Virginia Wolf verstärkte Beachtung (vgl. Peirce/Voogd 1996). Joyces psychologische Darstellung des Bewusstseinsstroms im *Ulysses* (1922) geht auf Sternes psychologisierende Technik zurück. Visuelle Umsetzungen reichen von zeitgenössischen Illustrationen durch Henry William Bunbury (1773) und Daniel Chodowiecki (1776) bis zu Michael Winterbottoms Film *A Cock and Bull Story* (2005).

Johann Wolfgang Goethe: *Die Leiden des jungen Werthers*, Erstdruck 1774. – Mit dem pathologisch verliebten Helden, der sich sozial vereinsamt das Leben nimmt, schuf Goethe in der Form des Briefromans einen literarischen Typus. Goethes Werther, der selbst wiederum in der französischen und englischen Literatur wurzelt, wurde einer der erfolgreichsten europäischen Romane. Die Werther-Figur kehrt in Chateaubriands Bekenntnisroman *René* (1802) und in Charles-Augustin Sainte-Beuves' *Joseph Delorme* (1829) wieder. Eine englische Sonett-Adaption des *Werther* verfasste Charles Smith (1784). Ugo Foscolos Briefroman *Ultime lettere di Jacopo Ortis* (1797) gehört zu den adäquatesten Adaptionen. In Spanien schrieb noch 1874 Juan de Valeria die Wertheriade *Pepita Jiménez* (1874) und in der deutschen Literatur Ulrich Plenzdorf *Die neuen Leiden des jungen W.* (1973). In China erschien 1928 eine Dramatisierung des *Werther* von Cao Xuesong.

Sturm und Drang – Deutschland

Denis Diderot: *Jacques le fataliste et son maître* (deutsch: *Jakob und sein Herr*), Erstdruck 1796/97; Übersetzung: Wilhelm Christhelf Mylius, erschienen 1792, also vor dem französischen Erstdruck. Der Text kursierte handschriftlich bereits seit 1778. – Den roten Faden bildet die Reise Jacques' und seines Herren, die Anlass zu anderen Erzählungen gibt und neben philosophischen und ethischen Fragen das Erzählverfahren selbst reflektiert. Laurence Sternes *Tristram Shandy* (1759–67) war für Diderot ein Prätext. In Georg Wilhelm Friedrich Hegels *Phänomenologie des Geistes* (1807) ist der Roman Ausgangspunkt, um das dialektische Verhältnis von Herrschaft und Knechtschaft zu erörtern. Nachklang fand die von Friedrich Schiller übersetzte *Pommeraye-Erzählung* (1785) in Carl Sternheims *Die Marquise von Arcis* (1918) und filmisch in Robert Bressons *Les dames du bois de Boulogne* (*Die Damen vom Bois de Boulogne*, 1945).

Aufklärung – Frankreich

Johann Wolfgang Goethe: *Faust. Der Tragödie erster Teil*, Erstdruck 1808. – Der Teufelsbündner gehört zum Repertoire der europäischen Volksbücher, auf die Goethe zurückgriff für die Konzeption seines Helden, dessen Wissens-, Erkenntnis- und Lebensdurst sowie dessen Leiden daran prototypisch für den Charakter des modernen Menschen wurden. In der französischen Literatur des 19. Jahrhunderts wurde vor allem der Lebenshunger der Faust-Figur übernom-

Zwischen Klassik und Romantik – Deutschland

men (Honoré de Balzac, *La Peau de chagrin* [Das Chagrinleder] 1831), von Gustave Flaubert, dem großen Verehrer Goethes, wird Faust zu einem Prätext für *La tentation de Saint Antoine* (*Die Versuchung des Heiligen Antonius*, 1874). Percy Shelleys *Hellas* (1822) greift Goethes „Prolog im Himmel" auf, Robert Browning rückt in *Paracelsus* (1835) ebenfalls einen Wahrheitssucher ins Zentrum des Interesses. Satanische Züge akzentuiert Giacomo Leopardi in *Inno ad Arimane* (*Hymne an Arimane*, um 1833, erschienen 1898). Juan de Valera schreibt mit *Las Ilusiones del doctor Faust* (1875) ein spanisches Pendant zu Goethes *Faust*. Aus der russischen Literatur, die sich von Goethe wohl am stärksten beeinflusst zeigt, ist vor allem Michail Afanas'evič Bulgakovs *Master i Margerita* (*Der Meister und Margarita*, 1966) zu nennen, wo der Teufelspakt um der Freiheit willen geschlossen wird. Auch in die Oper, durch Hector Berlioz (1846) und Charles Gounod (1859), fand Goethes Drama Eingang. Akira Kurosawas Film *Leben* (1952) greift das Moment auf, dass eine Person auf ein intensiv gelebtes Leben zurückblickt. Der ägyptische Dramatiker Aly Ahmed Bakassier adaptierte 1974 das Drama in *Der neue Faust* (vgl. Brittnacher 1998).

Romantik – Großbritannien

Jane Austin: *Pride and Prejudice* (deutsch: *Stolz und Vorurteil*), Erstdruck 1813. Übersetzungen: Margarete Rauchenberger, Karin von Schwab. – Die Entwicklungsgeschichte eines Mädchens, das seine Liebe zu dem Gutsbesitzer Lord Darcy erst nach Erkenntnis der eigenen Vorurteile gewinnen kann, eignet sich aufgrund seiner Struktur besonders gut für Adaptionen (z. B. Helen Fieldings verfilmtes Buch *Bridget Jones*, 1999, sowie der indische Film *Bride & Prejudice* von 2004). Literarisch von Interesse ist der Roman *Machiko* (1931) der Japanerin Nogami Yaeko (vgl. Enomoto 1991). Ende des 19. Jahrhunderts entstanden zudem bekannte Illustrationen von Hugh Thomson (1894) und Charles Edmund Brock (1895) zu Austins Roman.

Romantik – Deutschland

Brüder Grimm: *Kinder- und Hausmärchen*, Erstdruck 1812/15. – Jacob und Wilhelm Grimm verstanden sich zwar als Sammler und Herausgeber, aber sie schufen mit ihrer philologischen Tätigkeit ein originäres Werk, das schnell in den verschiedensten Kulturen und Medien transformiert und in fast alle Sprachen übersetzt, aber auch illustriert, verfilmt und vertont wurde. Zu den international verbreitetsten Märchen zählen *Der Däumling, Die Bremer Stadtmusikanten, Aschenputtel, Der gestiefelte Kater, Hänsel und Gretel* (vgl. Tomkowiak / Marzolph 1996).

E. T. A Hoffmann: *Nachtstücke*, Erstdruck 1816/17. – Die *Nachtstücke* stehen paradigmatisch für ein erzählerisches Werk, das weltweit phantastisches Erzählen vorgeprägt hat. Doppelgänger, Derealisierungen, rationalistische Krisen und mysteriöse Verbrechen gehen einher mit einem hohen Maß an poetologischer Reflexion. Hoffmanns Erzählwerk, vor allem aber dessen berühmtester Teil *Nachtstücke*, wurde über Frankreich in die Weltliteratur vermittelt. In Edgar Allan Poes *The Fall of the House of Usher* (1839) und noch in Gustav Meyrinks *Golem* (1915) überwiegt das Interesse an der Phantastik Hoffmann'scher Motive. Die Rezeption Hoffmann'scher poetologischer Verfahren wie Polyphonie und Selbstbezüglichkeit reicht bis in die postmodernen Texte von Italo Calvino, Umberto Eco und Jorge Luis Borges. Obwohl nicht direkt auf die *Nachtstücke* bezogen, sei wegen ihrer Popularität Jacques Offenbachs Operette *Les contes d'Hoffmann* (*Hoffmanns Erzählungen*, 1877) erwähnt. Die Filme, die sich Hoffmann'scher Phantastik und deutscher ‚Schauerromantik' bedienen, sind Legion (vgl. Marquardt et al. 2009).

Aleksandr Sergeevič Puškin: *Evgenij Onegin* (deutsch: *Eugen Onegin*), 1833. Übersetzungen: Friedrich Bodenstedt, Rolf-Dietrich Keil, Sabine Baumann. – Der in der Tradition von Lord Byron stehende Versroman, aus Sonetten zusammengesetzt, hat zum Thema den überflüssigen Menschen, der mit einer großen Erbschaft und viel Freizeit auf Bällen sich langweilt, sich duelliert und der Liebe zu Tatjana unglücklich verfällt. Peter Tschaikowski [Pëtr Il'ič Čajkovskij] gestaltete das Sujet in seiner gleichnamigen Oper (1879), John Cranko nach deren Musik ein Ballett (1965). Der gelangweilt-pessimistische Charakter des Onegin wurde umgehend von Michail Jur'evič Lermontov in *Geroj našego vremeni* (*Ein Held unserer Zeit*, 1840) in der Figur des Pečorin aufgegriffen. Vladimir Nabokovs englische Übersetzung, vor allem aber seine Kommentierung (1964) haben den Text endgültig in die Weltliteratur eingeführt. In jüngster Zeit folgten dem russischen Vorbild jeweils in Versromanen der Inder Vikram Seth (*The Golden Gate*, 1986) und der Australier Leslie Allan Murray (*Fredy Neptune*, 1998).

Romantik – Russland

Nikolaj Vasil'evič Gogol': *Pochoždenija Čičikova, ili Mërtvye duši* (deutsch: *Čičikovs Abenteuer oder die Toten Seelen* [meist: *Die Toten Seelen*]), Erstdruck 1842; Übersetzungen: Wolfgang Kasack, Vera Bischitzky. – Gogols einziger Roman, von ihm selbst als ‚Poem' im Sinne eines kleinformatigen Prosaepos bezeichnet, war ursprünglich

Zwischen Romantik und Realismus – Russland

als Kontrafaktur der *Odyssee* konzipiert und als geplante Trilogie, deren Teile Sünde, Läuterung und Rettung des Protagonisten hätten behandeln sollen, an der *Divina Commedia* orientiert. Der einzig überlieferte Teil, der als vollendeter Roman angesehen wird, knüpft mit der Konzeption des Protagonisten Čičikov, der karikaturesk überzeichneten Gutsbesitzern ihre verstorbenen Leibeigenen abkauft, an die Tradition des europäischen Schelmenromans an. Neben der Figurenzeichnung sind es die absurden, grotesken und zugleich satirischen Elemente, die zum einen allgemein auf den sozialkritischen Anspruch der Literatur des russischen Realismus vorausweisen, zum anderen in Adaptionen profiliert und in unabhängigen Werken zitiert werden: von Michail Afanas'evič Bulgakov, der den Roman unter demselben Titel auch fürs Theater adaptierte (uraufgeführt in Moskau 1932) und im narrativen Poem *Pochoždenija Čičikova* (*Čičikovs Abenteuer*, 1922) travestierte, sowie von Ilja Grigor'evič Erenburg im Roman *Burnaja žizn' Lazika Rojtšvanc* (*Das bewegte Leben des Lasik Roitschwanz*, 1928). In der Opernfassung *Mërtvye duši* von Rodion Konstantinovič Ščedrin (1976) wird die Gogol'sche Galerie von Gutsbesitzern in einzelne episodische musikalische Porträts der Charaktere übersetzt. Der groteske Stil von Elias Canettis *Blendung* (1936) ist geschult an den *Toten Seelen*.

Realismus – Frankreich

Gustave Flaubert: ***Madame Bovary. Mœurs de province*** (deutsch: *Madame Bovary*), Erstdruck 1856, als Buch 1857; Übersetzungen: René Schickele, Cornelia Hasting/Caroline Vollmann. – Die Geschichte, die Flaubert erzählt, ist die einer gelangweilten Ehefrau auf dem Lande, die sich nach einem Ehebruch, der Flucht in Literatur und Konsum schließlich mit Rattengift das Leben nimmt. Emma Bovary scheitert am Gegensatz zwischen ihren Wünschen und der als banal erfahrenen Realität ihres Alltags. Das zentrale Motiv des Romans ist die Langeweile (*ennui*). Gerade die Romanciers des 19. Jahrhunderts fanden Gefallen an diesem Buch, das einen Nachhall in Lev N. Tolstojs *Anna Karenina* (1878) und Theodor Fontanes *Effi Briest* (1894/95) gefunden hat (vgl. Stern 1957). Filmisch wurde der Roman u.a. von Jean Renoir (1933) und Claude Chabrol (1991) umgesetzt.

Moderne – Frankreich

Charles Baudelaire: ***Les fleurs du mal*** (deutsch: *Die Blumen des Bösen*), Erstdruck 1857; Übersetzungen: Stefan George, Friedhelm Kemp. – Der in drei Fassungen erschienene Gedichtband gilt als Gründungsdokument der modernen Lyrik. Hatte bis dahin unausgesprochen die Poesie als sprachlicher Ausdruck des Schönen gegolten, so versammelte Baudelaire Gedichte, die aus einer Ästhetik des Hässlichen hervorgehen (*Une charogne*) und zum Teil blasphemischen Charakter haben. Dem äußeren Anschein nach stehen sie metrisch (Alexandriner) und strophisch (größtenteils Sonett) in der französischen Lyriktradition, die sie aber gezielt variieren. In Frankreich folgten Baudelaire Arthur Rimbaud, Paul Verlaine und Stéphane Mallarmé, nach Deutschland brachte diese neue artistische Moderne, die sich der Schaffung künstlicher Welten verpflichtete, ihr erster Übersetzer Stefan George.

Fëdor Michajlovič Dostoevskij: *Prestuplenie i nakazanie* (deutsch: *Verbrechen und Strafe*), Erstdruck 1866; Übersetzungen: Swetlana Geier als *Verbrechen und Strafe* (1994), daneben lange Zeit unter dem Titel *Schuld und Sühne* bekannt (Werner Bergengruen, Elisabeth Kaerrick). – Der Übersetzungstitel *Schuld und Sühne* hebt eher die ethisch-moralischen, der dem russischen Original angemessenere *Verbrechen und Strafe* die rechtlichen Dimensionen des Mordes an einer alten Frau und ihrer Schwester hervor, den Rodion Roskolnikov begeht. Die nihilistische Krise des Protagonisten, seine Einsamkeit als Mörder faszinierte im 20. Jahrhundert amerikanische Autoren (vgl. Gerigk 1995, S. 127–150), aber auch deutsche Expressionisten wie Robert Wiene, der den Stoff 1923 verfilmte, sowie den Existenzialisten Albert Camus. Der innere Konflikt des Helden hat auch Dramatisierungen angeregt wie Bernard-Marie Koltès *Procès ivre* (*Trunkener Prozess*, 1971) oder Woody Allens *Crimes and Misdemeanors* (1989). Als poetologisches Muster diente Dostoevskijs Roman für William Faulkners *Sanctuary* von 1931 (vgl. Gerigk 1995, S. 165–193), als Kontrafaktur ist stattdessen Joseph Conrads *Under Western Eyes* (1911) zu lesen.

Realismus – Russland

Lev Nikolaevič Tolstoj: *Vojna i mir* (deutsch: *Krieg und Frieden*), Erstdruck 1868/69; Übersetzungen: Werner Bergengruen, Marianne Kegel. – Tolstoj selbst hat seinen Roman in die homerische Tradition des Kriegsepos gestellt. Dessen Erneuerung in der Moderne war für die literarische Darstellung der Kriege im 20. Jahrhundert von weltliterarischer Bedeutung, wie an Henri Barbusse' *Le Feu* (Das Feuer, 1916), Stephen Cranes *The Red Badge of Courage* (1895), John Dos Passos' *Three Soldiers* (1921), Ernest Hemingways *For whom the Bell Tolls* (1940) oder Norman Mailers *The Naked and the Dead* (1948) (vgl. Gerigk 1995, S. 240–283) sowie an der russischen Kriegsliteratur zum Zweiten Weltkrieg, insbesondere am Werk von

Vassilij Semënovič Grossman, zu sehen ist. Sergej Sergeevič Prokof'ev komponierte eine Opernfassung (Uraufführung 1944). Mehrfach wurde der Roman verfilmt, aufwendig 1968 von Sergej Fëdorovič Bondarčuk.

Jahrhundertwende – Deutschland

Thomas Mann: *Buddenbrooks. Verfall einer Familie*, Erstdruck 1901. – Die Geschichte der hanseatischen Kaufmannsfamilie ästhetisiert das Problem der Dekadenz. Als Familienroman, der wiederum auf Émile Zolas Zyklus *Les Rougon Macquart* (*Die Rougon Macquart*, 1871–93) zurückgeht, wirken die *Buddenbrooks* zum Beispiel weiter in John Galsworthys *Forsyte-Saga* (1906–21) und Maksim Gorkijs *Delo Artamonovych* (*Das Werk der Artamonovs*, 1925). Der Roman wurde bereits 1923 verfilmt, umfangreiche Neuverfilmungen erfolgten 1979 durch Franz Peter Wirth sowie 2008 durch Heinrich Breloer.

Moderne – Irland

James Joyce: *Ulysses*, Erstdruck 1922; Übersetzungen: Georg Goyert, Hans Wollschläger. – Der seinerseits als moderne Kontrafaktur zur *Odyssee* konzipierte Roman, dessen ‚Episoden' mit denen aus Homers Epos korrelierbar sind, schildert erzähltechnisch höchst innovativ Leopold Blooms Wanderung durch Dublin am 16. Juni 1904. Sowohl sprachlich-stilistische Darstellungsexperimente wie der *stream of consciousness* und die Vielfalt an Schreibweisen als auch die Zeitstruktur des Textes inspirierten literarische und altermediale Imitationen. Wie *Ulysses* spielt zum Beispiel auch Don DeLillos *Cosmopolis* (2003) nur an einem einzigen Tag, wobei hier der Schauplatz nach New York City verlegt ist; so auch im Drama *Dead City* (2006). Deutsche Nachkriegsautoren wie Wolfgang Koeppen (*Tauben im Gras*, 1951) oder Uwe Johnson (*Jahrestage*, 1970–83), vor allem aber Arno Schmidt (*Zettel's Traum*, 1970) strukturierten ihre Texte (zum Teil) nach dem Vorbild des *Ulysses* (vgl. Jäger 2009). Als ältere Adaption fürs Theater ist das preisgekrönte, jahrzehntelang erfolgreich aufgeführte Bühnenstück *Ulysses in Nighttown* (1958) von Marjorie Barkentin zu nennen. Dramatische Umsetzungen des Romans konzentrieren sich meist auf einzelne Episoden oder sind als one-man-shows konzipiert. Die deutsche Verfilmung von Joseph Strick (*Ulysses*, 1967) war für einen Oskar nominiert; der jüngste irische Film *Bloom* (2003) von Jean Walsh setzt die *stream of consciousness*-Technik visuell um. Bemerkenswert sind schließlich auch Joseph Beuys' *Ulysses*-Illustrationen (1961).

Franz Kafka: *Der Proceß*, Erstdruck 1925. – Postum von Max Brod herausgegebenes Romanfragment, das die Geschichte des Bankprokuristen Josef K. erzählt, der eines Morgens verhaftet wird und sich zu seinem Prozess einfinden muss. Dabei stehen nicht K.s tatsächliche Handlungen, sondern das Gerichtswesen als solches im Vordergrund. Kafkas Werk, das weniger inhaltsfixiert ist, stärker sich auf Strukturen und abstrakte Räume konzentriert, eignet sich besonders, in andere Medien, Sprachen und Kulturräume überführt zu werden. Neben dramatischen Adaptionen von André Gide/Jean Louis Barrault, *Le Procès* (1947), Peter Weiss, *Der Prozess* (1976), und John M. Coetzes *Life & Times of Michael K.* aus dem Jahr 1983, (vgl. Zymner 2006) sind vor allem Verfilmungen des Romans von Orson Welles (*The Trial*, 1963) und Steven Soderbergh (1991) und Verbildlichungen im Comic wie Chantal Montelliers *The Trial: A Graphic Novel* (2008) entstanden.

Prager Moderne

Virginia Woolf, *Orlando*. *A Biography* (deutsch: *Orlando – Eine Biographie*), Erstdruck 1928; Übersetzung: Brigitte Walitzek. – Die semi-fiktive Romanbiografie, die sich am Lebenslauf von Virginia Woolfs Geliebter, Vita Sackville-West, orientiert, aber eine surreale Zeitreise der sich geschlechtlich transformierenden Hauptfigur durch die Jahrhunderte imaginiert, wird in den Gender Studies als Meilenstein feministisch-emanzipatorischer Literatur rezipiert. Die alterslose, wandlungsfähige, bisexuelle Hauptfigur wird beispielsweise in Alan Moores und Kevin O'Neills Graphic Novel *The League of Extraordinary Gentlemen: Black Dossier* (2007) reanimiert. Darüber hinaus wurde Woolfs ironischer Roman 1981 von Ulrike Ottinger (*Freak Orlando. Kleines Welttheater in fünf Episoden*) und 1992 von Sally Potter (*Orlando*) verfilmt sowie von Robert Wilson fürs Theater adaptiert (*Orlando*, uraufgeführt 1993 in Paris). Als Kontrafaktur kann der Roman *Orlanda* (1996) der Belgierin Jacqueline Harpman gelesen werden.

Moderne – Großbritannien

Fragen und Anregungen

- Erörtern Sie das der vorliegenden Auswahl zugrunde gelegte Verständnis des Kanons.
- Wo würden Sie, von Ihrem eigenen Wissensstand aus gesehen, Ergänzungen vornehmen? Nennen Sie ein Beispiel und begründen Sie Ihre Wahl.

Lektüreempfehlungen

- Harold Bloom: The Western Canon. The Books and School of the Ages, New York 1994. *Dieser Kanon präsentiert 26 meist anglophone Autoren als Grundlage der westlichen literarischen Kultur.*

- Bücher, die man kennen muss. Klassiker der Weltliteratur, herausgegeben vom Dudenverlag, Mannheim/Zürich 2011. *Nach Epochen chronologisch geordnet, werden hundert Werke mitsamt ausführlichen Informationen zu den Autoren sowie zu Werkinhalt und -aufbau, Entstehungs- und Wirkungsgeschichte vorgestellt.*

- Hanns W. Eppelsheimer: Handbuch der Weltliteratur. Von den Anfängen bis zur Gegenwart, 3., neu bearbeitete und ergänzte Auflage, Frankfurt a. M. 1960. *Das Nachschlagewerk bietet einen Einstieg in den Kosmos der gesamten Weltliteratur bis in die Mitte des 20. Jahrhunderts mit bibliografischen Angaben zu deutschen Übersetzungen.*

- Dieter Lamping/Frank Zipfel: Was sollen Komparatisten lesen? Berlin 2005. *Der schmale Band enthält eine unkommentierte, aber deutsche Übersetzungen nennende Liste von über 300 Werken der Weltliteratur, geordnet nach Sprachen bzw. Kulturräumen, sowie über 100 theoretische (poetologische und ästhetische) Schriften und eine Auswahl einiger einflussreicher komparatistischer Studien.*

- Die Leseliste. Kommentierte Empfehlungen, zusammengestellt v. Sabine Griese, Hubert Kerscher, Albert Meier, Claudia Stockinger, 2. Auflage, Stuttgart 2002. *Enthält rund 600 Titel, geordnet nach Nationalliteraturen, und prägnante Gehaltsangaben zum jeweiligen Werk.*

14 Komparatistik konkret

Alexander Nebrig, Evi Zemanek

Abbildung 19: Pierre Clayette: *Bibliothek von Babel; Library of Babel* (1963)

KOMPARATISTIK KONKRET

Der französische Künstler Pierre Clayette visualisiert die unendliche Bibliothek, wie sie Jorge Luis Borges in der Erzählung „Die Bibliothek von Babel" (1941) imaginiert. Umgeben von unendlich vielen Büchern, ist es den Bewohnern dieser Bibliothek ganz unmöglich, die einzelnen Texte zu verstehen. Dass ein solcher von seinen Bewohnern nicht kontrollierbarer Bibliotheksraum heute nicht nur eine phantastische Fiktion ist, erfahren wir potenziert durch die virtuelle Bücherwelt des Internets, wo auf unzählige Bücher in digitalisierter Form zugegriffen werden kann. Das hat Folgen für das Recherchieren, Zitieren und Verfassen von Hausarbeiten. Darüber hinaus bedürfen Studienanfänger grundsätzlich Orientierungshilfen für die Beschaffung und die Auswahl von Informationen ebenso wie für die Organisation ihres Studiums, um sinnvoll und zielführend im unübersichtlichen Raum zu navigieren.

Daher wird im Folgenden ein Überblick über die Studienmöglichkeiten des Faches Komparatistik im deutschsprachigen Raum geboten und spätere Berufsperspektiven skizziert, bevor schließlich wissenschaftliche, insbesondere komparatistische Arbeitstechniken wie das Recherchieren am Beispiel der Textsorte Hausarbeit vorgestellt werden.

14.1 **Komparatistik studieren**
14.2 **Berufsperspektiven**
14.3 **Die komparatistische Hausarbeit**

14.1 Komparatistik studieren

Viele Universitäten im deutschsprachigen Raum bieten komparatistische Studiengänge mit Bachelor- und Masterabschlüssen an. Folgende Liste versucht nicht nur komparatistische Studiengänge an komparatistischen Instituten zu erfassen, sondern auch solche innerhalb von Fächerverbünden. Dadurch wird bisweilen das Verständnis der Komparatistik stark erweitert, jedoch mit dem Gewinn, mehrere Studienorte in Deutschland, Österreich und der Schweiz erfasst zu haben.

Komparatistik-Studiengänge im deutschsprachigen Raum

- B. A. Vergleichende Literaturwissenschaft, Haupt-/Nebenfach; M. A. Internationale Literatur. Vergleichende Literaturwissenschaft / Europäische Literaturen. *Beide Studiengänge sind ein Angebot der Philologisch-Historischen Fakultät, Bereich Germanistik und gehören zum Lehrstuhl für Vergleichende Literaturwissenschaft / Europäische Literaturen.* — Augsburg
- B. A. Interkulturelle Studien; M. A. Literatur und Medien. *Fakultät für Sprach- und Literaturwissenschaften.* — Bayreuth
- M. A. World Literature. *Center for Cultural Studies.* — Bern
- B. A./M. A. Allgemeine und Vergleichende Literaturwissenschaft. *Fachbereich Philosophie und Geisteswissenschaften, Peter-Szondi-Institut für Allgemeine und Vergleichende Literaturwissenschaft.* — Berlin (FU)
- M. A. Europäische Literaturen. Philosophische Fakultät II. *An dem Studiengang sind die Fächer Anglistik, Germanistik, Hungarologie, Klassische Philologie, Romanistik, Skandinavistik und Slawistik beteiligt. Der Studiengang ist nicht konsekutiv und steht damit jedem Bewerber mit einem Bachelor-Abschluss offen.* — Berlin (HU)
- M. A. Literaturwissenschaft, im B. A. nur als Nebenfach wählbar. *Module der allgemeinen und vergleichenden Literaturwissenschaft plus Profilwahl im Bereich Literatur und Ästhetik oder Literatur, Kultur, Wissen oder Literatur und Medien, Fakultät für Linguistik und Literaturwissenschaft.* — Bielefeld
- B. A./M. A. Allgemeine und Vergleichende Literaturwissenschaft / Komparatistik. *Lehrstuhl für Allgemeine und Vergleichende Literaturwissenschaft am Germanistischen Institut der Fakultät für Philologie.* — Bochum
- B. A. Germanistik, Vergleichende Literatur- und Kulturwissenschaft, M. A. Komparatistik. *Philosophische Fakultät, Germanistik, Vergleichende Literatur- und Kulturwissenschaft. Das Institut* — Bonn

ist ein Verbund aus den Fächern Germanistik, Skandinavistik, Komparatistik und Volkskunde.

Erfurt • B. A. / M. A. Literaturwissenschaft. *Philosophische Fakultät, Literaturwissenschaft. Allgemeine und vergleichende Literaturwissenschaft als Studienschwerpunkt wählbar, mehrere europäische Literaturen plus amerikanische Literaturen.*

Erlangen • B. A. / M. A. Germanistik, Vertiefungsmodul im Bereich Komparatistik möglich; M. A. Literaturstudien – intermedial und interkulturell, Komparatistik als Kernfach wählbar. *Philosophische Fakultät und Fachbereich Theologie, Department Germanistik und Komparatistik.*

Frankfurt a. M. • B. A. Allgemeine und Vergleichende Literaturwissenschaft. *Fachbereich Neuere Philologien, Institut für Allgemeine und Vergleichende Literaturwissenschaft.*

Frankfurt / Oder • B. A. Kulturwissenschaften; M. A. Literaturwissenschaft: Ästhetik – Literatur – Philosophie. *Kulturwissenschaftliche Fakultät.*

Freiburg i. Br. • M. A. Europäische Literaturen und Kulturen. *Philologische Fakultät. Gemeinschaftsprogramm verschiedener Philologien, u. a. Anglistik, Germanistik, Romanistik, Skandinavistik und Slavistik.*

Fribourg • M. A. Allgemeine und Vergleichende Literaturwissenschaft / Littérature générale et comparée. *Faculté des lettres, Institut de Littérature générale et comparée.*

Genf • B. A. / M. A. Littérature comparée. *Faculté des lettres.*

Gießen • B. A. / M. A. Sprache, Literatur, Kultur. *Komparatistik ist als Studienelement wählbar, in Kombination mit einem Hauptfach und einem weiteren Studienelement. Fachbereich 5, Sprache, Literatur, Kultur.*

Göttingen • M. A. Komparatistik. *Zentrum für komparatistische Studien.*

Greifswald • M. A. Vergleichende Literaturwissenschaft. *Philosophische Fakultät.*

Halle • M. A. Komparatistik: Allgemeine und Vergleichende Literaturwissenschaft. *Philosophische Fakultät II, Institut für Germanistik.*

Innsbruck • M. A. Vergleichende Literaturwissenschaft. *Philologisch-Kulturwissenschaftliche Fakultät, Bereich Vergleichende Literaturwissenschaft am Institut für Sprachen und Literaturen.*

Jena • M. A. Literatur – Kunst – Kultur. *Verschiedene Literaturwissenschaften plus Ergänzungsfach, Philosophische Fakultät, Institut für Germanistische Literaturwissenschaft.*

Klagenfurt • B. A. / M. A. Angewandte Kulturwissenschaft. *Abteilung für Allgemeine und Vergleichende Literaturwissenschaft am Institut für Kultur-, Literatur- und Musikwissenschaft.*

- B. A. / M. A. Literatur – Kunst – Medien. *Geisteswissenschaftliche Sektion, Fachbereich Literaturwissenschaft.* — Konstanz
- M. A. Vergleichende europäische Sprach- und Literaturwissenschaft. *Philosophische Fakultät.* — Lausanne
- M. A. Allgemeine und Vergleichende Literaturwissenschaft / Komparatistik. *Philologische Fakultät, Institut für Klassische Philologie und Komparatistik.* — Leipzig
- B. A. / M. A. Komparatistik / Europäische Studien. *Fachbereich 05 – Philosophie und Philologie, Institut für Allgemeine und Vergleichende Literaturwissenschaft.* — Mainz
- B. A. / M. A. Allgemeine und Vergleichende Literaturwissenschaft. *Fakultät für Sprach- und Literaturwissenschaften, Institut für Allgemeine und Vergleichende Literaturwissenschaften (Komparatistik).* — München (LMU)
- M. A. Komparatistik und Kulturpoetik. *Philosophische Fakultät, Philologie. Germanistisches Institut.* — Münster
- M. A. Literatur und Kultur in Europa. *Fachbereich Sprach- und Literaturwissenschaft.* — Osnabrück
- M. A. Komparatistik / Vergleichende Literatur- und Kulturwissenschaft. *Interkulturalität, Intermedialität und Gender Studies sind die Schwerpunkte des Studiengangs. Fakultät für Kulturwissenschaften, Institut für Germanistik und Vergleichende Literaturwissenschaft.* — Paderborn
- M. A. Vergleichende Literatur- und Kunstwissenschaft. *Zusammenarbeit der Allgemeinen und Vergleichenden Literaturwissenschaft und der Kunstgeschichte. Philosophische Fakultät, Institut für Künste und Medien.* — Potsdam
- M. A. Allgemeine und Vergleichende Literaturwissenschaft. *Fakultät für Sprach-, Literatur- und Kulturwissenschaften.* — Regensburg
- M. A. Vergleichende Literatur- und Kulturwissenschaft. *Kultur- und Gesellschaftswissenschaftliche Fakultät.* — Salzburg
- B. A. Vergleichende Sprach- und Literaturwissenschaft; M. A. Allgemeine und Vergleichende Literaturwissenschaft. *Philosophische Fakultät II Sprach-, Literatur- und Kulturwissenschaften Fachrichtung 4.1 Germanistik, Lehrstuhl Allgemeine und Vergleichende Literaturwissenschaft (Komparatistik).* — Saarbrücken
- B. A. / M. A. / Magister Internationale Literaturen / Komparatistik. *Deutsches Seminar, Fachbereich Neuphilologie, Philosophische Fakultät.* — Tübingen
- B. A. / M. A. Vergleichende Literaturwissenschaft. *Abteilung für Vergleichende Literaturwissenschaft am Institut für Europäische und Vergleichende Sprach- und Literaturwissenschaft.* — Wien

KOMPARATISTIK KONKRET

Wuppertal
- M. A. Allgemeine und Vergleichende Literaturwissenschaft. *Fach Allgemeine Literaturwissenschaft an der Fakultät Geistes- und Kulturwissenschaften.*

Zürich
- B. A. / M. A Allgemeine und Vergleichende Literaturwissenschaft. *Seminar für Allgemeine und Vergleichende Literaturwissenschaft.*

(Stand März 2012)

14.2 Berufsperspektiven

Brotlose Kunst?

Die Komparatistik mag manchen als eine brotlose Kunst erscheinen. Anders als Juristen und Mediziner, anders aber auch als Germanisten und Romanisten, denen der Lehrerberuf offen steht, werden Studierende der Komparatistik nicht gezielt auf einen bestimmten Beruf vorbereitet. Das bedeutet allerdings nicht, dass sich nach dem Studium keine attraktiven Arbeitsmöglichkeiten außerhalb des wissenschaftlichen Bereiches finden ließen. Tatsächlich bietet sich ein so breites Spektrum an Möglichkeiten dar, dass es ratsam ist, sich schon am Anfang des Studiums Gedanken über den Berufswunsch zu machen.

Fächerkombination

Den Berufswunsch sollte man auch bei der Wahl der Fächerkombination berücksichtigen, sofern man sich für einen Bachelor-Studiengang entschieden hat, der die Möglichkeit gibt, zwei Hauptfächer oder ein Kernfach mit einem Nebenfach zu kombinieren. Wer sich später wissenschaftlich mit (Fremd-)Sprachen und Literaturen beschäftigen will, dem empfiehlt sich bei der Zweit- oder Nebenfachwahl ein anderes philologisches Fach; wem eine Tätigkeit im Kulturbetrieb oder Mediensektor vorschwebt, für den kommen Fächer wie Kultur-, Medien- und Theaterwissenschaft infrage; Geschichte und Soziologie einerseits sowie Philosophie andererseits bieten als Nebenfächer vielseitig anwendbares Wissen in historisch-konkreter bzw. systematisch-abstrakter Perspektivierung; die Buchwissenschaft hingegen kann auf eine Tätigkeit im Literaturbetrieb vorbereiten. Neben den genannten klassischen Kombinationen kann es aber auch gleichermaßen zweckvoll sein, ergänzend etwa Wirtschaftswissenschaft oder Jura zu studieren. Damit sind die Kombinationsmöglichkeiten freilich nicht erschöpft. Im Hinblick auf die späteren Berufsmöglichkeiten lohnt es auf jeden Fall, das Potenzial verschiedener Fächer für interdisziplinäres Zusammenwirken zu bedenken (→ KAPITEL 4).

Praktika, Pragmatismus und Idealismus

Abgesehen davon ist es sinnvoll, so früh wie möglich studienbegleitend unterschiedliche Praktika zu absolvieren, um festzustellen, welche berufspraktischen Tätigkeiten den individuellen Fähigkeiten und Interessen entsprechen, und eventuell bereits Kontakte fürs spätere Berufsleben aufzubauen. Eine gewisse Offenheit für verschiedene Berufsbilder zu Beginn des Studiums kann allerdings nicht schaden, denn sie bürgt nicht nur für einen gesunden Pragmatismus, sondern beugt einer zu einseitigen Ausrichtung des Studiums vor, die später hinderlich sein kann, sollte sich der ursprüngliche Traumberuf nicht realisieren lassen. Außerdem sollte man grundsätzlich bedenken, dass ein geisteswissenschaftliches Hochschulstudium nicht allein der Berufsausbildung dient, sondern ebenso der Bildung des eigenen Selbst und der Bildung um ihrer selbst willen.

Im Komparatistik-Studium erwirbt man nicht nur theoretisches und geschichtliches Wissen zu den Literaturen und Kulturen und Künsten, sondern man perfektioniert bestimmte Fähigkeiten: gemeint sind neben den unverzichtbaren Fremdsprachenkenntnissen – erstrebenswert ist die Lesefähigkeit in möglichst vielen Sprachen! – und der interkulturellen Kompetenz auch so Grundlegendes wie das Analysieren und Interpretieren von Fakten und Zusammenhängen sowie die schriftliche Ausdrucks- und mündliche Präsentationsweise. Philologische Textkompetenz benötigt auch, wer in seinem Studium eher kultur- und/oder medienwissenschaftliche Schwerpunkte setzt, erschließen sich doch sämtliche kulturelle Phänomene vornehmlich über die sie konstituierenden Texte, die dazu analysiert und interpretiert werden müssen. Nicht zuletzt die Erfahrung mit den genannten Anforderungen gibt Hinweise darauf, welcher Beruf der persönlichen Veranlagung entsprechen könnte. *Kompetenzen*

Mit Blick auf die Spezial- und Kernkompetenzen des ausgebildeten Komparatisten werden im Folgenden nur einige wichtige Berufsfelder genannt, ohne dass damit der Vielzahl an Möglichkeiten Genüge geleistet und die Felder in Spezialtätigkeiten ausdifferenziert werden können. Für Geisteswissenschaftler empfiehlt es sich, in den „Wissenschaftsladen Bonn" reinzuschauen, der alle wöchentlich in Deutschland erscheinenden Anzeigen versammelt und ein breites Spektrum an konkreten Berufen zu erkennen gibt. *Berufsfelder*

Profilieren sich Absolventen der Komparatistik idealiter durch die bereits genannten Kenntnisse mehrerer Sprachen und Literaturen sowie durch das Interesse an und die Erfahrung mit interkulturellen Konstellationen, so sind für sie Tätigkeiten im Bereich der Kultur-, oder spezieller, der Literaturvermittlung interessant. Als Arbeitgeber kommen daher kulturpolitische Institute wie das Goethe-Institut, Stiftungen und politische Parteien mit Kulturprogramm ebenso wie Mu- *Literatur- und Kulturvermittlung* seen und Literaturhäuser in Frage, die nach Kulturreferenten oder Kulturmanagern suchen. Steht das ‚Management' im Zentrum des Anforderungsprofils, so kann es sich auszahlen, durch Praktika bereits gewisse Erfahrung darin gesammelt zu haben.

Da deutsche Träger vielfach Dependancen im Ausland unterhalten, kann dieses Tätigkeitsfeld auch attraktiv sein für diejenigen, welche es beruflich ins Ausland zieht. ‚Auslandserfahrung' sollte man allerdings, wenn möglich, bereits im Studium machen, denn sie wird keineswegs nur von Arbeitgebern gefordert, die Tätigkeiten im Ausland anbieten oder Auslandseinsätze vorsehen. Im Gegenteil, Auslandserfahrung wird heutzutage fast überall – eben im Sinne der Ausbildung interkultureller Kompetenzen – gewünscht und von Komparatisten geradezu erwartet.

Auslandserfahrung

Wer im Studium sein Augenmerk hauptsächlich auf die Literatur bzw. Literaturen gerichtet hat, könnte an Verlagsarbeit Spaß finden. Auch hier bietet sich ein breites Spektrum verschiedener Verlagshäuser und dementsprechend vielfältig sind die dortigen Aufgabenbereiche, wovon Programmarbeit und Lektorat sicher das größte Interesse der Komparatisten wecken. Fürs Lektorat, das heißt für die Betreuung der entstehenden Werke und ihrer Autoren, bringen sie die philologischen Grundfähigkeiten (‚Textkompetenz') mit. Letztere sowie ihre wissenschaftlichen Fachkenntnisse erlauben es ihnen idealiter, bei der Entstehung von Texten einen kreativen bzw. wissenschaftlichen Beitrag zu leisten, je nachdem ob Belletristik oder Fachliteratur verlegt wird. Da solche Stellen sehr gefragt sind, empfiehlt es sich auch hierfür, schon während des Studiums bei einem Verlag zu hospitieren.

Verlagsarbeit / Lektorat

Natürlich steht es Komparatisten auch offen, den anderen, beruflich eventuell riskanteren Part zu übernehmen und selbst zu schreiben und zu publizieren, sei es als Sach- bzw. Fachbuch-Autor, Romancier oder Dichter. Wer von Anfang an Schriftsteller werden will, muss freilich dazu kein Komparatistik-Studium absolvieren, obwohl die dabei erworbenen Kenntnisse und Fähigkeiten sicher fürs Schreiben fruchtbar gemacht werden können. An deutschen Hochschulen herrscht ein Defizit an Kursen im sogenannten kreativen Schreiben, weshalb manch einer, der Buchautor werden möchte, auf das wissenschaftliche Angebot der literaturwissenschaftlichen Seminare zurückgreift. Tatsächlich besuchen viele Romanschriftsteller, Lyriker und Sachbuchautoren literaturwissenschaftliche Seminare, um Schreibverfahren anderer Autoren zu studieren.

Autor/in

Eine andere Möglichkeit, selbst Texte zu publizieren und dafür zu recherchieren, bietet der Beruf des Journalisten, dessen Arbeitsgebiete mindesten so vielfältig sind wie die im Komparatistik-Studium wählbaren Nebenfächer (s. o.). Unter den vielen möglichen Spezialisierungen auf einzelne Fachgebiete scheint für Komparatisten der Kulturjournalismus besonders naheliegend zu sein. Zeitungen und Zeitschriften schätzen die Schreibfertigkeiten philologischer Absolventen, wenngleich der wissenschaftliche Schreibstil grundverschieden ist von dem leserfreundlichen und prägnanten Stil eines Journalisten. Besondere Fertigkeiten in der Texterstellung und -bearbeitung, ebenso wie im Analysieren und Interpretieren, aber auch im kritischen Vergleichen, sind nicht nur im Bereich des Print- und Internet-Journalismus gefragt, sondern auch für journalistische und redaktionelle Arbeiten bei anderen Medienanstalten wie Rundfunk und Fernsehen von Vorteil.

(Kultur-)Journalismus

Redaktion

Wer hingegen sein Studium nicht nach dem Masterabschluss beenden oder es gar lebenslang fortsetzen will, der kann zunächst eine Promotion, danach eine Habilitation und damit eine wissenschaftliche Laufbahn einschlagen. Die universitäre Karriere lockt jene, die lehren und forschen wollen. Zu bedenken ist jedoch der fortwährende Qualifikationszwang. Allerdings ist die Promotion keine Einbahnstraße in die Wissenschaft: Auch im Anschluss daran kann man versuchen, in den anderen genannten Berufsfeldern Fuß zu fassen und vielleicht sogar eine höhere Position zu erklimmen. Während eine Promotion für manche Position jenseits der Wissenschaft ein klarer Bewerbungsvorteil oder sogar eine Voraussetzung sein kann, kann sie für andere Positionen im Gegenteil als ‚Überqualifikation' angesehen werden.

Wissenschaftliche Laufbahn

14.3 Die komparatistische Hausarbeit

Besonders an deutschen Universitäten hat es sich eingebürgert, Leistungsnachweise über wissenschaftliche Hausarbeiten einzuholen, seien es Seminar- oder Abschlussarbeiten. Obzwar diese Form – insbesondere die Seminararbeit – in jüngster Zeit zum Teil zunehmend durch Klausuren ersetzt wird, bleibt sie weiterhin ein wesentlicher Bestandteil des Studiums. Ihr didaktischer Zweck besteht nicht primär in der Wissensaneignung, sondern in der Einübung in die Praxis des wissenschaftlichen Schreibens, gemäß der spezifisch deutschen Tradition, an den Universitäten Studium bzw. Lehre und Forschung

Hausarbeit als Textsorte

zu verbinden. Studierende simulieren mit der Textsorte Hausarbeit den wissenschaftlichen Aufsatz, auch wenn die wenigsten von ihnen später in der Wissenschaft bleiben – so ein Dozent zu seinen Studierenden: „Wir tun mal so, als seien Sie Forscher, und Sie tun mal so, als hätten Sie eine Erkenntnis" (Spoerhase 2010a).

<small>Sinn und Zweck der Hausarbeit</small>

Es wäre jedoch voreilig, in der Hausarbeit nur die Simulation der Forschungssituation zu sehen. Vielmehr wird über diese Textsorte die Fähigkeit vermittelt, einen Gedanken facettenreich zu diskutieren, Argumente zu entwickeln sowie bewusst disziplinär und interdisziplinär zu denken, das heißt ein Bewusstsein für die Komparatistik als eigene Disziplin ebenso wie für ihre Interaktionsmöglichkeiten mit anderen Disziplinen zu entwickeln. Die Einübung ins wissenschaftliche Schreiben ist zugleich das Erlernen, Aussagen zu treffen, die in sich logisch sowie hieb- und stichfest sind. Darüber hinaus lernt man, wie das Wissen organisiert ist, um sich schließlich in der Informationsflut zurechtfinden können. Diese Fähigkeiten sind für viele Berufe notwendig, die mit Informationsverarbeitung zu tun haben.

<small>Bestandteile und Arbeitsschritte</small>

Jede Hausarbeit hat einen Gegenstand, eine Fragestellung, ein Erkenntnisziel und eine Methode, um die Antwort auf die gestellte Frage zu entwickeln. Entscheidend ist weniger die Antwort als vielmehr der Weg zu dieser Antwort. Dieser muss für den Leser methodisch und argumentativ nachvollziehbar sein. Zunächst ist zu prüfen, was bislang zu einem Gegenstand geschrieben wurde, sodass neue und originelle Gedanken überhaupt erst möglich werden – eine im besten Sinne produktive Auseinandersetzung mit der Forschungsliteratur. Bei der Diskussion wissenschaftlicher Positionen, die sich mit derselben oder vergleichbarer Fragestellung befassen, sind Zitatnachweise unabdingbar.

<small>Zwei Typen</small>

Viele finden es einfacher, eine Arbeit zu einem Thema zu schreiben, zu dem schon extensiv geforscht wurde, bzw. eine Fragestellung aufzugreifen, zu der schon mehrere Antworten vorliegen. Zwar ist es dann schwer, etwas wirklich Neues vorzubringen, aber man ist ‚auf der sicheren Seite' und kann beweisen, dass man es versteht, sich mit der Sekundärliteratur auseinanderzusetzen. Wichtig ist dabei jedoch die Fähigkeit, die bisherige Forschung kritisch beurteilen zu können. Der andere Hausarbeitstypus versucht dagegen, Neuland zu erschließen. Von Hausarbeiten aus den philologischen Einzeldisziplinen unterscheidet sich die komparatistische Hausarbeit grundsätzlich dadurch, dass sie Dinge miteinander vergleicht. Gerade in der Komparatistik mangelt es oftmals an Vorarbeiten, da dem Vergleichen scheinbar keine Grenzen gesetzt sind. Es ist allerdings nicht immer leicht, Gegenstände, die noch nie miteinander verglichen wurden, in Beziehung zu setzen. Gibt es bereits eine Vergleichstradition, an deren Parametern man sich orientieren kann, entgeht man nicht zuletzt der Notwendigkeit, den Vergleich rechtfertigen zu müssen – der am Anfang einer Arbeit ansonsten notwendig ist.

Rechtfertigung des Vergleichs

Die Voraussetzung für das Gelingen einer komparatistischen Hausarbeit ist das Auffinden einer originellen Fragestellung. Sie sollte möglichst präzise und dem für die Ausarbeitung zur Verfügung stehenden Platz angemessen sein. Schon aufgrund des vorgegebenen Seitenzahllimits sind Großfragen wie etwa nach dem Unterschied zwischen der deutschen und der englischen Romantik daher ausgeschlossen. Dagegen ließe sich beispielsweise nach der Funktion eines bestimmten Motivs oder einer Gattung – nehmen wir als Beispiel wieder das bereits mehrfach herangezogene Sonett – in den beiden genannten Kulturkontexten fragen. Ziel derartiger Fragestellungen ist es meist, neben Gemeinsamkeiten gerade auch Unterschiede herauszuarbeiten. Im Fall des Sonetts käme man nach der Sichtung verschiedener Sonett-Sammlungen, dem Stöbern in Literaturgeschichten und der Lektüre von germanistischen und anglistischen Forschungsarbeiten rund um das romantische Sonett womöglich zur Erkenntnis, dass sowohl das englische als auch das deutsche Sonett seit Renaissance bzw. Barock nachhaltig vom Petrarkismus geprägt waren, es aber speziell im deutschen Kontext zum Medium der Polemik zwischen Parteigängern der Romantik und der Klassik avanciert: Hier entwickelt sich der Sonettenkrieg. Demnach kann ein solches Thema entweder primär auf einen äquivalenten oder aber einen kontrastiven Vergleich abzielen (→ KAPITEL 1), d. h. primär Ähnlichkeiten oder primär Unterschiede erarbeiten. Will man Ähnlichkeiten zeigen, so wird es in diesem Fall eher auf einen genetischen Vergleich – indem man etwa englische und deutsche Liebessonette an die petrarkistische Tradition anbindet – als auf einen typologischen Vergleich hinauslaufen, da vielfacher ‚Kontakt' nachweisbar ist (→ KAPITEL 1).

Auffinden der Fragestellung

Beispiel Sonett

Letztere Unterscheidung verweist darauf, dass man in der Literaturwissenschaft grundsätzlich historisch oder systematisch arbeiten kann. Beim Sonett-Beispiel könnte man aus einer historischen Situation auch eine systematische Frage entwickeln, wenn man erotische und polemische Textverfahren miteinander vergleichen wollte. Eine systematische Fragestellung muss aber nicht zwingend aus der Geschichte und ihren Beispielen gewonnen werden, sie kann sich auch aus einer bestimmten Theorie ergeben. So sind etwa erotische und polemische Rede von der Rhetorik her und damit mittels derer Termini beschreibbar.

Historisch vs. systematisch

Im Rahmen einer Seminararbeit ließen sich die möglichen Fragestellungen freilich jeweils nur sehr punktuell anhand von wenigen ausgewählten Textbeispielen behandeln. Wünschenswert ist die Integration von Gedichtanalysen bzw. allgemeinen Textanalysen, welche die eigenständige Erkenntnisleistung für den Korrektor anschaulich macht. Eine Bachelorarbeit hingegen erlaubt größere Ausführlichkeit in Hintergrundinformation, Forschungsdiskussion und Textanalyse sowie eventuell sogar die Verknüpfung von historischen und systematischen Aspekten.

Hausarbeitsthemen

Das breite Spektrum möglicher Hausarbeitsthemen, denen Literatur-, Sprach-, Übersetzungs-, Kultur-, Medien-, Gattungs-, Motiv-, Stil- und Epochenvergleiche zugrunde liegen, sei durch einige weitere gängige Beispieltitel beleuchtet: „Christoph Ransmayrs produktive Ovid-Rezeption: Intertextuelle Referenzen auf die *Metamorphosen* in *Die letzte Welt*"; „Literatur-Comics: Adaptionen von Kafkas Erzählungen im Comic"; „Ödipale Konflikte in Antike und Neuzeit: Sophokles' *König Ödipus* und Shakespeares *Hamlet*"; „Puškins *Onegin* in Oper und Film"; „Polyglossie und Interkulturalität im Werk Yoko Tawadas"; etc. Weitere Anregungen zur Themenfindung bieten sämtliche Kapitel dieser Einführung, insbesondere die wirkungsgeschichtlichen Synopsen zu Werken der Weltliteratur (→ KAPITEL 13.2).

Bibliografieren

Um die Fragestellung in Auseinandersetzung mit der Forschung zu gewinnen, muss bibliografiert werden. Es bieten sich hierzu die beiden Onlinedatenbanken der *Modern Language Association* (MLA) sowie der *Bibliographie der deutschen Sprach- und Literaturwissenschaft* (BDSL) an (→ KAPITEL 15). Außerdem hilft der Blick in Handbücher zu Autoren, Methoden und Themen dabei, die aktuell maßgebliche Forschungsliteratur zu identifizieren und sich schnell in einen Diskussionsstand einzuarbeiten. Bei der Auswahl von Sekundärliteratur ist immer auf Qualität und Aktualität zu achten; was jedoch nicht heißt, dass man bahnbrechende ältere Studien ignorieren sollte. Wichtig ist ein sorgfältiger, kenntnisreicher Umgang mit Fachbegriffen, über die etwa das *Reallexikon der deutschen Literaturwissenschaft* (Weimar 1997–2003) sowie das *Historische Wörterbuch der Rhetorik* (Ueding 1992–2012) informieren, die beide auch Hinweise auf weiterführende Literatur enthalten.

Auswahl von Sekundärliteratur

Internet ...

Die Arbeitsweise des Literaturwissenschaftlers hat sich durch das Internet verändert. Man schlägt längst nichts mehr im Konversationslexikon nach, sondern durchsucht das Internet und landet nicht selten bei Wikipedia. Um das dort und anderswo angebotene Wissen nutzen zu können, muss man es allerdings überprüfen und qualitativ beurteilen können. Was im Netz nicht in einem wissenschaftlichen

Rahmen erscheint, ist in der Regel nicht wissenschaftlich nutzbar. Sehr nützlich sind hingegen Digitalisate: Viele Quellen aus abgelegenen Archiven sind digitalisiert, fast alle Texte der Weltliteratur, deren Urheberrecht abgelaufen ist (70 Jahre nach dem Tod des Verfassers), sind online verfügbar, Sekundärliteratur ebenso.

Wozu also sollte man noch in Bibliotheken gehen? Obwohl das Wissen im Internet vernetzt ist, gibt es keine Auskunft über wissenschaftliche Zusammenhänge. Bibliotheken, zumal philologische Fachbibliotheken, besitzen dagegen eine hilfreiche Ordnung, die der Orientierung dient. So erfährt man Vieles über einen Autor und sein Werk, wenn man einen Blick ins Regal wirft: Dort findet man nicht nur die zitierfähigen Ausgaben, die das Internet nicht hat bzw. nicht sofort zeigt, sondern auch relevante Monografien, die als Ensemble Zusammenhänge offenbaren und das Denken anregen. Und auch die Einarbeitung in diverse Sachgebiete – sei es die Rhetorik, die Gattungslehre, die Übersetzungstheorie oder die Filmwissenschaft – erleichtert die gut sortierte Bibliothek. Gehen Sie also in die Bibliotheken und nehmen Sie die Bücher in die Hand!

... und Bibliotheken

Fragen und Anregungen

- Was ist bei der Wahl des Studiengangs und gegebenenfalls bei der Fächerkombination im Hinblick auf die Berufsperspektiven zu bedenken?

- Nennen Sie die essenziellen Bestandteile und Arbeitsschritte von Hausarbeiten.

- Wo finden Sie Sekundärliteratur und worauf ist bei der Auswahl zu achten?

Lektüreempfehlungen

- **Thomas Anz (Hg.): Handbuch Literaturwissenschaft, Bd. 3: Institutionen und Praxisfelder, Stuttgart/Weimar 2007, S. 239–294.**
  Die Autoren Heinrich Kaulen, Elisabeth Michel und Stephan Porombka geben umfassende Einblicke in literaturwissenschaftliche Berufsfelder, die auch für Komparatisten interessant sind: Schule und Hochschule, Bibliotheken und Archive, Literaturvermittelnde Institutionen, Kulturjournalismus, Schriftstellerberuf.

- Umberto Eco: Wie man eine wissenschaftliche Abschlussarbeit schreibt. Doktor-, Diplom- und Magisterarbeit in den Geistes- und Sozialwissenschaften, 13. Auflage, Heidelberg 2010. *Ecos unterhaltsam und zugleich mit hohem wissenschaftlichen Ethos geschriebener Ratgeber kann auch für das Verfassen von Hausarbeiten und Bachelorarbeiten als Leitfaden dienen.*
- Ursula Kocher / Carolin Krehl: Literaturwissenschaft. Studium – Wissenschaft – Beruf, Berlin 2008, Kapitel 7–14. *Die Autorinnen geben hilfreiche, ausführliche Hinweise zum Recherchieren, Lektorieren, Präsentieren und Schreiben von Hausarbeiten sowie zu möglichen Berufsfeldern für Literaturwissenschaftler.*

15 Serviceteil

15.1 Allgemeine bibliografische Hilfsmittel

Bibliografien

- Bibliographie der deutschen Sprach- und Literaturwissenschaft [BDSL], Bd. 1ff., Frankfurt a. M. 1957ff. [Internetausgabe: www.bdsl-online.de]. *Diese germanistische Forschungsbibliografie, ab dem Zeitraum 1985 als Internetquelle verfügbar, enthält viel komparatistische Forschungsliteratur. Einen Vollzugriff, der auch die jüngsten Publikationen verzeichnet, gibt es über das Datenbankangebot der Staats- und Universitätsbibliotheken.*   BDSL

- MLA International Bibliography. *Die von der Modern Language Association seit 1910 herausgegebene Bibliografie ist international ausgerichtet und verzeichnet derzeit 2,3 Millionen Artikel. Sie ist über das Datenbankangebot der meisten Universitätsbibliotheken zu erreichen.*   MLA

- Online Contents Komparatistik, Web-Adresse: http://cbsopac.rz.uni-frankfurt.de/. *Der Dienst der Universitätsbibliothek Frankfurt am Main enthält Datensätze aus 200 Zeitschriften des Sondersammlungsgebietes Allgemeine und Vergleichende Literaturwissenschaft.*   Online Contents Komparatistik

Begriffslexika

- Ästhetische Grundbegriffe. Historisches Wörterbuch in sieben Bänden, herausgegeben von Karlheinz Barck, Stuttgart 2000–05. *Ausführliche Artikel mit Berücksichtigung internationaler Forschung zur ästhetischen Terminologie. Jedem Terminus wird seine französische, englische und russische Entsprechung beigegeben.*   Ästhetik

- Historisches Wörterbuch der Philosophie, herausgegeben von Joachim Ritter u. a., 13 Bände, Basel 1971–2007. *Für die ideengeschichtliche und philosophische Erörterung literaturwissenschaftlicher Fragen empfohlen.*   Philosophie

- Historisches Wörterbuch der Rhetorik, herausgegeben von Gerd Ueding, 10 Bände, Tübingen 1992–2012. *Das Wörterbuch stellt*   Rhetorik

1 300 Begriffe in ihrer geschichtlichen Entwicklung aus dem Bereich der traditionellen Systemrhetorik sowie einer weiter gefassten, anthropologischen Rhetorik vor. Die rhetorische Terminologie lässt sich auf sämtliche Literatursprachen anwenden und ist damit unabdingbares Beschreibungswerkzeug der Komparatistik.

Literaturwissenschaft

- **Metzler Lexikon Literatur. Begriffe und Definitionen,** herausgegeben von Dieter Burdorf, 3. Auflage, Stuttgart 2007. *Zur Anschaffung empfohlen. Enthält bündige Definitionen zu den meisten literaturwissenschaftlichen Termini.*

- **Reallexikon der deutschen Literaturwissenschaft.** *Neubearbeitung des Reallexikons der deutschen Literaturgeschichte, 3 Bände, herausgegeben von Klaus Weimar, Harald Fricke, Jan Dirk-Müller, Berlin / New York 1997–2003. Prägnante Darstellung von 900 literaturwissenschaftlichen Begriffen nach ihrer Wort-, Sach-, Begriffs- und Forschungsgeschichte. Unvermeidbares Hilfsmittel zur Begriffsklärung bei Hausarbeiten.*

Medienwissenschaft

- **Metzler-Lexikon Medientheorie – Medienwissenschaft. Ansätze – Personen – Grundbegriffe**, unter Mitarbeit von Susanne Pütz herausgegeben von Helmut Schanze, Stuttgart 2002. *Das Lexikon informiert über alle zentralen Begriffe der Medienwissenschaft.*

Nachschlagewerke

Autoren

- **Biographical Dictionary of Literary Influences: The Nineteenth Century, 1800–1914,** herausgegeben von John Powell, Westport 2001. *Stellt Autoren hinsichtlich ihrer literarischen Einflüsse vor.*

- **Kindlers Neues Literaturlexikon,** herausgegeben von Walter Jens, 22 Bände, München 1988–98 [auch als CD-ROM]. *Enthält Inhaltsangaben, Deutungen und bibliografische Angaben zu Werken der Weltliteratur.*

- **Kritisches Lexikon zur fremdsprachigen Gegenwartsliteratur [KLfG],** herausgegeben von Heinz Ludwig Arnold, München 1983ff. [auch als Onlineausgabe, Web-Adresse: www.munzinger.de] *Die ständig aktualisierte Blattsammlung überblickt einen Großteil der gegenwärtigen Literaturproduktion weltweit.*

- **Metzler Lexikon Weltliteratur. 1000 Autoren von der Antike bis zur Gegenwart,** herausgegeben von Axel Ruckaberle, 3 Bände, Stuttgart 2006. *Ergänzung zu Kindlers Neues Literaturlexikon.*

- Gero von Wilpert: **Lexikon der Weltliteratur. Autoren und Werke,** 4 Bände, 4. Auflage, Stuttgart 2004. *Ergänzung zu Kindlers Neues Literaturlexikon, geordnet nach Autoren und nach Werken.*

- Dieter Lamping (Hg.): **Handbuch der literarischen Gattungen,** Stuttgart 2009. *Ausführliche Artikel zur Geschichte einer Gattung mit vielen vergleichenden Beispielen und ihrer bisherigen literaturwissenschaftlichen Erforschung.*

  Gattungen

- Rüdiger Zymner (Hg.): **Handbuch Gattungstheorie,** Stuttgart 2010. *Aufgefächert werden die Aspekte, Fragestellungen und Problemkonstellationen, die sich aus der gattungstheoretischen Diskussion ergeben haben. Für die gattungspoetologische Textanalyse enthält dieses Buch anregende Ideen.*

- **Enzyklopädie des Märchens. Handwörterbuch zur historischen und vergleichenden Erzählforschung,** begründet von Kurt Ranke, 14 Bände, Berlin 1977–2010. *Bisher sind 13 Bände erschienen, die auf einer 200 Jahre dauernden internationalen Forschung zur internationalen Erzählliteratur basieren.*

  Märchen

- **Handbuch Komparatistik,** herausgegeben von Rüdiger Zymner und Achim Hölter, Stuttgart/Weimar [erscheint voraussichtlich 2012]. *Dezidiert komparatistisch konzipiertes literaturwissenschaftliches Handbuch. Vorgestellt werden Ausrichtungen, Arbeitsfelder, Methoden, Problemkonstellationen, Theorien, Geschichte, Gründungstexte, Klassiker der literaturwissenschaftlichen Komparatistik sowie Instrumente der komparatistischen Arbeitspraxis.*

  Methoden und Theorien

- **Handbuch Literaturwissenschaft. Gegenstände – Konzepte – Institutionen,** herausgegeben von Thomas Anz, 3 Bände, Stuttgart 2007. *Bietet längere Darstellungen zu literaturwissenschaftlichen Kategorien sowie zu wissenschaftstheoretischen und -geschichtlichen Zusammenhängen.*

- **Metzler Lexikon Literatur- und Kulturtheorie: Ansätze – Personen – Grundbegriffe,** herausgegeben von Ansgar Nünning, 4. Auflage, Stuttgart 2008. *Das Lexikon gibt einen guten Einblick in die aktuellen Debatten der Literatur- und Kulturtheorie.*

- Pierre Brunel (Hg.): **Dictionnaire des mythes littéraires,** Paris 1994. *Die These, dass die Literatur Tradierungs- und Aufbewahrungsort der Mythen ist, veranschaulicht dieses Buch in 130 Artikeln.*

  Motive, Mythen, Stoffe, Symbole

SERVICETEIL

- Elisabeth Frenzel: **Stoffe der Weltliteratur. Ein Lexikon dichtungsgeschichtlicher Längsschnitte,** Stuttgart, 10. Auflage 2005. *Verzeichnet die wichtigsten literarischen Stoffe mit Verweisen in verschiedene Literaturen und Angaben zur Sekundärliteratur.*

- Elisabeth Frenzel: **Motive der Weltliteratur. Ein Lexikon dichtungsgeschichtlicher Längsschnitte,** 6. Auflage, Stuttgart 2008. *Verzeichnet die wichtigsten literarischen Motive mit Verweisen in verschiedene Literaturen und Angaben zur Sekundärliteratur.*

Französisch
- **Metzler Lexikon literarischer Symbole,** herausgegeben von Günter Butzer und Joachim Jacob, Stuttgart 2008. *Skizziert anhand literarischer Texte das symbolische Spektrum verschiedener Dinge und Phänomene von Abend bis Zypresse.*

Literaturgeschichten

Antike (griechisch / römisch)
- Albrecht Dihle: **Die griechische und lateinische Literatur der Kaiserzeit. Von Augustus bis Justinian,** München 1989.

- Manfred Fuhrmann: **Geschichte der römischen Literatur,** Stuttgart 2005.

- Albin Lesky: **Geschichte der griechischen Literatur,** 3. Auflage, München 1999.

Arabisch
- Wiebke Walther: **Kleine Geschichte der arabischen Literatur. Von der vorislamischen Zeit bis zur Gegenwart,** München 2004.

Chinesisch
- Helwig Schmidt-Glintzer: **Geschichte der chinesischen Literatur. Die 3000jährige Entwicklung der poetischen, erzählenden und philosophisch-religiösen Literatur Chinas von den Anfängen bis zur Gegenwart,** Darmstadt 1990.

Deutsch
- **Geschichte der deutschen Literatur von den Anfängen bis zur Gegenwart,** begründet von Helmut de Boor und Richard Newald, 12 Bände, München 1949–2004.

- Max Wehrli: **Geschichte der deutschen Literatur im Mittelalter. Von den Anfängen bis zum Ende des 16. Jahrhunderts,** 3. Auflage 1997.

- David E. Wellbery (Hg.): **A New History of German Literature,** Cambridge / London 2004.

ALLGEMEINE BIBLIOGRAFISCHE HILFSMITTEL

- Bernhard Fabian (Hg.): Die englische Literatur, 2 Bände, München 2000. — Englisch
- Hubert Zapf (Hg.): Amerikanische Literaturgeschichte, 3. Auflage, Stuttgart 2010.
- Jürgen Grimm (Hg.): Französische Literaturgeschichte, 5. Auflage, Stuttgart / Weimar 2006. — Französisch
- Hugo Friedrich: Epochen der italienischen Lyrik, Frankfurt a. M. 1964. — Italienisch
- Volker Kapp (Hg.): Italienische Literaturgeschichte, 3. Auflage, Stuttgart 2007.
- Helmuth von Glasenapp: Die Literaturen Indiens. Von ihren Anfängen bis zur Gegenwart, Stuttgart 1961. — Indisch
- Klaus Mylius: Geschichte der altindischen Literatur. Die 3000jährige Entwicklung der religiös-philosophischen, belletristischen und wissenschaftlichen Literatur Indiens von den Veden bis zur Etablierung des Islam, 2. Auflage, Wiesbaden 2003.
- Shūichi Katō, Geschichte der japanischen Literatur. Die Entwicklung der poetischen, epischen, dramatischen und essayistisch-philosophischen Literatur Japans von den Anfängen bis zur Gegenwart, Bern 1990 [Original auf Japanisch]. — Japanisch
- Michael Rössner: Lateinamerikanische Literaturgeschichte, 3. Auflage, Stuttgart 2007. — Lateinamerikanisch
- Jan Rypka: Iranische Literaturgeschichte, Leipzig 1959 [Original auf Tschechisch]. — Persisch
- Helmut Siepmann: Kleine Geschichte der portugiesischen Literatur, München 2003. — Portugiesisch
- Reinhard Lauer: Geschichte der russischen Literatur. Von 1700 bis zur Gegenwart, München 2008. — Russisch
- Jürg Glauser (Hg.): Skandinavische Literaturgeschichte, Stuttgart 2006. — Skandinavisch
- Hans-Jörg Neuschäfer (Hg.): Spanische Literaturgeschichte, 4. Auflage, Stuttgart 2011. — Spanisch
- Neues Handbuch der Literaturwissenschaft, 25 Bände, herausgegeben von Klaus von See, Wiesbaden / Frankfurt a. M. / Wiebelsheim 1972–2008. *In den einzelnen Bänden werden neben der europäi-* — Weltliteratur

schen die orientalische und asiatische Literaturgeschichte behandelt.

Einführungen

Komparatistik

- **Heinz Ludwig Arnold / Heinrich Detering (Hg.): Grundzüge der Literaturwissenschaft,** 9. Auflage, München 2011. *Facettenreiche Einführung, die auch für Komparatisten von Interesse ist.*

- **Angelika Corbineau-Hoffmann: Einführung in die Komparatistik,** 2. Auflage, Berlin 2004. *Kapitel zur Fachgeschichte, zum Begriff Weltliteratur, zur Einfluss- und Rezeptionsforschung, zur Thematologie, zur Gattungspoetik und zur literarischen Übersetzung sowie zum Verhältnis von Literatur und Kultur.*

- **Ernst Grabovszki: Vergleichende Literaturwissenschaft für Einsteiger,** Wien 2011. *Kapitel zur Definition der Disziplin, zu Methoden und Kategorien des Textverstehens (Hermeneutik), zur Globalisierung, zum Vergleich, zum Verhältnis Text und Kultur, zur Intermedialität, zum Übersetzen und zur Fachgeschichte.*

- **The Routledge Companion to World Literature,** herausgegeben von Theo D'Haen, David Damrosch und Djelal Kadir, New York 2011. *Keine Einführung im eigentlichen Sinn, aber das vielseitige Handbuch führt in die internationalen Zusammenhänge der Komparatistik anhand ihres zentralen Gegenstandes ein. Weltliteratur wird von internationalen Fachautoren vorgestellt nach historischen, disziplinären, theoretischen und geografischen Aspekten.*

- **Peter V. Zima: Komparatistik. Einführung in die Vergleichende Literaturwissenschaft,** 2. Auflage, Tübingen / Basel 2011. *Die Einführung versteht die Komparatistik als eine dialogische Theorie. Erhellender Teil zur Fachgeschichte, außerdem Kapitel zum typologischen sowie zum genetischen Vergleich, zur vergleichenden Rezeptionsforschung, zur literarischen Übersetzung, zur Periodisierung der Literaturgeschichte und zur Gattungsgeschichte. Enthält eine hilfreiche Bibliografie mit vielen vergleichenden Fallstudien.*

Metrik

- **Michail L. Gasparov: A History of European Versification,** Oxford 1996 [Original auf Russisch]. *Diese Metrikgeschichte ist transnational ausgerichtet und gibt Einblicke in die unterschiedlichen metrischen Systeme der europäischen Literatur.*

- **Sebastian Donat: Deskriptive Metrik**, Innsbruck 2010. *Entwickelt wird ein metrisches Beschreibungsmodell für die unterschiedlichen metrischen Systeme der Weltliteratur.*

- **Heinrich F. Plett: Einführung in die rhetorische Textanalyse**, Hamburg 2001. *Bietet einen Einstieg in die Analyse wirkungsorientierter Literatur und stellt dabei die meisten Redefiguren vor.* — Rhetorik

- **Kristin Felsner / Holger Helbig / Therese Manz: Arbeitsbuch Lyrik**, Berlin 2008. *Das Arbeitsbuch Lyrik aus der Reihe Akademie Studienbücher enthält viele anregende Beispielanalysen und stellt die wichtigsten Analysekategorien der Lyrik vor.* — Lyrikanalyse

- **Matias Martinez / Michael Scheffel: Einführung in die Erzähltheorie**, 8. Auflage, München 2009. *Mittlerweile ein Standardwerk, das in allen literaturwissenschaftlichen Disziplinen Verwendung findet. Systematisch und klar strukturiert, behandelt es alle erzählanalytisch relevanten Begriffe.* — Erzählanalyse

- **Manfred Pfister: Das Drama. Theorie und Analyse**, 11. Auflage, Stuttgart 2001. *Ausführliche, lang bewährte Einführung in die Dramenanalyse.* — Dramenanalyse

- **Terry Eagleton: Einführung in die Literaturtheorie**, 4. Auflage, Stuttgart 1997. *Anregend und kritisch geschriebene Einführung.* — Theorie der Literatur

Sonstiges

- **Poetik und Hermeneutik.** Arbeitsergebnisse einer Forschungsgruppe, München 1964–98. *Zwischen 1964 und 1998 erschienen 17 Bände einer interdisziplinären Forschergruppe zu folgenden Begriffen: Das Ende; Das Gespräch; Das Komische; Die nicht mehr schönen Künste; Epochenschwelle und Epochenbewusstsein; Funktionen des Fiktiven; Geschichte – Ereignis und Erzählung; Identität; Kontingenz; Immanente Ästhetik, ästhetische Reflexion; Individualität; Memoria; Nachahmung und Illusion; Positionen der Negativität; Text und Applikation; Terror und Spiel.*

Quellen im Internet

Hier kann nur eine Auswahl getroffen werden. Es wird empfohlen, das Datenbankangebot Ihrer Bibliothek zu konsultieren, wo weitere Angebote zu finden sind.

SERVICETEIL

Linksammlungen

- **Internetquellen der Universitätsbibliothek Frankfurt zur Komparatistik,** Web-Adresse: www.ub.uni-frankfurt.de/webmania/webliteraturwissenschaft.html. *Linksammlung zu Nachschlagewerken (Autoren-, Werk- und Epochenlexika; Wörterbücher; Glossare, Bibliografien), elektronischen Volltexten und Volltextsammlungen, Zeitschriften, Autoren-Websites, Themen-Websites, Portalen, Online-Rezensionen, Kommunikationskanälen, Instituten und Seminaren im deutschsprachigen Raum, internationalen Instituten, Forschungsinstituten und außeruniversitären Forschungseinrichtungen, Graduiertenschulen, Fachorganisationen und weiteren kommentierten Linksammlungen.*

- **Virtuelle Allgemeinbibliothek: Literaturwissenschaft,** Web-Adresse: www.virtuelleallgemeinbibliothek.de/. *Es handelt sich um eine kommentierte Linksammlung zu Gebieten der Literaturwissenschaft.*

Literaturtheorie

- **Annotierte Bibliographie zur Literaturtheorie, Universität Göttingen,** Web-Adresse: www.literaturtheorie.uni-goettingen.de. *Verzeichnet ein umfangreiches Schrifttum zur Theorie der Literatur, das fortschreitend annotiert wird.*

Texte digital

- **Archive,** Web-Adresse: www.archive.org/. *Sammlung digitalisierter Drucke von älterer, gemeinfreier Literatur.*

- **Columbia Granger's World of Poetry,** Web-Adresse: www.columbiagrangers.org/. *Digitalisiert sind tausende Gedichte der Weltliteratur auf der Basis von 700 Anthologien und anderen Sammelwerken. Hilfreich ist eine thematische Suche. Nicht gemeinfreie Texte sind nur in Auszügen lesbar.*

- **Gallica – Bibliothèque numérique de la Bibliothèque nationale de France,** Web-Adresse: www.gallica.bnf.fr/. *Enthält eine umfangreiche Sammlung digitalisierter Drucke und stellt eine Alternative zu Google books dar.*

- **Lyriktheorie,** Web-Adresse: www.uni-due.de/lyriktheorie/. *Vorbildliche Sammlung von zentralen Texten aus der Geschichte der lyrischen Theorie, die den Erstdruck ediert und digitalisiert sowie jeweils eine umfangreiche Bibliografie enthält.*

- **Perseus digital,** Web-Adresse: www.perseus.tufts.edu/hopper/. *Enthält altgriechische und lateinische Texte nach zitierfähigen Ausgaben, auch in Transliteration und englischer Übersetzung. Sehr nützlich.*

- Zeno, Web-Adresse: www.zeno.org/. *Umfangreiche Sammlung von deutscher Literatur und Weltliteratur in deutscher Übersetzung, die auf Buchausgaben basiert. Auch Lexika wie der Brockhaus sind aufgenommen.*
- Zentrales Verzeichnis digitalisierter Drucke, Web-Adresse: www. zvdd.de/. *Von der Deutschen Forschungsgemeinschaft gefördertes Verzeichnis der in Deutschland digitalisierten Drucke.*
- JSTOR, Web-Adresse: www.jstor.org. *Die Datenbank enthält Millionen digitalisierter Zeitschriftenbeiträge in PDF und TIFF. Gegebenenfalls sind diese kostenpflichtig bzw. nur über einen Bibliothekszugang zu erreichen.* Zeitschriften digital
- Project MUSE, Web-Adresse: http://muse.jhu.edu/. *Bietet einen elektronischen Zugang zu 300 Fachzeitschriften.*
- DigiZeitschriften, Web-Adresse: www.digizeitschriften.de/. *Digital erschlossen werden vor allem deutschsprachige Fachzeitschriften.*

15.2 Medien und Institutionen

Zeitschriften

- arcadia – Internationale Zeitschrift für Literaturwissenschaft. *Seit 1966 publiziert die Zeitschrift Beiträge und Rezensionen zur internationalen Literatur und Kultur auf Französisch, Englisch und Deutsch. Jährlich erscheinen zwei Hefte.*
- Canadian Review of Comparative Literature. *Seit 1974 herausgegeben von der Canadian Comparative Literature Association/ Association Canadienne de Littérature Comparée (CCLA/ACLC).*
- Comparatio. Zeitschrift für Vergleichende Literaturwissenschaft. *Erscheint zweimal jährlich.*
- Compar(a)ison. An International Journal of Comparative Literature. *Erscheint mit zwei Heften jährlich, von denen eines jeweils einen Themenschwerpunkt hat.*
- Comparative Critical Studies. *Herausgegeben von der British Comparative Literature Association seit 2004.*
- Comparative Literature. *Duke University Press.*

- Comparative Literature Studies. *Pennsylvania State University Press.*

- Figurationen. gender literatur kultur. *Kulturwissenschaftliche Zeitschrift mit Schwerpunkt Geschlechterstudien.*

- Journal of Modern Literature. *Indiana University Press.*

- Komparatistik Online. *Ein Schwerpunkt liegt auf intermedialen Aspekten und den Wechselbeziehungen zwischen den Künsten.*

- Kulturpoetik. Zeitschrift für kulturgeschichtliche Literaturwissenschaft. *Seit 2001 konzentriert sich die Zeitschrift auf das „Kulturelle der Literatur" und „das Literarische der Kultur".*

- Modern Language Journal. *Erscheint vierteljährlich, herausgegeben von der National Federation of Modern Language Teachers Associations (NFMLTA).*

- MLN – Modern Language Notes. *Johns Hopkins University Press. Gegründet 1886, erscheint fünfmal jährlich, wobei das Dezemberheft komparatistischen Fragen gewidmet ist.*

- MLQ – Modern Language Quarterly. *Duke University Press. Erster Jahrgang 1940.*

- Neophilologus. An International Journal of Modern and Mediaeval Language and Literature. *Erster Jahrgang 1916.*

- Orbis Litterarum. *Erster Jahrgang 1943.*

- Poetica. Zeitschrift für Sprach- und Literaturwissenschaft. *Erscheint zweimal jährlich.*

- Revue de Littérature Comparée. *Traditionsreiche, 1921 begründete Zeitschrift.*

- Studia Neophilologica. *Erster Jahrgang 1928.*

- The Comparatist. *University of North Carolina Press.*

- Translation and Literature. *Edinburgh University Press.*

- World Literature Today. *Artikel zur zeitgenössischen Weltliteratur.*

- Yearbook of Comparative and General Literature. *Herausgegeben vom Department of Comparative Literature der Indiana University.*

Gesellschaften

- ACLA. American Comparative Literature Association, Web-Adresse: www.acla.org. *Gegründet 1960.*

- DGAVL – Deutsche Gesellschaft für Allgemeine und Vergleichende Literaturwissenschaft, Web-Adresse: www.dgavl.de. *Fachverband für Hochschulwissenschaftler und Studierende der Komparatistik, gegründet 1969; derzeit rund 300 Mitglieder; alle drei Jahre stattfindende Jahrestagung wie z. B. in den letzten Jahren „Komparatistik als Arbeit am Mythos" (2002), „Visual Culture" (2005), „Comparative Arts – Neue Ansätze zu einer universellen Ästhetik" (2008), „Figuren des Globalen. Weltbezug und Welterzeugung in Literatur, Kunst und Medien" (2011). Herausgabe des Jahrbuchs „Komparatistik" sowie von Sammelbänden zu den Tagungen.*

- ICLA / AILC. International Comparative Literature Association / Association internationale de Littérature comparée, Web-Adresse: www.ailc-icla.org. *Die Internationale Gesellschaft für Vergleichende Literaturwissenschaft, gegründet 1955, vereint die nationalen Dachverbände und veranstaltet große Komparatistik-Kongresse alle drei Jahre: 2010 in Seoul („Expanding the Frontiers of Comparative Literature"), 2013 in Paris („Comparative Literature as a Critical Approach").*

Fachkommunikation

- H-Germanistik. Netzwerk für literaturwissenschaftlichen Wissenstransfer, Web-Adresse: www.h-germanistik.de. *Literaturwissenschaftliche Mailingliste, die seit 2005 täglich über aktuelle Calls for papers, Tagungen, Tagungsberichte, Jobangebote und Zeitschrifteninhalte informiert.*

- REELC / ENCLS: Réseau européen d'études littéraires comparées / European Network for Comparative Literary Studies, Web-Adresse: http://encls.net/. *International und interdisziplinär ausgerichtete Kommunikationsplattform zur Komparatistik.*

16 Anhang

→ ASB
Akademie Studienbücher, auf die der vorliegende Band verweist

ASB AJOURI Philip Ajouri: Literatur um 1900. Naturalismus – Fin de Siècle – Expressionismus, Berlin 2009.

ASB BRUHN Matthias Bruhn: Das Bild. Theorie – Geschichte – Praxis, Berlin 2009.

ASB D'APRILE/SIEBERS Iwan-Michelangelo D'Aprile/Winfried Siebers: Das 18. Jahrhundert. Zeitalter der Aufklärung, Berlin 2008.

ASB DELABAR Walter Delabar: Klassische Moderne. Deutschsprachige Literatur 1918–33, Berlin 2010.

ASB EBERT Christa Ebert: Literatur in Osteuropa. Russland und Polen, Berlin 2010.

ASB JOISTEN Karen Joisten: Philosophische Hermeneutik, Berlin 2009.

ASB KELLER Andreas Keller: Frühe Neuzeit. Das rhetorische Zeitalter, Berlin 2008.

ASB KOCHER/KREHL Ursula Kocher/Carolin Krehl: Literaturwissenschaft. Studium – Wissenschaft – Beruf, Berlin 2008.

ASB KOŠENINA Alexander Košenina: Literarische Anthropologie, Berlin 2008.

ASB REICHARDT Ulfried Reichardt: Globalisierung. Literaturen und Kulturen des Globalen, Berlin 2010.

ASB SCHÖSSLER Franziska Schößler: Einführung in die Gender Studies, Berlin 2009.

ASB STOCKINGER Claudia Stockinger: Das 19. Jahrhundert. Zeitalter des Realismus, Berlin 2010.

ASB TAUSCH Harald Tausch: Literatur um 1800: Klassisch-romantische Moderne, Berlin 2011.

Informationen zu weiteren Bänden finden Sie unter www.akademie-studienbuch.de

16.1 Zitierte Literatur

Adler/Ernst 1987 Jeremy Adler/Ulrich Ernst: Text als Figur. Visuelle Poesie von der Antike bis zur Moderne, Wolfenbüttel/Weinheim 1987.

Adorno 1990 Theodor W. Adorno: Fragment über Musik und Sprache, in: ders., Musikalische Schriften I–III. Quasi una fantasia, Frankfurt a. M. 1990, S. 251–256.

Albrecht 1998 Jörn Albrecht: Literarische Übersetzung. Geschichte – Theorie – Kulturelle Wirkung, Darmstadt 1998.

Albrecht 2011 Andrea Albrecht: Bilinguale Sprachspiele zwischen Ost und West. Yoko Tawada und Xiaolu Guo, in: Gegenwartsliteratur 10 (2011), S. 276–300.

Albrecht/von Essen/Frick 2011 Andrea Albrecht/Gesa von Essen/Werner Frick (Hg.): Zahlen, Zeichen und Figuren. Mathematische Inspirationen in Kunst und Literatur, Berlin 2011.

Alewyn 1963 Richard Alewyn: Der Roman des Barock, in: Hans Steffen (Hg.), Formkräfte der deutschen Dichtung vom Barock bis zur Gegenwart, Göttingen 1963, S. 21–34.

Apel 1982 Friedmar Apel: Sprachbewegung. Eine historisch-poetologische Untersuchung zum Problem des Übersetzens, Heidelberg 1982.

Apel/Kopetzki 2003 Friedmar Apel/Annette Kopetzki: Literarische Übersetzung, 2. Auflage, Stuttgart/Weimar 2003.

Aristophanes 1845 Aristophanes: [Komödien], 3 Bände, übersetzt von Ludwig Seeger, Frankfurt a. M. 1845–48.

Aristoteles 1999 Aristoteles: Rhetorik, übersetzt von Gernot Krapinger, Stuttgart 1999.

Arndt 1994 Christiane Arndt: Antiker und neuzeitlicher Briefroman. Ein gattungstypologischer Vergleich, in: Niklas Holzberg/Stefan Merkle (Hg.), Der griechische Briefroman. Gattungstypologie und Textanalyse, Tübingen 1994, S. 53–83.

Arndt/Naguschewski/Stockhammmer 2007 Susan Arndt/Dirk Naguschewski/Robert Stockhammer (Hg.): Exophonie. Anderssprachigkeit (in) der Literatur, Berlin 2007.

Arnold/Fischer 2004 Markus Arnold/Roland Fischer (Hg.): Disziplinierungen. Kulturen der Wissenschaft im Vergleich, Wien 2004.

Arnold/Korte 2002 Heinz-Ludwig Arnold/Hermann Korte (Hg.): Literarische Kanonbildung, München 2002.

Assmann 1999 Aleida Assmann: Formen und Wandlungen des kulturellen Gedächtnisses, München 1999.

Auer 1997 Johannes Auer: worm applepie for doehl [1997], Web-Adresse: http://auer.netzliteratur.net/worm/applepie.htm.

Auerbach 1992 Erich Auerbach: Philologie der Weltliteratur, Frankfurt a. M. 1992.

Bachmann-Medick 1997 Doris Bachmann-Medick (Hg.): Übersetzung als Repräsentation fremder Kulturen, Berlin 1997.

Bachmann-Medick 1998 Doris Bachmann-Medick: Multikultur oder kulturelle Differenzen? Neue Konzepte von Weltliteratur und Übersetzung in postkolonialer Perspektive, in: dies. (Hg.), Kultur als Text. Die anthropologische Wende in der Literaturwissenschaft, 2. Auflage, Frankfurt a. M. 1998, S. 262–296.

Bachmann-Medick 2009 Doris Bachmann-Medick: The Translational Turn, in: Translation Studies 2 (2009), H. 1, S. 2–16.

Bachtin 1971 Michail M. Bachtin: Probleme der Poetik Dostoevskijs. Aus dem Russischen von Adelheid Schramm, München 1971.

Bachtin 1979 Michail M. Bachtin: Die Ästhetik des Wortes, herausgegeben und übersetzt [mit Sabine Reese] von Rainer Grübel, Frankfurt a. M. 1979.

Backe 2008 Hans-Joachim Backe: Strukturen und Funktionen des Erzählens im Computerspiel. Eine typlogische Einführung, Würzburg, 2008.

Baecker 2001 Dirk Baecker: Wozu Kultur?, Berlin 2001.

Barner 1971 Wilfried Barner: Produktive Rezeption. Lessing und die Tragödien Senecas, München 1971.

Barthes 2006 Roland Barthes: Der Tod des Autors, in: ders., Das Rauschen der Sprache (Kritische Essays IV). Aus dem Französischen von Dieter Hornig, Frankfurt a. M. 2006, S. 57–63.

Baudelaire 1998 Charles Baudelaire: Die Blumen des Bösen, übertragen, herausgegeben und kommentiert von Friedhelm Kemp, 2. Auflage, München 1998.

Behrens 1940 Irene Behrens: Die Lehre von der Einteilung der Dichtkunst vornehmlich vom 16. bis 19. Jahrhundert. Studien zur Geschichte der poetischen Gattungen, Halle a. d. Saale 1940.

Beil 2010 Ulrich Johannes Beil: Die hybride Gattung. Poesie und Prosa im europäischen Roman von Heliodor bis Goethe, Würzburg 2010.

Benjamin 1978 Walter Benjamin: Ursprung des deutschen Trauerspiels, herausgegeben von Rolf Tiedemann, Frankfurt a. M. 1978 [zuerst 1928].

Benjamin 1991 Walter Benjamin: Die Aufgabe des Übersetzers, in: ders., Gesammelte Schriften, herausgegeben von Rolf Tiedemann und Hermann Schweppenhäuser, Bd. IV/1, Frankfurt a. M. 1991, S. 9–21.

Bergerhausen/Poarangan 2011 Johannes Bergerhausen/Siri Poarangan: Decodeunicode. Die Schriftzeichen der Welt, Mainz 2011.

Bernheimer 1995 Charles Bernheimer (Hg.): Comparative literature in the age of multiculturalism, Baltimore 1995.

Bhabha 2000 Homi K. Bhabha: Die Verortung der Kultur, Tübingen 2000.

Birus 1995 Hendrik Birus (Hg.): Germanistik und Komparatistik, Stuttgart 1995.

Birus 1999 Hendrik Birus: Das Vergleichen als Grundoperation der Hermeneutik, in: Henk de Berg/Matthias Prangel (Hg.), Positionen und Kontroversen, Heidelberg 1999, S. 95–117.

Birus 2003 Hendrik Birus: [Art.] Weltliteratur, in: Weimar 1997–2003, Bd. 3, S. 825–827.

Bleichenbacher 2008 Lukas Bleichenbacher: Multilingualism in the movies. Hollywood characters and their language choices, Tübingen 2008.

Bloom 1975 Harold Bloom: The Anxiety of Influence. A Theory of Poetry, London Oxford/New York 1975.

Boehm/Pfotenhauer 1995 Gottfried Boehm/Helmut Pfotenhauer (Hg.): Beschreibungskunst – Kunstbeschreibung. Ekphrasis von der Antike bis zur Gegenwart, München 1995.

Borges 1998 Jorge Luis Borges: Pierre Menard, Autor des *Quijote*; Die Bibliothek von Babel, in: ders., Fiktionen (Ficciones). Erzählungen 1939–1944, übersetzt von Karl August Horst, Wolfgang Luchting und Gisbert Haefs, Frankfurt a. M. 1998, S. 35–45 und S. 67–76.

Boswell 1830 James Boswell: The Life of Samuel Johnson, LL.D. London/New York 1830.

Bowra 1964 C[ecil] M[aurice] Bowra: Heldendichtung. Eine vergleichende Phänomenologie der heroischen Poesie aller Völker und Zeiten, Stuttgart 1964.

Brink/Solte-Gresser 2004 Margot Brink/Christiane Solte-Gresser: Écritures. Denk- und Schreibweisen jenseits der Grenzen von Literatur und Philosophie, Tübingen 2004.

Brittnacher 1998 Hans Richard Brittnacher: Wirkungsgeschichte in der Weltliteratur, in: Hans-Dietrich Dahnke/Regine Otto (Hg.), Goethe-Handbuch, Bd. 4/2, Stuttgart/Weimar 1998, S. 1161–1187.

Brockmeier 2003 Peter Brockmeier: Der Vergleich in der Literaturwissenschaft, in: Kaelble/Schriewer 2003, S. 351–366.

Brokoff 2010 Jürgen Brokoff: Geschichte der reinen Poesie. Von der Weimarer Klassik bis zur historischen Avantgarde, Göttingen 2010.

Broich/Pfister 1985 Ulrich Broich/Manfred Pfister (Hg.): Intertextualität. Formen, Funktionen, anglistische Fallstudien. Unter Mitarbeit von Bernd Schulte-Middelich, Tübingen 1985.

Brown 2009 Keith Brown (Hg.): Concise Encyclopedia of Languages of the World, Amsterdam et al. 2009.

ANHANG

Brunetière 1890 Ferdinand Brunetière: L'évolution des genres dans l'histoire de la littérature, Paris 1890.

Bürger-Koftis 2010 Michaela Bürger-Koftis/Hannes Schweiger/Sandra Vlasta (Hg.): Polyphonie – Mehrsprachigkeit und literarische Kreativität, Wien 2010.

Buruma/Margalit/Wirthensohn 2005 Ian Buruma/Avishai Margalit/Andreas Wirthensohn: Okzidentalismus. Der Westen in den Augen seiner Feinde, München/Wien 2005.

Clüver 1978 Claus Clüver: Painting into Poetry, in: Yearbook of Comparative and General Literature 27 (1978), S. 19–34.

Clüver 1989 Claus Clüver: On Representation in Concrete and Semiotic Poetry, in: Martin Heusser et al. (Hg.), The Pictured Word, Amsterdam 1989, S. 13–41.

Clüver 1992 Claus Clüver: Bilder werden Worte. Zu Bildgedichten auf gegenstandslose Kunst, in: Ulrich Weisstein (Hg.), Literatur und bildende Kunst. Ein Handbuch zur Theorie und Praxis eines komparatistischen Grenzgebiets, Berlin 1992, S. 298–312.

Clüver 2002 Claus Clüver: Das internationale konkrete Gedicht. Schreiben in vielen Sprachen, in: Schmeling/Schmitz-Emans 2002, S. 311–324.

Corbineau-Hoffmann 2004 Angelika Corbineau-Hoffmann, Einführung in die Komparatistik, Berlin 2004.

Croce 1930 Benedetto Croce: Aesthetik als Wissenschaft vom Ausdruck und allgemeine Sprachwissenschaft, übertragen von Hans Feist und Richard Peters, Tübingen 1930.

Culler 2001 Jonathan D. Culler: Comparing poetry, in: Comparative literature 53 (2001), N.3, VII–XVIII.

Curtius 1993 Ernst Robert Curtius: Europäische Literatur und Lateinisches Mittelalter, 11. Auflage, Tübingen 1993.

D'Angelo 2002 Biagio D'Angelo: Multilinguisme et multiculturalisme dans la trilogie américaine de Vladimir Nabokov (*Lolita, Ada, Pale Fire*): quête d'un paradis perdu, in: Schmeling/Schmitz-Emans 2002, S. 137–145.

Dahlhaus/Miller 1988 Carl Dahlhaus/Norbert Miller (Hg.): Beziehungszauber. Musik in der modernen Dichtung, München/Wien 1988.

Damrosch 2003 David Damrosch: What Is World Literature?, Princeton 2003.

Damrosch 2006 David Damrosch: Rebirth of a Discipline. The Global Origins of Comparative Studies, in: Comparative Critical Studies 3 (2006), H.1–2, S. 99–112.

Damrosch 2008 David Damrosch: Toward a History of World Literature, in: New Literary History 39 (2008), H. 3, S. 481–496.

Damrosch/Melas/Buthelezi 2009 David Damrosch/Natalie Melas/Mbongiseni Buthelezi (Hg.): The Princeton sourcebook in comparative literature. From the European enlightenment to the global present, Princeton 2009.

Dante 2011 Dante Alighieri: Dante Alighieri, De l'éloquence en vulgaire. Traduction et commentaires sous la direction d'Irène Rosier-Catach, s. l., Paris 2011.

Dante 1916 Dante Alighieri: Die Göttliche Komödie, übersetzt von Karl Witte, Berlin 1916.

de Man 1997 Paul de Man: Schlußfolgerungen: Walter Benjamins „Die Aufgabe des Übersetzers", in: Alfred Hirsch (Hg.), Übersetzung und Dekonstruktion, Frankfurt a. M. 1997, S. 182–228.

Derrida 1980 Jacques Derrida: La Loi du genre [The Law of Genre], in: GLYPH. Textual Studies, Bd. 7: Genre (1980), S. 176–201 [202–229].

Derrida 1997 Jacques Derrida: Babylonische Türme. Wege, Umwege, Abwege [De tours de Babel], in: Alfred Hirsch (Hg.), Übersetzung und Dekonstruktion, Frankfurt a. M. 1997, S. 119–165.

ZITIERTE LITERATUR

Detering 1990 Heinrich Detering: Theodizee und Erzählverfahren. Narrative Experimente mit religiösen Modellen im Werk Wilhelm Raabes, Göttingen 1990.

Dilthey 1887 Wilhelm Dilthey: Die Einbildungskraft des Dichters. Bausteine für eine Poetik, in: Fr[iedrich Theodor] Fischer (Hg.), Philosophische Aufsätze. Eduard Zeller zu seinem fünfzigjährigen Doctor-Jubiläum gewidmet, Leipzig 1887, S. 304–482.

Dilthey 1906 Wilhelm Dilthey: Das Erlebnis und die Dichtung, Leipzig 1906.

Draesner 2000 Ulrike Draesner: *Twin Spin*. Sonette von Shakespeare, in: Peter Waterhouse/Ulrike Draesner/Barbara Köhler: :to change the subject, Göttingen 2000, S. 11–33.

Drux 2000 Rudolf Drux: [Art.] Motiv, in: Weimar 1997–2003, Bd. 2, S. 638–642.

Duden 2011 Dudenverlag (Hg.): Bücher, die man kennen muss. Klassiker der Weltliteratur, Mannheim/Zürich 2011.

Eckermann 1959 Johann Peter Eckermann: Gespräche mit Goethe in den letzten Jahren seines Lebens, herausgegeben von H.[einrich] H.[ubert] Houben, 25. Auflage, Wiesbaden 1959.

Eco 1994 Umberto Eco: Die Suche nach der vollkommenen Sprache, München 1994.

Eibl 2004 Karl Eibl: Animal Poeta. Bausteine der biologischen Kultur- und Literaturtheorie, Paderborn 2004.

Eliot 1965 T.S. Eliot: Tradition and the Individual Talent, in: ders., Selected Prose, herausgegeben von John Hayward, Harmondsworth 1965, S. 21–30.

Enomoto 1991 Yoshiko Enomoto: Machiko and Pride and Prejudice, in: Comparative Literature Studies 28 (1991), H. 3, S. 245–258.

Ellmann 1984 Richard Ellmann: Ulysses on the Liffey, London/Boston 1984.

Erll/Nünning 2005 Astrid Erll/Ansgar Nünning (Hg.): Gedächtniskonzepte der Literaturwissenschaft, Berlin/New York 2005.

Ernst 1991 Ulrich Ernst: Konkrete Poesie. Innovation und Tradition, Wuppertal 1991.

Ernst 2004 Ulrich Ernst: Bilingualität als Modell einer Ästhetik der Transgression. Zur manieristischen Polyglossie in visuellen Texten, in: Monika Schmitz-Emans (Hg.), Literatur und Vielsprachigkeit, Heidelberg 2004, S. 49–79.

Esch 1977 Arno Esch: James Joyce und Homer. Zur Frage der ‚Odyssee' –Korrespondenzen im ‚Ulysses', in: Therese Fischer-Seidel (Hg.), James Joyces ‚Ulysses'. Neuere deutsche Aufsätze, Frankfurt a. M. 1977, S. 213–227.

Esselborn 2007 Karl Esselborn: „Übersetzungen aus der Sprache, die es nicht gibt." Interkulturalität, Globalisierung und Postmoderne in den Texten Yoko Tawadas, in: arcadia 42 (2007), H. 2, S. 240–262.

Étiemble 1963 René Étiemble: Comparaison n'est pas raison. La crise de la littérature comparée, Paris 1963.

Fassel 2005 Horst Fassel (Hg.): Hugo Meltzl und die Anfänge der Komparatistik, Stuttgart 2005.

Ferguson 1959 Charles A. Ferguson: Diglossia, in: Word 15 (1959), S.325–340.

Fischer 1981 Manfred S. Fischer: Nationale Images als Gegenstand Vergleichender Literaturgeschichte. Untersuchungen zur Entstehung der komparatistischen Imagologie, Bonn 1981.

Focke 1923 Friedrich Focke: Synkrisis, in: Hermes 58 (1923), H. 3, S. 327–368.

Forster 1974 Leonard Forster: Dichten in fremden Sprachen. Vielsprachigkeit in der Literatur, übersetzt von Jörg-Ulrich Fechner, München 1974 [zuerst engl. 1970].

Frey 1990 Hans-Jost Frey: Der unendliche Text. Frankfurt a. M. 1990.

Fricke 1981   Harald Fricke: Norm und Abweichung, München 1981.

Fricke/Stuck 2003   Harald Fricke/Elisabeth Stuck: [Art.] Textsorte, in: Weimar 1997–2003, Bd. 3, S. 612–615.

Füger 1994   Wilhelm Füger: James Joyce. Epoche – Werk – Wirkung, München 1994.

Fulda/Tschopp 2002   Daniel Fulda/Silvia Serena Tschopp (Hg.): Literatur und Geschichte. Ein Kompendium zu ihrem Verhältnis von der Aufklärung bis zur Gegenwart, Berlin 2002.

Geertz 1987   Clifford Geertz: Dichte Beschreibung. Bemerkungen zu einer deutenden Theorie von Kultur, in: ders., Dichte Beschreibung. Beiträge zum Verstehen kultureller Systeme, Frankfurt a. M. 1987, S. 7–43.

Gelfert 2005   Hans-Dieter Gelfert: Kleine Geschichte der englischen Literatur, München 2005.

Genette 1993   Gérard Genette: Palimpseste. Die Literatur auf zweiter Stufe, Frankfurt a. M. 1993.

Genthe 1829   Friedrich Wilhelm Genthe: Geschichte der Macaronischen Poesie und Sammlung ihrer vorzüglichsten Denkmale, Halle 1829.

Gerigk 1995   Horst-Jürgen Gerigk: Die Russen in Amerika. Dostojewskij, Tolstoj, Turgenjew und Tschechow in ihrer Bedeutung für die Literatur der USA, Hürtgenwald 1995.

Gesse 1997   Sven Gesse: ‚Genera mixta'. Studien zur Poetik der Gattungsmischung zwischen Aufklärung und Klassik-Romantik, Würzburg 1997.

Gier/Gruber 1997   Albert Gier/Gerold W. Gruber (Hg.): Musik und Literatur. Studien zur Strukturverwandtschaft, 2. Auflage, Frankfurt a. M. 1997.

Giloi 1983   Dietlinde Giloi: Short story und Kurzgeschichte. Ein Vergleich Hemingways mit deutschen Autoren nach 1945, Tübingen 1983.

Goethe 1998   Johann Wolfgang von Goethe: Noten und Abhandlungen zu besserem Verständnis des West-östlichen Divans, in: ders., Werke herausgegeben von Erich Trunz, Bd. 2, München 1998, S. 126–267.

Goetsch 1986   Paul Goetsch: Fremdsprachen in der Literatur. Ein typologischer Überblick, in: ders. (Hg.), Dialekte und Fremdsprachen in der Literatur, Tübingen 1986, S. 43–68.

Goßens 2011   Peter Goßens: Weltliteratur. Modelle transnationaler Literaturwahrnehmung im 19. Jahrhundert, Stuttgart 2011.

Gould 2011   Rebecca Gould: The Geography of Comparative Literature, in: Journal of Literary Theory 5 (2011), H. 2, S. 167–186.

Grangaud 1997   Michelle Grangaud: Poèmes fondus, Paris 1997.

Greber 1994   Erika Greber: Wortwebstühle oder: Die kombinatorische Textur des Sonetts. Thesen zu einer neuen Gattungskonzeption, in: Susi Kotzinger/Gabriele Rippl (Hg.), Zeichen zwischen Klartext und Arabeske, Amsterdam 1994, S. 57–80.

Greber/Zemanek 2012   Erika Greber/Evi Zemanek: Sonett-Künste. Mediale Transformationen einer klassischen Gattung, Dozwil 2012.

Griese et al. 2002   Sabine Griese/Hubert Kerscher/Albert Meier/Claudia Stockinger (Hg.): Die Leseliste. Kommentierte Empfehlungen, 2. Auflage, Stuttgart 2002.

Grimm 1956   Jacob Grimm/Wilhelm Grimm (Hg.): Deutsches Wörterbuch, Bd. 12/1, Leipzig 1956.

Gutjahr 2002   Ortrud Gutjahr: Alterität und Interkulturalität. Neuere deutsche Literatur, in: Claudia Benthien/Hans Rudolf Velthen (Hg.), Germanistik als Kulturwissenschaft. Eine Einführung in neue Theoriekonzepte, Reinbek 2002.

Halsall 1992   Albert W. Halsall: Beschreibung, in: Historisches Wörterbuch der Rhetorik, herausgegeben von Gert Ueding, Bd. 1, Darmstadt 1992, Sp.1495–1510.

Hammerschmid/Krapoth 1998   Beata Hammerschmid/Hermann Krapoth (Hg.): Übersetzung als kultureller Prozeß. Rezeption, Projektion und Konstruktion des Fremden, Berlin 1998.

Hansen-Löve 1983   Aage A. Hansen-Löve: Intermedialität und Intertextualität. Probleme der Korrelation von Wort- und Bildkunst – Am Beispiel der russischen Moderne, in: Wolf Schmid/Wolf-Dieter Stempel (Hg.), Dialog der Texte, Wien 1983, S. 291–360.

Hardt/Negri 2000   Michael Hardt/Antonio Negri: Empire, Cambridge 2000.

Haß/König 2003   Ulrike Haß/Christoph König (Hg.): Literaturwissenschaft und Linguistik, Göttingen 2003.

Haymes 1977   Edward R. Haymes: Das mündliche Epos. Eine Einführung in die ‚Oral Poetry' Forschung, Stuttgart 1977.

Hempfer 1973   Klaus W. Hempfer: Gattungstheorie. Information und Synthese, München 1973.

Heydebrand 1998   Renate von Heydebrand (Hg.): Kanon – Macht – Kultur. Theoretische, historische und soziale Aspekte ästhetischer Kanonbildung, Stuttgart 1998.

Heydebrand/Winko 1996   Renate von Heydebrand/Simone Winko: Einführung in die Wertung von Literatur. Systematik, Geschichte, Legitimation, Paderborn 1996.

Hickethier 2010   Knut Hickethier: Einführung in die Medienwissenschaft, 2. Auflage, Stuttgart/Weimar 2010.

Hieronymus 1963   Sophronius Eusebius Hieronymus: Brief an Pammachius, in: Hans Joachim Störig (Hg.), Das Problem des Übersetzens, Stuttgart 1963, S. 1–13.

Hocke 1959   Gustav René Hocke: Manierismus in der Literatur, Hamburg 1959.

Hoffmeister 1990   Werner Hoffmeister: Die deutsche Novelle und die amerikanische ‚tale'. Ansätze zu einem gattungstypologischen Vergleich, in: The German quarterly 63 (1990), S. 32–49.

Hofmann 2006   Michael Hofmann: Interkulturelle Literaturwissenschaft. Eine Einführung, Paderborn 2006.

Hölter 1995   Achim Hölter: Die Bücherschlacht. Ein satirisches Konzept in der europäischen Literatur, Bielefeld 1995.

Horaz 2002   Quintus Horatius Flaccus: Ars Poetica/Die Dichtkunst, übersetzt und herausgegeben von Eckart Schäfer, Stuttgart 2002.

Hörisch 2009   Jochen Hörisch: Bedeutsamkeit. Über den Zusammenhang von Zeit, Sinn und Medien, München 2009.

Horn 1981   András Horn: Ästhetische Funktionen der Sprachmischung in der Literatur, in: arcadia 16 (1981), S. 225–241.

Huntington 2002   Samuel Phillips Huntington: Kampf der Kulturen. Die Neugestaltung der Weltpolitik im 21. Jahrhundert, München 2002.

Ivanovic 2010   Christine Ivanovic (Hg.): Yoko Tawada. Poetik der Transformation: Beiträge zum Gesamtwerk. Mit dem Stück Sancho Pansa von Yoko Tawada, Tübingen 2010.

Jäger 2009   Maren Jäger: Die Joyce-Rezeption in der deutschsprachigen Erzählliteratur nach 1945, Tübingen 2009.

James/Jondorf 1994   Edward James/Gillian Jondorf: The Posterity of Phèdre, in: dies., Racine. Phèdre, Cambridge 1994, S. 89–109.

Janich/Greule 2002   Nina Janich/Albrecht Greule (Hg.): Sprachkulturen in Europa. Ein internationales Handbuch, Tübingen 2002.

Jauss 1983   Hans Robert Jauss: The Paradox of the Misanthrope, in: Comparative Literature 35 (1983), H. 4, S. 305–322.

Kaelble/Schriewer 2003 Hartmut Kaelble/Jürgen Schriewer (Hg.): Vergleich und Transfer. Komparatistik in den Sozial-, Geschichts- und Kulturwissenschaften, Frankfurt a. M. 2003.

Kaiser 1974 Gerhard R. Kaiser: Zur Dynamik literarischer Gattungen, in: Horst Rüdiger (Hg.), Die Gattungen in der Vergleichenden Literaturwissenschaft, Berlin 1974, S. 32–62.

Kaiser 1980 Gerhard R. Kaiser (Hg.): Vergleichende Literaturforschung in den sozialistischen Ländern. 1963–1979, Stuttgart 1980.

Kappler 1976 Arno Kappler: Der literarische Vergleich. Beiträge zu einer Vorgeschichte der Komparatistik, Bern 1976.

Kippenberg 1901 Anton Kippenberg: Die Sage vom Herzog von Luxemburg und die historische Persönlichkeit ihres Trägers, Leipzig 1901.

Kittel/Frank 1991 Harald Kittel/Armin Paul Frank (Hg.): Interculturality and the Historical Study of Literary Translations, Berlin 1991.

Kittler 1986 Friedrich Kittler: Grammophon, Film, Typewriter, Berlin 1986.

Kittler 1995 Friedrich A. Kittler: Aufschreibesysteme 1800/1900, 3. Auflage, München 1995.

Klausnitzer 2008 Ralf Klausnitzer: Literatur und Wissen. Zugänge – Modelle – Analysen, Berlin 2008.

Knauth 2004a K. Alfons Knauth: Weltliteratur. Von der Mehrsprachigkeit zur Mischsprachigkeit/Multilinguale Literatur, in: Monika Schmitz-Emans (Hg.), Literatur und Vielsprachigkeit, Heidelberg 2004, S. 81–110.

Knauth 2004b K. Alfons Knauth: Multilinguale Literatur, in: Monika Schmitz-Emans (Hg.), Literatur und Vielsprachigkeit, Heidelberg 2004, S. 265–289.

Koller 1992 Werner Koller: Einführung in die Übersetzungswissenschaft, Heidelberg/Wiesbaden 1992.

Koselleck 1987 Reinhart Koselleck: Das 18. Jahrhundert als Beginn der Neuzeit, in: Reinhart Herzog (Hg.), Epochenschwelle und Epochenbewußtsein. Poetik und Hermeneutik 12, München 1987, S. 269–283.

Kranz 1981–87 Gisbert Kranz (Hg.): Das Bild-Gedicht. Theorie, Lexikon, Bibliographie, 3 Bände, Köln/Wien 1981–87.

Krauss/Mohnike 2011 Charlotte Krauss/Thomas Mohnike (Hg.): Auf der Suche nach dem verlorenen Epos. Ein populäres Genre des 19. Jahrhunderts, Berlin 2011.

Kretzschmar 2002 Dirk Kretzschmar: Identität statt Differenz. Zum Verhältnis von Kunsttheorie und Gesellschaftsstruktur in Russland im 18. und 19. Jahrhundert, Frankfurt a. M. 2002.

Kretzschmar 2011 Dirk Kretzschmar: Stil im Sozialsystem ‚Kunst', in: Bernhard Spies/Ulrich Breuer (Hg.), Textprofile stilistisch. Beiträge zur literarischen Evolution, Bielefeld 2011, S. 15–34.

Kristeva 1967 Julia Kristeva: Bakhtine, le mot, le dialogue et le roman, in: Critique XXIII (1967), S. 438–465.

Kristeva 1978 Julia Kristeva: Bachtin, das Wort, der Dialog und der Roman, in: Bruno Hillebrand (Hg.), Zur Struktur des Romans, Darmstadt 1978, S. 388–407.

Kuon 1993 Peter Kuon: Il mio meastro e'l mio autore. Die produktive Rezeption der Divina Commedia in der Erzählliteratur der Moderne, Frankfurt a. M. 1993.

Lachmann 1983 Renate Lachmann: Intertextualität als Sinnkonstitution. Andrej Belyjs ‚Peterburg' und die fremden Texte, in: Poetica 15 (1983), S. 66–107.

Lamping 2005 Dieter Lamping: Weltliteratur als Lektüre für Komparatisten, in: ders./Frank Zipfel, Was sollen Komparatisten lesen?, Berlin 2005, S. 7–19.

Lamping 2007 Dieter Lamping: Vergleichende Textanalysen, in: Thomas Anz (Hg.), Handbuch der Literaturwissenschaft, Bd. 2, Stuttgart 2007, S. 216–224.

ZITIERTE LITERATUR

Lamping 2010a   Dieter Lamping: Die Idee der Weltliteratur. Ein Konzept Goethes und seine Karriere, Stuttgart 2010.

Lamping 2010b   Dieter Lamping: Komparatistische Gattungsforschung, in: Zymner 2010, S. 270–273.

Lauterbach 2002   Dorothea Lauterbach: Poetologische Signale. Zur Funktion des Französischen in Rilkes Roman, in: Schmeling/Schmitz-Emans 2002, S. 173–187.

Leersen 1984   Joseph Th. Leerssen: Komparatistik in Großbritannien.1800–1950, Bonn 1984.

Lehmann 1977   Jürgen Lehmann: Ambivalenz und Dialogizität. Zur Theorie der Rede bei Michail Bachtin, in: Friedrich A. Kittler/Horst Turk (Hg.), Urszenen. Literaturwissenschaft als Diskursanalyse und Diskurskritik, Frankfurt a. M. 1977, S. 355–380.

Leibniz 1903   Gottfried Wilhelm von Leibniz: Opuscules et fragments inédits de Leibniz, herausgegeben von Louis Couturat, Paris 1903.

Leopold 2003   Stephan Leopold: Calderón y Kleist. Prinz Friedrich von Homburg como transposición hipertextual de La vida es sueño, in: Manfred Tietz (Hg.), Teatro calderoniano sobre el tablado. Calderón y su puesta en escena a través de los siglos, Stuttgart 2003, S. 261–274.

Lessing 1987   Gotthold Ephraim Lessing: Laokoon oder über die Grenzen der Malerei und der Poesie, mit einem Nachwort von Ingrid Kreuzer, Stuttgart 1987.

Lindberg-Wada 2006   Gunilla Lindberg-Wada (Hg.): Literary history. Towards a global perspective, 4 Bände, Berlin/New York 2006.

Lubkoll 1995   Christine Lubkoll: Mythos Musik. Poetische Entwürfe des Musikalischen in der Literatur um 1800, Freiburg i. Br. 1995.

Lubkoll 2007   Christine Lubkoll: Musik, in: Thomas Anz (Hg.), Handbuch Literaturwissenschaft, Bd. 1, Stuttgart 2007, S. 378–381.

Lubrich 2006   Oliver Lubrich: Comparative Literature – in, from and beyond Germany, in: Comparative Critical Studies 3 (2006), H.1/2, S. 47–67.

Luhmann 1984   Niklas Luhmann: Soziale Systeme. Grundriß einer allgemeinen Theorie, Frankfurt a. M. 1984.

Luhmann 1995a   Niklas Luhmann: Die Kunst der Gesellschaft, Frankfurt a. M. 1995.

Luhmann 1995b   Niklas Luhmann: Kultur als historischer Begriff, in: Niklas Luhmann, Gesellschaftsstruktur und Semantik. Studien zur Wissenssoziologie der modernen Gesellschaft, Bd. 4, Frankfurt a. M. 1995, S. 31–54.

Luhmann 1997   Niklas Luhmann: Die Gesellschaft der Gesellschaft, Frankfurt a. M. 1997.

Luther 1963   Martin Luther: Sendbrief vom Dolmetschen, in: Hans Joachim Störig (Hg.), Das Problem des Übersetzens, Stuttgart 1963, S. 14–32.

Lutz/Mißfelder/Renz 2006   Helga Lutz/Jan-Friedrich Mißfelder/Tilo Renz: Einleitung: Illegitimes Vergleichen in den Kulturwissenschaften, in: dies. (Hg.), Äpfel und Birnen. Illegitimes Vergleichen in den Kulturwissenschaften, Bielefeld 2006, S. 7–20.

Mahne 2007   Nicole Mahne: Transmediale Erzähltheorie, Göttingen 2007.

Marquart et al. 2009   Jörg Marquardt/Andreas Kilcher/Detlef Kremer: Hoffmanns literarische Rezeption im 19. und in der Neuromantik des frühen 20. Jahrhunderts, in: Detlef Kremer (Hg.), E.T.A. Hoffmann. Leben – Werk – Wirkung, Berlin/New York 2009, S. 563–580.

Maurer 2004   Karl Maurer: Dichten in fremden Sprachen zwischen Gattungskonvention und Autoridentität. Über die Leichtigkeit des Dichtens in fremden Sprachen und die Schwierigkeit des Schreibens in der eigenen, in: Monika Schmitz-Emans (Hg.), Literatur und Vielsprachigkeit, Heidelberg 2004, S. 27–47.

McLuhan 1994 Marshall McLuhan: Understanding Media, Dresden 1994.

Mecklenburg 2008 Norbert Mecklenburg: Das Mädchen aus der Fremde. Germanistik als interkulturelle Literaturwissenschaft, München 2008.

Mercier 1965 Vivian Mercier: James Joyce and the macaronic tradition, in: Jack P. Dalton/Clive Hart (Hg.), Twelve and a Tilly. Essays on the occasion of the 25th anniversary of ‚Finnegans Wake', Evanston 1965, S. 26–39.

Mitchell 1996 Thomas W. J. Mitchell: Why Comparisons Are Odious, in: World Literature Today 70 (1996), H. 2, S. 321–324.

Moretti 2000 Franco Moretti: Conjectures on World Literature, in: New Left Review 1 (2000), S. 54–68.

Müller 1929 Günther Müller: Bemerkungen zur Gattungspoetik, in: Philosophischer Anzeiger 3 (1928/29), S. 129–147.

Müller 2009 Wolfgang G. Müller: Epochenstil/Zeitstil, in: Ulla Fix/Andreas Gardt/Joachim Knape (Hg.), Rhetorik und Stilistik. Ein Handbuch historischer und systematischer Forschung, Berlin/New York 2009, S. 1271–1285.

Nebrig 2007 Alexander Nebrig: Racines Geltungsverlust in der Romantik, in: Marcel Krings (Hg.), Deutsch-französische Literaturbeziehungen, Würzburg 2007, S. 97–111.

Novalis 1963 Novalis: [Auszüge aus den Blüthenstaub-Fragmenten], in: Hans Joachim Störig (Hg.), Das Problem des Übersetzens, Stuttgart 1963, S. 33.

Nussbaum 1990 Martha C. Nussbaum: Love's Knowledge. Essays on Philosophy and Literature, New York 1990.

Nünning 1996 Ansgar Nünning: Kanonisierung, Periodisierung und der Konstruktcharakter von Literaturgeschichten. Grundbegriffe und Prämissen theoriegeleiteter Literaturgeschichtsschreibung, in: ders. (Hg.), Eine andere Geschichte der englischen Literatur: Epochen, Gattungen und Teilgebiete im Überblick, Trier 1996, S. 1–24.

Nünning/Nünning 2003 Vera Nünning/Ansgar Nünning: Kulturwissenschaften. Eine multiperspektivische Einführung in einen interdisziplinären Diskussionszusammenhang, in: dies. (Hg.), Konzepte der Kulturwissenschaften, Stuttgart 2003, S. 1–18.

Nünning/Sommer 2004 Ansgar Nünning/Roy Sommer (Hg.): Kulturwissenschaftliche Literaturwissenschaft: Disziplinäre Ansätze – theoretische Positionen – transdisziplinäre Perspektiven, Tübingen 2004.

Ott 2004 Claudia Ott: Tausendundeine Nacht als Kultbuch der arabischen Literatur, in: Rudolf Freiburg/Markus May/Roland Spiller (Hg.), Kultbücher, Würzburg 2004, S. 15–30.

Paech 1998 Joachim Paech: Intermedialität. Mediales Differenzial und transformative Figuration, in: Jörg Helbig (Hg.), Intermedialität. Theorie und Praxis eines interdisziplinären Forschungsgebiets, Berlin 1998, S. 14–31.

Peirce/Voogd 1996 David Peirce/Peter de Voogd (Hg.): Laurence Sterne in Modernism and Postmodernism, Amsterdam 1996.

Perrot 2003 Danielle Perrot (Hg.): Don Quichotte au XXe siècle. Réceptions d'une figure mythique dans la littérature et les arts, Clermond-Ferrand 2003.

Pethes/Ruchatz 2001 Nicolas Pethes/Jens Ruchatz (Hg.): Gedächtnis und Erinnerung: Ein interdisziplinäres Lexikon, Reinbek 2001.

Platon 1957 Platon: Sämtliche Werke, Bd. 2, herausgegeben von Walter F. Otto, Hamburg 1957.

Plumpe 1995 Gerhard Plumpe: Epochen moderner Literatur. Ein systemtheoretischer Entwurf, Opladen 1995.

Poppe 2007 Sandra Poppe: Visualität in Literatur und Film. Eine medienkomparatistische Untersuchung moderner Erzähltexte und ihrer Verfilmungen, Göttingen 2007.

Posner 1988 Roland Posner: What is an Academic Discipline?, in: Regina Claussen / Roland Daube-Schakat (Hg.), Gedankenzeichen, Tübingen 1988, S. 165–188.

Pütz 1992 Anne Pütz: Literaturwissenschaft zwischen Dogmatismus und Internationalismus. Das Dilemma der Komparatistik in der Geschichte der DDR, Frankfurt a. M. 1992.

Rabinovici 2010 Doron Rabinovici: Andernorts, Berlin 2010.

Rajewsky 2002 Irina O. Rajewsky: Intermedialität, Tübingen / Basel 2002.

Ransmayr 1991 Christoph Ransmayr: Die letzte Welt. Mit einem Ovidischen Repertoire. Ziffernzeichnungen von Anita Albus, Frankfurt a. M. 1991.

Rautenberg 2010 Ursula Rautenberg: Buchwissenschaft in Deutschland. Ein Handbuch, 2 Bände, Berlin 2010.

Reckwitz 2004 Andreas Reckwitz: Die Kontingenzperspektive der ‚Kultur'. Kulturbegriffe, Kulturtheorien und das kulturwissenschaftliche Forschungsprogramm, in: Friedrich Jaeger / Jörn Rüsen (Hg.), Handbuch der Kulturwissenschaften, Bd. 3, Stuttgart / Weimar 2004, S. 1–20.

Reynolds 2000 Margaret Reynolds (Hg.): The Sappho companion, London 2000.

Riedel 2004 Wolfgang Riedel: Literarische Anthropologie. Eine Unterscheidung, in: Wolfgang Braungart / Klaus Ridder / Friedmar Apel (Hg.), Wahrnehmen und Handeln. Perspektiven einer Literaturanthropologie, Bielefeld 2004, S. 337–366.

Rushdie 1991 Salman Rushdie: Imaginary Homelands. Essays and Criticism 1981–1991, New York 1991.

Said 2009 Edward W. Said: Orientalismus, Frankfurt a. M. 2009.

Saussy 2006 Haun Saussy (Hg.): Comparative literature in an age of globalization, Baltimore 2006.

Scaliger 1998 Iulius Caesar Scaliger: Poetices libri septem / Sieben Bücher über die Dichtkunst, herausgegeben von Luc Deitz / Gregor Vogt-Spira, 6 Bände, Stuttgart 1994–2011.

Schabert 1995 Ina Schabert: Gender als Kategorie einer neuen Literaturgeschichtsschreibung, in: Hadumod Bußmann / Renate Hof (Hg.), GENUS. Zur Geschlechterdifferenz in den Kulturwissenschaften, Stuttgart 1995, S. 162–204.

Scher 1984 Steven Paul Scher (Hg.): Literatur und Musik. Ein Handbuch zur Theorie und Praxis eines komparatistischen Grenzgebiets, Berlin 1984.

Scher 1999 Steven Paul Scher: Melopoetics Revisited. Reflexions on Theorizing Word and Music Studies, in: Walter Bernhardt / Steven Paul Scher / Werner Wolf (Hg.), Word and Music Studies. Defining the Field, Amsterdam 1999, S. 9–24.

Scherer 1888 Wilhelm Scherer: Poetik, Berlin 1888.

Scherpe 1968 Klaus R. Scherpe: Gattungspoetik im 18. Jahrhundert. Historische Entwicklung von Gottsched bis Herder, Stuttgart 1968, S. 6–26.

Schleiermacher 1963 Friedrich Schleiermacher: Ueber die verschiedenen Methoden des Uebersezens, in: Hans Joachim Störig (Hg.), Das Problem des Übersetzens, Stuttgart 1963, S. 38–70.

Schmeling 1981 Manfred Schmeling: Einleitung: Allgemeine und Vergleichende Literaturwissenschaft. Aspekte einer komparatistischen Methodologie, in: ders. (Hg.), Vergleichende Literaturwissenschaft. Theorie und Praxis, Wiesbaden 1981, S. 1–24.

Schmeling / Schmitz-Emans 2002 Manfred Schmeling / Monika Schmitz-Emans (Hg.): Multilinguale Literatur im 20. Jahrhundert, Würzburg 2002.

Schmeling / Schmitz-Emans / Walstra 2000 Manfred Schmeling / Monika Schmitz-Emans / Kerst Walstra (Hg.): Literatur im Zeitalter der Globalisierung, Würzburg 2000.

ANHANG

Schmidt 1989 Siegfried J. Schmidt: Die Selbstorganisation des Sozialsystems Literatur im 18. Jahrhundert, Frankfurt a. M. 1989.

Schmidt 1995 Hans-Walter Schmidt: Kulturspezifische Lektüren. Interkulturelle Hermeneutik oder Ethnografie des Lesens?, in: Miltos Pechlivanos et al. (Hg.), Einführung in die Literaturwissenschaft, Stuttgart/Weimar 1995, S. 340–346.

Schmidt 2000 Siegfried J. Schmidt: Kalte Faszination: Medien, Kultur, Wissenschaft in der Mediengesellschaft, Weilerswist 2000.

Schmitz-Emans 1997 Monika Schmitz-Emans: Die Sprache der modernen Dichtung, München 1997, S. 49–106.

Schmitz-Emans 2004a Monika Schmitz-Emans: Literatur und Vielsprachigkeit. Aspekte, Themen, Voraussetzungen, in: Monika Schmitz-Emans (Hg.), Literatur und Vielsprachigkeit, Heidelberg 2004, S. 11–26.

Schmitz-Emans 2004b Monika Schmitz-Emans: Geschriebene Fremdkörper – Spielformen und Funktionen der Integration fremder Schriftzeichen in literarische Texte, in: Monika Schmitz-Emans (Hg.), Literatur und Vielsprachigkeit, Heidelberg 2004, S. 111–173.

Schröder 1979 Susanne Schröder: Deutsche Komparatistik im Wilhelminischen Zeitalter. 1871–1918, Bonn 1979.

Schröder 1982 Susanne Schröder: Komparatistik und Ideengeschichte, Frankfurt a. M. 1982.

Schukowski 2012 Stefan Schukowski: Buch-Illustrationen von Shakespeares Sonetten, in: Greber/Zemanek 2012, S. 345–371.

Schulz 2003 Armin Schulz: [Art.] Thema, in: Weimar 1997–2003, Bd. 3, S. 634f.

Shakespeare 1998 William Shakespeare: Shakespeare's Sonnets, herausgegeben von Katherine Duncan-Jones, London 1998.

Simanowski 2007 Roberto Simanowski: [Art.] „Elektronische und digitale Medien" [und] „Hypertextualität", in: Thomas Anz (Hg.), Handbuch Literaturwissenschaft, Bd. 1, Stuttgart 2007, S. 244–250, 250–254.

Simonis/Simonis 2011 Annette Simonis/Linda Simonis: Der Vergleich und Wettstreit der Künste. Der Paragone als Ort einer komparativen Ästhetik, in: Achim Hölter (Hg.), Comparative Arts. Universelle Ästhetik im Fokus der Vergleichenden Literaturwissenschaft, Heidelberg 2011, S. 73–87.

Šklovskij 1984 Viktor Šklovskij: Theorie der Prosa, herausgegeben und aus dem Russischen übersetzt von Gisela Drohla, Frankfurt a. M. 1984.

Spitzer 1925 Leo Spitzer an Viktor M. Žirmunskij am 25.11.1925, in: Archiv der Russischen Akademie der Wissenschaften, Sankt Petersburg Fond 1001.3.939.

Spivak 2003 Gayatri Chakravorty Spivak: Death of a discipline, New York 2003.

Spoerhase 2010a Carlos Spoerhase: Die Genealogie der akademischen Hausarbeit, in: FAZ, 17.03.2010, Nr. 64, Seite N5.

Spoerhase 2010b Carlos Spoerhase: Gattungsmetaphoriken, in: Zymner 2010, S. 112–114.

Staiger 1946 Emil Staiger: Grundbegriffe der Poetik, Zürich 1946.

Steinmetz 1988 Horst Steinmetz: Weltliteratur. Umriß eines literaturgeschichtlichen Konzepts, in: ders., Literatur und Geschichte. Vier Versuche, München 1988, S. 103–126.

Stern 1957 Josef Peter Stern: „Effi Briest", „Madame Bovary", „Anna Karenina", in: Modern Language Revue 52 (1957), S. 363–375.

Stierle 1982 Karlheinz Stierle: Babel und Pfingsten. Zur immanenten Poetik von Apollinaires ‚Alcools', in: Rainer Warning/Winfried Wehle (Hg.), Lyrik und Malerei der Avantgarde, München 1982, S. 61–112.

Stockhammer 2010 Robert Stockhammer: und: Globalisierung, sprachig – Literatur (Gegenwart?, deutsch?), in: Wilhelm Amann/Georg Mein/Rolf Parr (Hg.), Globalisierung und Gegenwartsliteratur. Konstellationen – Konzepte – Perspektiven, Heidelberg 2010, S. 333–352.

Stolze 2005 Radegundis Stolze: Übersetzungstheorien. Eine Einführung, 4. Auflage, Tübingen 2005.

Streim 2010 Gregor Streim: Differente Welt oder diverse Welten?. Zur historischen Perspektivierung der Globalisierung in Ilija Trojanows Roman „Der Weltensammler", in: Wilhelm Amann/Georg Mein/Rolf Parr (Hg.), Globalisierung und Gegenwartsliteratur: Konstellationen – Konzepte – Perspektiven, Heidelberg 2010, S. 73–89.

Strelka 1997 Joseph P. Strelka: Zu Platz und Methoden der Komparatistik heute, in: Neohelicon XXIV (1997), H. 2, S. 51–70.

Strich 1957 Fritz Strich: Goethe und die Weltliteratur, 2. Auflage, Bern 1957.

Sturm-Trigonakis 2007 Elke Sturm-Trigonakis: Global Playing in der Literatur. Ein Versuch über die neue Weltliteratur, Würzburg 2007.

Szondi 1974 Peter Szondi: Poetik und Geschichtsphilosophie II, herausgegeben von Wolfgang Fietkau, Frankfurt a. M. 1974.

Szondi 1975 Peter Szondi: Das lyrische Drama des Fin de siècle, herausgegeben von Henriette Beese, Frankfurt a. M. 1975.

Szanton 2004 David L. Szanton: The Origin, Nature, and Challenges of Area Studies in the United States, in: ders. (Hg.), The Politics of Knowledge. Area Studies and the Disciplines, Berkeley 2004, S. 1–33.

Tomkowiak/Marzolph 1996 Ingrid Tomkowiak/Ulrich Marzolph: Grimms Märchen International. Zehn der bekanntesten Grimmschen Märchen und ihre europäischen und außereuropäischen Verwandten, 2 Bände, Paderborn 1996.

Tynjanov 1971 Jurij Tynjanov: Über die literarische Evolution, in: Jurij Striedter (Hg.), Russischer Formalismus, München 1971, S. 432–460.

Ueding 1992–2012 Gerd Ueding: Historisches Wörterbuch der Rhetorik, 10 Bände, Tübingen 1992–2012.

Voßkamp 1977 Wilhelm Voßkamp: Gattungen als literarisch-soziale Institutionen. Zum Problem sozial- und funktionsgeschichtlich orientierter Gattungstheorie und -historie, in: Walter Hinck (Hg.), Textsortenlehre – Gattungsgeschichte, Heidelberg 1977, S. 27–42.

Voogd/Neubauer 2004 Peter de Voogd/John Neubauer (Hg.): The reception of Laurence Sterne in Europe, London 2004.

Wandruszka 1979 Mario Wandruszka: Die Mehrsprachigkeit des Menschen, München 1979.

Wehdeking 2007 Volker Wehdeking: Generationenwechsel. Intermedialität in der deutschen Gegenwartsliteratur, Berlin 2007.

Weigel 1992 Sigrid Weigel: Literatur der Fremde – Literatur in der Fremde, in: Klaus Briegleb/Sigrid Weigel (Hg.), Gegenwartsliteratur seit 1968, München/Wien 1992, S. 182–229.

Weimar 1997–2003 Klaus Weimar (Hg.): Reallexikon der deutschen Literaturwissenschaft, 3 Bände, Berlin/New York 1997–2003.

Weisstein 1972 Ulrich Weisstein: Einführung in die Vergleichende Literaturwissenschaft, Stuttgart 1972.

Weisstein 1992 Ulrich Weisstein (Hg.): Literatur und bildende Kunst. Ein Handbuch zur Theorie und Praxis eines komparatistischen Grenzgebiets, Berlin 1992.

Wellek 1963 René Wellek: Die Krise in der Vergleichenden Literaturwissenschaft [1958], in: ders., Concepts of Criticism, New Haven 1963, S. 282–295.

Welsch 1994 Wolfgang Welsch: Transkulturalität. Lebensformen nach der Auflösung der Kulturen, in: Kurt Luger/Rudi Renger (Hg.), Dialog der Kulturen: Die multikulturelle Gesellschaft und die Medien, Wien 1994.

Wertheimer 1998 Jürgen Wertheimer: Grenzwissenschaft – zu den Aufgaben einer Komparatistik der Gegenwart, in: Horst Turck/Brigitte Schultze/Roberto Simanowski (Hg.), Kulturelle Grenzziehungen im Spiegel der Literaturen. Nationalismus, Regionalismus, Fundamentalismus, Göttingen 1998, S. 122–135.

Wertheimer 1999 Jürgen Wertheimer: Don Juan und Blaubart. Erotische Serientäter in der Literatur, München 1999.

White 1986 Hayden White: Der historische Text als literarisches Kunstwerk [1974], in: ders., Auch Klio dichtet oder die Fiktion des Faktischen. Studien zur Tropologie des historischen Diskurses, Stuttgart 1986, S. 101–122.

Willer 2011 Stefan Willer: Die Allgemeinheit des Vergleichs. Ein komparatistisches Problem und seine Entstehung um 1800, in: Michael Eggers (Hg.), Von Ähnlichkeiten und Unterschieden. Vergleich, Analogie und Klassifikation in Wissenschaft und Literatur, Heidelberg 2011, S. 143–165.

Winko 2007 Simone Winko: Textbewertung, in: Thomas Anz (Hg.), Handbuch Literaturwissenschaft, Bd. 2, Stuttgart 2007, S. 233–266.

Wirth 2007 Uwe Wirth: Intermedialität, in: Thomas Anz (Hg.), Handbuch Literaturwissenschaft, Bd. 1, Stuttgart 2007, S. 254–264.

Zelle 2005 Carsten Zelle: Komparatistik und *comparatio* – der Vergleich in der Vergleichenden Literaturwissenschaft. Skizze einer Bestandsaufnahme, in: Komparatistik 2004/2005, S. 13–33.

Zemanek 2008 Evi Zemanek: T. S. Eliot und Ezra Pound im Dialog mit Dante. Die „Divina Commedia" in der modernen Lyrik, München 2008.

Zemanek 2010 Evi Zemanek: Das Gesicht im Gedicht. Studien zum poetischen Porträt, Köln/Wien 2010.

Zima 1980 Peter V. Zima: Textsoziologie. Eine kritische Einführung, Stuttgart 1980.

Zima 1995 Peter V. Zima (Hg.): Literatur intermedial. Musik – Malerei – Photographie – Film, Darmstadt 1995.

Zima 2011 Peter V. Zima: Komparatistik. Einführung in die vergleichende Literaturwissenschaft, 2. Auflage, Tübingen 2011.

Žirmunskij 1973 Viktor M. Žirmunskij: Die literarischen Strömungen als internationale Erscheinungen, in: Horst Rüdiger (Hg.), Komparatistik. Aufgaben und Methoden, Stuttgart 1973, S. 104–126.

Zymner 2006 Rüdiger Zymner: Coetzee und Kafka, in: Manfred Engel/Dieter Lamping (Hg.), Franz Kafka und die Weltliteratur, Göttingen 2006, S. 339–349.

Zymner 2010 Rüdiger Zymner (Hg.): Handbuch Gattungstheorie, Stuttgart 2010.

16.2 Abbildungsverzeichnis

Abbildung 1: Fotografische Umsetzung des sprichwörtlichen Vergleichs von Äpfeln und Birnen.

Abbildung 2: Gesichtskreis, aus: Johann George Sulzer: Allgemeine Theorie der Schönen Künste, Bd. 1, Leipzig 1771, S. 470.

Abbildung 3: Cäsar Flaischlen: *Graphische Litteratur-Tafel. Die dt. Litteratur u. d. Einfluss fremder Litteraturen auf ihren Verlauf vom Beginn e. schriftl. Überlieferung an bis heute in graphischer Darstellung*, Stuttgart 1890 [Ausschnitt 1745–1820].

Abbildung 4: Tim O'Brien: *Fences make good Neighbors.* Quelle: CartoonStock.

Abbildung 5: Gustav Heinrich Eberlein: *Goethe bei Betrachtung von Schiller's Schädel* (1887). Quelle: Klassik-Stiftung Weimar.

Abbildung 6: Masken für die Tragödie und die Komödie. Quelle: Shutterstock Images.

Abbildung 7: Palimpsest von Ciceros *De re publica*, überschrieben mit der Psalmauslegung des Augustinus. M. Tulli Ciceronis: De Re Publica. Libri. E Codice Rescripto. Ex Bibliotheca Apostolica Vaticana, 1934.

Abbildung 8: Pieter Breughel d. Ä.: *Turmbau zu Babel* (Öl auf Eichenholz, Wiener Version 1563).

Abbildung 9: Die Fütterung des Dichters mit Makkaroni, aus: Opus Merlini Cocaii poetae Mantuani Macaronicorum, Venedig 1613, S. 69.

Abbildung 10: Jan Van der Straet: *Amerigo entdeckt America. Einmal von ihm benannt, ist sie für immer erwacht* (ca. 1600).

Abbildung 11: Pompeo Girolamo Batoni: *Allegorie der Künste* (1740).

Abbildung 12: Karl Riha: *pyromanisches sonett* (1988), aus: ders., so zier so starr/so form so streng, 14 Text- und 9 Bildsonette, Bielefeld 1988.

Abbildung 13: Erika Greber: *Shakespyromanisches Sonett* (2001).

Abbildung 14: Erika Greber/Stefan Schukowski: *Schüttelspeer-Sonett/Shaken Spears Sonnet* (2009).

Abbildung 15: Eric Gill: Illustrationen zu Shakespeares *Sonetten* (1947).

Abbildung 16: Queen Elizabeth, Eve und Shakespeare auf der Bühne des Berliner Ensembles, in *Shakespeare's Sonnets*, inszeniert von Robert Wilson, vertont von Rufus Wainwright (2009).

Abbildung 17: Fischschwarm. Quelle: Shutterstock Images.

Abbildung 18: Giuseppe Arcimboldo: *Der Bibliothekar* (1566).

Abbildung 19: Pierre Clayette: *Bibliothek von Babel; Library of Babel* (1963).

ANHANG

16.3 Personenverzeichnis

Achmatova, Anna Andreevna 70
Adorno, Theodor W. 58f.
Aesop 23
Agamben, Giorgio 60
Aischylos 24f.
Alberti, Irene von 143
Albrecht, Michael von 196
Alewyn, Richard 85
Allen, Woody 205
Amann, Wilhelm 158
Ampères, Jean-Jacques 40
Andrades, Mário de 135
Anz, Thomas 135, 221
Apel, Friedmar 130
Apollinaire, Guillaume 141
Arcimboldo, Giuseppe 189f.
Ariosto, Ludovico 89, 199
Aristophanes 24f.
Aristoteles 24, 90, 96, 195
Assaya, Olivier 143
Auer, Johannes 183
Auerbach, Erich 46, 48, 184, 193
Augustinus 99f.
Augustus 73

Bachtin, Michail Michajlovič 103–105, 109, 111, 113f., 255
Baecker, Dirk 148
Bakassier, Aly Ahmed 202
Baldensperger, Fernand 41
Balzac, Honoré de 39, 198, 202
Barbusse, Henri 205
Barkentin, Marjorie 206
Barrault, Jean Louis 207
Barthes, Roland 105f., 108, 113f.
Batoni, Pompeo Girolamo 159f.
Baudelaire, Charles 91f., 204f.
Baudissin, Wolf Heinrich 200
Baumann, Sabine 203
Beckford, William 117
Beethoven, Ludwig van 169
Bembo, Pietro 190
Benjamin, Walter 86, 124f., 127f.
Bergengruen, Werner 205
Berlioz, Hector 196, 202
Bernhard, Thomas 200
Betz, Paul 41f.
Beuys, Joseph 206
Bhabha, Homi K. 113, 150, 256
Birus, Hendrik 19, 34
Bischitzky, Vera 203
Blok, Aleksandr Aleksandrovič 70

Bloom, Harold 108, 114, 191f., 208
Blumenberg, Hans 110
Boccaccio, Giovanni 138, 190
Bode, Johann Joachim Christoph 200
Bodenstedt, Friedrich 203
Boileau, Nicolas 90
Bondarčuk, Sergej Fëdorovič 206
Bopp, Franz 39, 133
Borchardt, Rudolf 124, 128, 197
Borges, Jorge Luis 108–110, 139, 203, 210
Boswell, James 122
Botticelli, Sandro 197f.
Bourdieu, Pierre 63, 185
Bouterweck, Friedrich 31
Bowra, Cecile Maurice 45
Breloer, Heinrich 206
Bresson, Robert 201
Breughel, Pieter d. Ä. 115
Britten, Benjamin 196, 200
Britting, Georg 198
Broch, Hermann 87
Brock, Charles Edmund 202
Brockmeier, Peter 19
Broich, Ulrich 106f., 114
Browning, Robert 202
Bulgakov, Michail Afanas'evič 202, 204
Bunbury, Henry William 200
Burckhardt, Jacob 43
Burljuk, David Davidovič 80
Burton, Richard Francis 180
Butor, Michel 137
Byron, George Gordon 44, 95, 203

Callières, François de 29
Calvino, Italo 106, 203
Camões, Luís de 196
Camus, Albert 205
Canetti, Elias 204
Carson, Anne 195
Casanova, Pascale 185
Castiglione, Baldassare 163
Catull (Gaius Valerius Catullus) 195
Cavalli, Francesco 196
Celan, Paul 128, 140
Cervantes, Miguel de 70, 109, 198
Chabrol, Claude 204
Chamoiseau, Patrick 150, 153, 156
Chateaubriand, François-René de 201
Chaucer, Geoffrey 198
Chlebnikov, Velimir Vladimirovič 49f., 141
Chodowiecki, Daniel 201

Cicero, Marcus Tullius 25f., 70, 99f., 119f., 126f., 162
Cioran, Emil 137
Cocteau, Jean 195f.
Coetzee, John M. 207
Conrad, Joseph 205
Corneille, Pierre 73
Cortázar, Julio 182
Crane, Stephen 205
Cranko, John 203
Croce, Benedetto 86, 96
Curtius, Ernst Robert 46, 48
Cuvier, Georges 39
Cvetaeva, Marina Ivanovna 70, 140

Damrosch, David 49, 186
Daniel, Arnaut 140
Dante Alighieri 28, 90, 121, 124, 137f., 140, 176, 190, 196f.
Defoe, Daniel 107
DeLillo, Don 206
Demosthenes 25f.
Derrida, Jacques 60, 106, 125, 134
Diderot, Denis 107, 200f.
Dilthey, Wilhelm 18, 40, 93
Dionysios von Halikarnass 25
Ditters von Dittersdorf, Carl 196
Divus, Andreas 118
Döblin, Alfred 133
Döhl, Reinhard 183
Dos Passos, John 205
Dostoevskij, Fëdor Michajlovič 103, 114, 133, 205, 255
Draesner, Ulrike 128f., 130
Dryden, John 122, 163
Du Bellay, Joachim 28, 91, 197
Dürrenmatt, Friedrich 111

Ebener, Dietrich 194
Eberlein, Gustav Heinrich 67f.
Eco, Umberto 203, 222
Eliot, Thomas Stearns 102f., 142, 197
Ennius, Quintus 25
Enzensberger, Hans Magnus 200
Eppelsheimer, Hanns W. 208
Erenburg, Ilja Grigor'evič 204
Este, Isabella d' 162
Euripides 24f, 31, 199

Faulkner, William 205
Fielding, Helen 202
Fink, Gerhard 196
Flaischlen, Cäsar 35f.
Flaubert, Gustave 202, 204

Focke, Friedrich 34
Folengo, Teofilo 132
Fontane, Theodor 204
Fontenelle, Bernard le Bovier de 29
Förster, Karl 197
Forster, Leonard 144
Foscolo, Ugo 201
Foucault, Michel 60, 256
Frenzel, Elisabeth 226
Freud, Sigmund 64, 108, 196
Fried, Erich 198
Frisch, Max 95
Frost, Robert 52
Furetière, Antoine 29

Gadamer, Hans-Georg 127
Galland, Antoine 117
Galsworthy, John 206
Geertz, Clifford 62, 149
Geier, Swetlana 205
Genette, Gérard 107f., 114, 256
George, Stefan 130, 144, 204f.
Gervinus, Georg Gottfried 68
Gide, André 207
Giraudoux, Jean 111
Glissant, Edouard 150
Gmelin, Hermann 197
Goethe, Johann Wolfgang 9f., 30, 33f., 40, 67f., 71, 73, 81, 87, 90, 94, 112, 117f., 123f., 130, 141, 192, 198, 201f., 215, 258f.
Góngora, Luis de 70, 197
Gorkij, Maksim (Aleksej Maksimovič Peškov) 206
Gottsched, Luise Adelgunde Victorie 200
Gounod, Charles 202
Goyert, Georg 206
Grangaud, Michelle 92
Greber, Erika 171f.
Green, Graham 199
Greenblatt, Steven 61
Griboedov, Aleksandr Sergeevič 200
Griese, Sabine 208
Grillparzer, Franz 195, 199
Grimm, Jacob 15, 39, 133, 202
Grimm, Wilhelm 15, 202
Grimmelshausen, Hans Jakob Christoffel von 16, 139
Grossman, Vassilij Semënovič 206
Grünbein, Durs 65
Gruzinski, Serge 150
Gryphius, Andreas 30, 140
Guo, Xiaolu 142
Gürster, Eugen 199
Gutjahr, Ortrud 150

Hamann, Johann Georg 142
Hamann, Richard 44
Harpman, Jacqueline 207
Hasting, Cornelia 204
Hegel, Georg Wilhelm Friedrich 59, 85, 107, 201
Heinrich von Veldeke 196
Hemingway, Ernest 88, 205
Herder, Johann Gottfried 29f., 31, 33f., 87, 122, 139
Herwegh, Georg 41
Hieronymus, Sophronius Eusebius 120f., 127
Hoffmannswaldau, Christian Hoffmann von 9
Hofmann, Michael 151, 158
Hofmannsthal, Hugo von 199f.
Hölderlin, Friedrich 127, 195
Hölter, Achim 173
Homer 17, 24f., 27, 31, 33, 48, 89–91, 93, 102, 107, 112, 118, 122f., 160, 163, 195f., 205f.
Horaz (Quintus Horatius Flaccus) 25, 70, 118, 120, 162, 195, 259
Huntington, Samuel 148

Iñárritus, Alejandro González 143
Ionesco, Eugène 137

Jacob, Hildebrand 163
Jakobson, Roman Osipovič 55
Johnson, Samuel 137
Johnson, Uwe 206
Joyce, James 102, 107, 112, 142, 144, 195, 200, 206

Kaerrick, Elisabeth 205
Kālidāsa 139
Kandinsky, Wassily 170
Kappler, Arno 34
Kasack, Wolfgang 203
Kassner, Rudolf 200
Kegel, Marianne 205
Keil, Rolf-Dietrich 203
Kemp, Friedhelm 204
Kerscher, Hubert 208
Kleist, Heinrich von 42, 84, 111, 195, 199
Knauth, K. Alfons 141, 144
Kneepkens, Corneille Henri 34
Kocher, Ursula 222
Koeppen, Wolfgang 206
Koltès, Bernard-Marie 205
Kommerell, Max 96, 199
Kopetzki, Annette 130
Korff, Hermann August 91
Krehl, Carolin 222
Kristeva, Julia 104f., 113f., 138

Kručënych, Aleksej Eliseevič 79f.
Kurosawa, Akira 202

Labé, Louise 195
Lachmann, Renate 113
Lamping, Dieter 81, 89, 96, 193, 208
Lange, Susanne 198
Lanson, Gustave 43
Leibniz, Gottfried Wilhelm 15
Lenz, Jakob Michael Reinhold 87
Leonardo da Vinci 163
Leopardi, Giacomo 202
Lermontov, Michail Jur'evič 203
Lessing, Gotthold Ephraim 17, 30f., 58, 96, 163f., 198
Lillo, George 17
Liszt, Franz 197
Lowell, Robert 200
Ludwig XIV. 73
Luhmann, Niklas 63, 66, 77, 147
Lukács, Georg 62
Luther, Martin 28, 120f., 127

Machado de Assis, Joaquim Maria 200
MacPherson, James 117f.
Mahne, Nicole 173
Mai, Angelo 100
Mailer, Norman 205
Majakovskij, Vladimir Vladimirovič 80
Malipiero, Francesco 199
Mallarmé, Stéphane 205
Man, Paul de 125
Mandel'štam, Osip Emil'evič 70, 102
Mann, Klaus 94
Mann, Thomas 102, 135, 140, 169, 206, 258
Marinetti, Filippo Tommaso 79
Massenet, Jules 199
McLuhan, Marshall 172, 181
Mecklenburg, Norbert 149, 158
Meier, Albert 208
Mein, Georg 158
Meltzl von Lomnitz, Hugo 37
Melville, Hermann 179
Menander 24
Menninghaus, Winfried 66
Meyer, Urs 173
Meyrink, Gustav 203
Molière (Jean-Baptiste Poquelin) 42, 73, 95, 111, 141, 200
Montalvo, Garci Rodríguez de 199
Montellier, Chantal 207
Montesquieu, Charles-Louis de Secondat, Baron de 117
Moore, Alan 207

PERSONENVERZEICHNIS

Moser, Christian 186
Mozart, Wolfgang Amadeus 96
Müller, Heiner 198
Murray, Allan 203
Mylius, Wilhelm Christhelf 201

Nabokov, Vladimir Vladimirovič 138, 203
Navarra, Marguerite de 198
Novalis (Friedrich von Hardenberg) 123
Nünning, Ansgar 82, 149

O'Neill, Kevin 207
Odasi, Tifi 132
Offenbach, Jacques 203
Okopenko, Andreas 182
Ottinger, Ulrike 207
Ovid (Publius Ovidius Naso) 70, 110, 122, 196f., 220

Paech, Joachim 174
Pammachius 120
Parr, Rolf 158
Pasolini, Pier Paolo 196, 199
Pasternak, Boris Leonidovič 70
Pechlivanos, Miltos 82
Perrault, Charles 29, 102
Perrot d'Ablancourt, Nicolas 122
Petrarca, Francesco 9, 11, 117, 121, 129, 138, 190, 197, 219
Pfister, Manfred 106, 114
Philemon 24
Plautus, Titus Maccius 111
Plenzdorf, Ulrich 201
Plumpe, Gerhard 78, 82
Plutarch 25f., 30, 34, 258
Poe, Edgar Allan 203
Ponte, Lorenzo da 96
Pope, Alexander 122f.
Posnett, Hutcheson Macaulay 41
Potter, Sally 207
Pound, Ezra 102, 118, 128, 142, 197
Prokof'ev, Sergej Sergeevič 206
Proust, Marcel 102
Purcell, Henry 196
Puškin, Aleksandr Sergeevič 44, 95, 108, 203, 220

Queneau, Raymond 182

Rabelais, François 133
Rabinovici, Doron 153–155
Racine, Jean-Baptiste 31f., 42, 73, 90, 138, 199
Raffael 195
Rajewsky, Irina 168f., 174

Rameau, Jean-Philippe 107, 199
Ransmayr, Christoph 110, 196, 220
Rauchenberger, Margarete 202
Ravel, Maurice 199
Reichardt, Ulfried 179, 188
Reichert, Klaus 130
Renoir, Jean 204
Riha, Karl 171f.
Rilke, Rainer Maria 91, 128, 138f., 144
Rimbaud, Arthur 138, 205
Rivarol, Antoine de 137
Rodin, Auguste 197
Ronsard, Pierre 197
Rorty, Richard 60
Rossini, Giacomo 199
Rushdie, Salman 152, 179

Sackville-West, Vita 207
Said, Edward W. 156
Sainte-Beuve, Charles-Augustin 201
Salieri, Antonio 199
Saporta, Marc 182
Sapphō 194f.
Sartre, Jean-Paul 59
Scaliger, Julius Caesar 26–28, 33
Ščedrin, Rodion Konstantinovič 204
Schadewaldt, Wolfgang 195
Schätzing, Frank 176
Schickel, Joachim 194
Schickele, René 204
Schiller, Friedrich 67f., 73, 199, 201
Schlegel, August Wilhelm 31f., 38, 197f.
Schlegel, Johann Elias 30
Schleiermacher, Friedrich 123f., 128
Schmeling, Manfred 17, 188
Schmidt, Arno 206
Schmidt, Erich 40
Schnitzler, Arthur 170
Schröter, Jens 174
Schwab, Karin von 202
Seth, Vikram 203
Shakespeare, William 9, 11, 30, 71, 84, 112, 128–130, 171f., 197f., 200, 220
Shakira (Isabel Mebarak Ripoll) 143
Shelley, Percy 202
Simanowski, Roberto 173, 183, 188
Simonides von Keos 161
Simonis, Annette 174
Simonis, Linda 186
Šklovskij, Viktor Borisovič 103
Smith, Charles 201
Soderbergh, Steven 207
Sophokles 24, 84, 111, 127, 195, 220
Sorel, Charles 16

Spitzer, Leo 44, 46, 55
Spivak, Gayatri Chakravorty 47, 153
Stadler, Ernst 41
Staël-Holstein, Anne Louise Germaine de 32
Staiger, Emil 194–196
Steiner, George 20, 130
Steinmetz, Horst 188
Steinsieck, Wolf 199
Sterne, Laurence 9, 129, 200f.
Sternheim, Carl 201
Stierle, Karlheinz 197
Stockhammer, Robert 179
Stockinger, Claudia 208
Stoppard, Tom 198
Straet, Jan van der 145f.
Strauss, Richard 199
Stravinskij, Igor F. 196
Streckfuß, Karl 197
Strick, Joseph 206
Sturm-Trigonakis, Elke 188
Sulzer, Johann George 21f.
Swift, Jonathan 29
Szondi, Peter 41, 97

Tawada, Yoko 142, 157, 220
Tennyson, Alfred Lord 112
Thomson, Hugh 202
Tieck, Ludwig 198
Tolstoj, Lev Nikolaevič 139, 195, 204f.
Trissino, Gian Giorgio 162
Trojanow, Ilija 180
Tschaikowski, Peter [Pëtr Il'ič Čajkovskij] 203
Tynjanov, Jurij Nikolaevič 74

Updike, John 198

Valeria, Juan de 201
Valéry, Paul 102
Vega, Garcilaso de la 197
Vega, Lope de 70
Vergil (Publius Vergilius Maro) 17, 27f., 33, 70, 87, 89, 107, 132, 195f., 197
Verlaine, Paul 95, 205
Vespucci, Amerigo 146
Vico, Giambattista 30
Villemain, François 40

Villers, Charles de 32
Vollmann, Caroline 204
Voltaire (François Marie Arouet) 30, 117, 195
Voß, Johann Heinrich 123, 195f.

Wagner, Richard 57
Wainwright, Rufus 171f.
Walitzek, Brigitte 207
Walsh, Jean 206
Walzel, Oskar 164f.
Waterhouse, John 198
Webb, Daniel 164
Weiss, Peter 207
Weisstein, Ulrich 165
Wellek, René 43
Welles, Orson 207
Welsch, Wolfgang 149
Werle, Simon 199
Wertheimer, Jürgen 94–97
White, Hayden 61
Wiene, Robert 205
Wilamowitz-Moellendorff, Ulrich von 124
Wilson, Robert 171f., 207
Winterbottom, Michael 201
Wirth, Franz Peter 206
Witte, Karl 197
Wölfflin, Heinrich 44, 165
Wolkenstein, Oswald von 140
Wollschläger, Hans 206
Woolf, Virginia 194, 207

Xenophon 23
Xuesong, Cao 201

Yaeko, Nogami 202
Yourcenar, Marguerite 195

Zelle, Carsten 20
Zeller, Christoph 173
Zesen, Philipp von 22
Zima, Peter V. 17, 49, 62, 228
Zipfel, Frank 208
Žirmunskij, Viktor Maksimovič 17, 44–46
Zola, Émile 206
Zymner, Rüdiger 89, 97

16.4 Glossar

aemulatio Besondere Form der →*imitatio auctorum*, in der das literarische Vorbild überboten werden soll. → KAPITEL 1, 2, 7

Äquivalenz In der linguistischen Übersetzungstheorie meint das Konzept, dass sich der Text der Ausgangssprache in die Zielsprache nach vorher festgelegten Kriterien äquivalent übertragen lässt. Es gibt u. a. denotative und pragmatische Äquivalenz. → KAPITEL 8

Agon Griechisches Wort für Kampf oder Wettstreit. Vor- bzw. außerwissenschaftliche, von der Rhetorik geprägte Vergleichsformen wie die *Synkrisis, comparatio, comparaison* inszenieren den Vergleich nicht selten als einen geistigen Wettstreit (französisch *querelle*), bei dem eine Vergleichsseite gewinnt. → KAPITEL 2

Alterität Kulturwissenschaftliches Paradigma, das ins Zentrum der Erkenntnis die Fremd- und Andersartigkeit von Kulturen stellt.

Antike Bezeichnung für das griechische und römische Altertum, das man im 7. nachchristlichen Jahrhundert enden lässt; sie ist modellbildend für viele Epochen der Literaturgeschichte wie die Renaissance oder die Klassik. → KAPITEL 2

Belles infidèles Deutsch: Schöne Ungetreue [Plural]. Im 17. Jahrhundert bildete sich in Frankreich eine Übersetzungspraxis aus, die bestrebt war, in der Zielsprache eine möglichst schöne Form mit Inkaufnahme von Untreue gegenüber dem Original abzugeben. → KAPITEL 8

code switching Linguistischer Terminus, um den Wechsel zwischen Sprachen durch denselben Sprecher innerhalb derselben Gesprächssequenz zu beschreiben. → KAPITEL 9

Comparative Arts Forschungsbereich, der sich dem Vergleich der Künste und deren Beziehung zu einander widmet. → KAPITEL 11

Dekonstruktion Methodische Richtung, die die wissenschaftliche Aufgabe, den Konstruktcharakter textueller und kultureller Bedeutungen nachzuweisen, radikalisiert hat.

Dialogizität Meint das Zusammenspiel verschiedener, oft widersprüchlicher Stimmen im selben Text. Von Michail Bachtin am Beispiel der Romane Dostoevskijs gewonnenes Konzept. → KAPITEL 7

Digitale Literatur Literatur im virtuellen Raum, die gekennzeichnet ist durch Hypertextualität, Interaktivität und Konnektivität. → KAPITEL 12

Disziplin Meint im wissenschaftlichen Kontext ein wissenschaftliches Fach, das an einer Forschungseinrichtung wie der Universität oder der Akademie erforscht werden kann. Disziplinen reagieren auf die Zunahme von Wissen zu einem besonderen Wissensbereich und das Aufkommen konträrer Beurteilungen dieses Wissens. → KAPITEL 3, 4

Ecocriticism Interdisziplinäre Forschung, die sich dem Verhältnis des Menschen zur Natur und speziell ökologischen Transformationen widmet. → KAPITEL 4

„einbürgernde" vs. „verfremdende" Übersetzung Dichotomie zur Bezeichnung zweier Übersetzungstypen: Die erste richtet sich im Ausdruck und Stil nach der Zielsprache und verfremdet damit das ‚Original', die zweite stärker nach dem Original bzw. der Ausgangssprache, sodass die Zielsprache verfremdet wird. → KAPITEL 8

Ekphrasis Griechischer Terminus für lateinisch *descriptio* (Beschreibung). Im kunstwissenschaftlichen Sinn geht es um die Beschreibung von Werken der Bildenden Kunst, literaturwissenschaftlich enger gefasst wird er als rhetorische Figur der visuellen Evokation. → KAPITEL 11

Einflussforschung Zentrales Forschungsparadigma der Komparatistik im 19. Jahrhundert, um genetische Zusammenhänge (sogenannte Einflüsse) zwischen den Literaturen nachzuweisen. → KAPITEL 3

Epoche Ordnungskonstrukt der Literaturgeschichtsschreibung, das der rückschauenden Unterscheidung und Beobachtung von Zäsuren und längeren Phasen im historischen Kontinuum dient. Ein Zeitraum, innerhalb dessen eine Vielzahl literarischer Texte und anderer kultureller Artefakte gemeinsame Weltbilder sowie repräsentative poetologische, inhaltliche und formale Merkmale aufweist, wird von der vorherigen und nachfolgenden Zeitspanne abgegrenzt, mit einem Epochentitel versehen und als Einheit behandelt. → KAPITEL 5

Epos Eine der wichtigsten Gattungen für die Komparatistik, die zu allen Zeiten und allen Kulturen als erzählende Großgattung (meist in Versen, zunächst mündlich) entstanden ist. → KAPITEL 3, 6

Exophonie Der Begriff erfasst Literatur von Autoren, die nicht in ihrer Muttersprache und außerhalb ihrer kulturellen Herkunft schreiben. → KAPITEL 9, 10

delectare   Lateinisch für erfreuen; Wirkungsziel der Poesie neben → *prodesse* (nutzen).

Deterritorialisierung Geprägt von den Theoretikern Gilles Deleuze und Félix Guattari, meint der Terminus in kulturkomparatistischer Sicht den Gebrauch von Sprache und symbolischen Codes außerhalb ihres Ausgangskontextes. → KAPITEL 10

Diglossie Form der Zweisprachigkeit, die sich auf Varietäten derselben Sprache bezieht. → KAPITEL 9

Diskurs Im Sinne Michel Foucaults meint Diskurs die Ordnung von Aussagen zu einem bestimmten Gebiet, die regelt, wie über einzelne Themen zu sprechen ist.

Gattung Literaturwissenschaftliche Ordnungsgröße, die einzelne Texte höheren Einheiten zuordnet, von denen sich auch Produktions- und Formprinzipien ableiten lassen. Komparatistisch ist die Gattungskategorie zentral, weil sie Vergleichbarkeit ermöglicht. → KAPITEL 6

Genetischer Vergleich Der genetische Vergleich geht von einer Kontaktbeziehung zwischen den Vergleichsobjekten aus im Unterschied zum → typologischen Vergleich. → KAPITEL 1, 3

gender Literaturwissenschaftliche Kategorie, anhand derer das Geschlecht als soziale und symbolische Konstruktion analysiert wird.

Globalisierung Der Terminus reagiert auf das ökonomische, politische, verkehrstechnische und kulturelle Zusammenwachsen der Welt zu einem gemeinsamen Raum.

Hermeneutik Verstehenslehre; neben der literaturwissenschaftlich-philologischen bzw. kulturwissenschaftlichen Hermeneutik gibt es eine theologische und eine juristische Hermeneutik. Auch das Alltagsleben ist über Verstehensprozesse analysierbar (vgl. Martin Heideggers Hermeneutik der Faktizität).

Heuristik Von griechisch *heurísko* (ich finde) abgeleitet und übersetzt mit Findungslehre, meint der Begriff den methodischen und systematischen Rahmen, innerhalb dessen neues Wissen in einer Disziplin entdeckt werden kann. Die Heuristik der Komparatistik ist durch die Methode des Vergleichens charakterisiert. → KAPITEL 1

Historismus Geisteswissenschaftliche Strömung des 19. Jahrhunderts, die alle geschichtlichen Phänomene allein als historisch bedingt versteht und damit auch der Vergleichbarkeit entzogen hat. Stilgeschichtlich verbunden war damit aber zugleich die Verfügbarkeit aller historischen Stile in der Gegenwart, wodurch wiederum der Vergleich provoziert wurde. → KAPITEL 3

Hybridität Ein im Theoriekontext der postcolonial studies entstandener Begriff von Homi K. Bhabha zur Bezeichnung von Kulturkontakten, bei denen kulturelle Manifestationen der beteiligten Kulturen in die jeweils andere produktiv integriert werden, sodass eine hybride, dritte kulturelle Identität entsteht. → Kreolisierung. → KAPITEL 11

Hypertext(ualität) Der Literaturwissenschaftler Gérard Genette prägte den Begriff für die Überlagerung von Texten, im Internet ist dies realisiert durch die a-lineare Vernetzung von Texten bzw. Textteilen mithilfe von links. → KAPITEL 12

Imagologie Traditioneller Zweig der Komparatistik, der sich mit der Konstruktion von nationalen Eigen- und Fremdbildern befasst. In jüngerer Zeit hat die Interkulturelle → Hermeneutik ihre Aufgaben übernommen. → KAPITEL 3, 10

imitatio auctorum Im Unterschied zur *imitatio naturae* bzw. *mimesis* richtet sich die literarische Nachahmung hier nicht auf die äußere Wirklichkeit, sondern auf einen als vorbildlich empfundenen Text bzw. seinen Autor. → KAPITEL 7

Inter-, Trans-, Multikulturalität Der Begriff *Interkulturalität* bezeichnet Kulturkontakte, bei denen es trotz fortdauernder kultureller Differenzen zu wechselseitigem Austausch kommt. Von *Multikulturalität* wird hingegen gesprochen, wenn innerhalb einer Gesellschaft verschiedene Kulturen nebeneinander existieren, ohne dass nennenswerte Überlagerungsprozesse stattfinden. Während sowohl das Konzept der Inter- als auch das der Multikulturalität Kulturen als relativ homogene und distinkte Einheiten betrachten, geht das Konzept der Transkulturalität davon aus, dass angesichts heutiger weltgesellschaftlicher Verhältnisse Kulturen grundsätzlich als extern erheblich miteinander verflochtene und intern hybrid vermischte Konstellationen gelten müssen.

Interaktivität Teilnahme des Rezipienten an der Entstehung eines Werkes entweder durch Interaktion mit der Software oder mit anderen Rezipienten bzw. Autoren. → KAPITEL 11

Intergenerisch Intergenerische Relationen sind Beziehungen zwischen verschiedenen Gattungen (z. B. Tragödie und Komödie) und bilden ein breites Feld für komparatistisches Arbeiten. → KAPITEL 6

Interlinearversion Begriff aus der Übersetzungspraxis, der die Übertragung des Textes Wort für Wort meint, ohne auf die syntaktischen Zwänge der Zielsprache achten zu müssen. → KAPITEL 8

Intermedialität, Transmedialität Während Intermedialität die Interaktion oder das Dazwischen zweier distinkter Medien meint, verweist Transmedialität auf medienübergreifende Phänomene. → KAPITEL 11

Intermediale Referenz Thematisierung bzw. Evokation eines anderen Mediums oder Simulation altermedialer Strukturen und Darstellungsverfahren, wobei immer nur ein einziges Medium materiell präsent ist. → KAPITEL 11

Intertextualität Es gibt intentionale Formen des Textbezugs wie die Parodie, das Pastiche, die Übersetzung oder Travestie. Der Begriff meint jedoch vornehmlich nicht-intentionale, unendliche Textbeziehungen und geht von einer unabgeschlossenen → Dialogizität der Literatur aus. → KAPITEL 7

Kanon Auswahl von Werken, die in ästhetischer und/oder thematischer Hinsicht als maßgeblich (griechisch *kánon* = Maßstab) gelten und daher einen gemeinsamen Referenzhorizont einer bestimmten sozialen Gruppe bilden. → KAPITEL 13

Konnektivität Eigenschaft des Internets, das Produzenten und Rezipienten sowie letztere unter einander vernetzt. → KAPITEL 12

Kreolisierung Der linguistische Terminus zur Beschreibung der Entstehung neuer Sprachen aufgrund vorausgehender Sprachmischung meint in der Kulturtheorie kulturelle Mischprozesse. → Hybridität. → KAPITEL 10

Kritik Abgeleitet von griechisch *krínein* (unterscheiden) meint sie bezogen auf die philologischen Wissenschaften die Kunst, Texte sowie kulturelle Zusammenhänge richtig zu beurteilen. → KAPITEL 2, 3

Kultur Darunter werden nicht nur die materiellen Artefakte menschlicher Kollektive, sondern auch die von Gemeinschaften zum Zweck der Weltdeutung und -erschließung entwickelten sozialen Institutionen, Handlungen, Werte, Mentalitäten und Symbolsysteme verstanden. → KAPITEL 10

Kulturtransfer Im Unterschied zur Kategorie des Einflusses geht es nicht um den Nachweis von Abhängigkeiten, sondern auch um die Erklärung, weshalb bestimmte Phänomene von einer in die andere Kultur übernommen werden. → KAPITEL 10

Literarische Evolution Ein zu Beginn des 20. Jahrhunderts innerhalb des russischen Formalismus entstandenes Konzept, das den Blick auf die Eigengesetzlichkeit literarischer Entwicklungsprozesse richtet. Als dynamisierende Momente der Literaturgeschichte gelten nicht länger außerliterarische Impulse, sondern literaturinterne Vorgänge, vor allem der Wechsel von Automatisierung zu Entautomatisierung literarischer Verfahren. → KAPITEL 5

Makkaronismus Sonderform literarischer Mehrsprachigkeit, die in der Renaissance entstand. → Epen in der Volksprache werden dabei durch latinisierte Suffixe und Präfixe verfremdet. Richtet sich als Parodie bewusst gegen den → Purismus der *latinitas*. → KAPITEL 9

ANHANG

Medienwechsel Ein medienspezifisch fixiertes Phänomen wird durch einen obligatorischen Transformationsprozess in ein anderes Medium überführt, sodass von Ausgangs- und Zielmedium die Rede sein kann. → KAPITEL 11

Medienkombination Das additive Zusammenwirken mindestens zweier distinkter Medien. → KAPITEL 11

Metagenerisch Innerhalb der literarischen Gattungstheorie bezeichnet der Terminus den Umstand, dass ein Text seine Gattungszugehörigkeit mitreflektiert. → KAPITEL 6

Palimpsest In der Manuskriptkultur ist damit ein mehrfach beschriebenes Pergament gemeint, wobei der frühere Text zuvor abgeschabt wurde. Diese Überlagerung wurde von der Theorie der → Intertextualität literaturwissenschaftlich produktiv gemacht. → KAPITEL 7

Paragone Abgeleitet von italienisch *paragonare* (vergleichen), das wiederum auf den griechischen → Agon (Wettstreit) zurückgeht, handelt es sich um ein Argumentationsmodell für den Wettstreit der Künste. → KAPITEL 11

Parallele Seit Plutarchs *Bíoi parálleloi* (Parallele Leben[sbeschreibungen]) beliebtes vergleichendes Genre, das etwa noch von Thomas Mann (*Goethe und Tolstoi*) benutzt wird. → KAPITEL 2

Paratext Jeder Text, der den eigentlichen Text begleitet und so seine Rezeption steuert, wie z. B. das Nachwort oder die Widmung. → KAPITEL 7

Philologie Wissenschaft, die sich mit dem Sammeln, Edieren, Kommentieren und Beurteilen (→ Kritik) von Texten befasst. Sie wird in Einzelphilologien unterteilt, um die Literatur einzelner Literatursprachen wissenschaftlich zu beschreiben. Sie bildet eine wichtige Grundlagendisziplin für die Komparatistik. → KAPITEL 3, 4

Positivismus Erkenntnistheoretische Richtung, die allein tatsächliche Fakten als wissenschaftliche Erkenntnis gelten lässt. In der Literaturwissenschaft wird das bloße Sammeln von historischen Fakten bar jeder Interpretation als positivistisch bezeichnet. → KAPITEL 3

Postcolonial Studies widmen sich den Beziehungen zwischen europäischen Nationen und den von ihnen in der Kolonialzeit ehemals kolonisierten Ländern bzw. Kulturen.

prodesse Lateinisch für nutzen; Wirkungspostulat der Poesie neben → *delectare* (erfreuen).

Purismus Von lateinisch *purus* (rein); analog zum Sprachpurismus gibt es auch einen poetischen Purismus, der um die Reinheit des Werkes bemüht ist. Gegen ein solches Konzept wenden sich Strategien der literarischen Mehrsprachigkeit wie der → Makkaronismus. → KAPITEL 9

Rhetorik In der Antike begonnene Systematisierung des menschlichen Redevermögens. Sie lehrt, wie man überzeugend und wirkungsvoll Texte produziert. Ein Großteil literaturwissenschaftlicher Termini hat ihren Ursprung in der antiken Systemrhetorik. → KAPITEL 2, 6, 7

Rezeptionsästhetik Betrachtet literarische Texte und Kunstwerke nicht von ihren Produktionsbedingungen ausgehend, sondern umgekehrt vor dem jeweiligen Rezeptionshorizont. → KAPITEL 5, 6, 7

Sattelzeit Ein vom Historiker Reinhart Koselleck geprägter Begriff, der jene tiefgreifenden ökonomischen, sozialen, kulturellen und begriffsgeschichtlichen Veränderungen bezeichnet, die zwischen 1750 und 1800 den Übergang von Früher Neuzeit zur Moderne auslösen und dynamisieren. → KAPITEL 5

source / target language In der Übersetzungsanalyse unterscheidet man zwischen Ausgangs- und Zielsprache. → KAPITEL 8

tertium comparationis In einem Vergleich das Gemeinsame von *comparandum* (das zu Vergleichende) und *comparatum* (das Verglichene). → KAPITEL 1

Thematologie Bereich der Komparatistik, der die traditionelle Stoff- und Motivgeschichte miteinschließt sowie deren Überschneidungen berücksichtigt. → KAPITEL 6

transgenerisch Meint innerhalb der literarischen Gattungstheorie gattungsübergreifende Einheiten wie Stoffe und Motive. → KAPITEL 6

Translatologie Übersetzungswissenschaft, auch mit Rücksicht auf das Dolmetschen. → **KAPITEL 8**

turn Meint innerhalb der Methodenlehre die schlagartige Neuausrichtung einer Disziplin durch einen bislang vernachlässigten Aspekt. Für die Komparatistik von Interesse sind z. B. der tanslational, der iconic oder der cultural turn. → **KAPITEL 9, 10, 11**

Typologischer Vergleich Vergleichsform, die nicht nach Ähnlichkeiten aufgrund direkter und indirekter Einflüsse bzw. Kontakte sucht (→ genetischer Vergleich), sondern nach ähnlichen Voraussetzungen der literarischen Produktion oder Rezeption. → **KAPITEL 1, 3**

ut pictura poesis Der berühmte Ausspruch geht auf Horaz zurück und legitimierte in der Literaturgeschichte mehrfach die Ausrichtung der Literatur an der Malerei.

Vulgare Die jeweilige Volkssprache im Unterschied zum Latein während des europäischen Mittelalters. → **KAPITEL 2, 8, 9**

Weltliteratur Von Goethe eingeführter Begriff, der den Austausch verschiedener Literaturen propagiert und sich programmatisch gegen den Begriff der Nationalliteratur wendet. Er kann aber nicht nur relational (wie in Goethes Sinne), sondern auch qualitativ, quantitativ und soziologisch verstanden werden und meint demnach entweder wertend die besten Werke oder wertfrei die Gesamtmenge weltweit produzierter Literatur oder wird als Ergebnis der Globalisierung angesehen. Er kann schließlich, von der Wirkungs- und Rezeptionsgeschichte ausgehend, als der Zusammenhang der weltweit rezipierten, d. h. produktiv gelesenen Werke ausgelegt werden. → **KAPITEL 1, 12, 13**

Word and Image Studies Forschung, die sich den vielfältigen intermedialen Beziehungen von Text und Bild bzw. Literatur und Bildkunst widmet. → **KAPITEL 11**

Word and Music Studies Forschung, die sich den vielfältigen intermedialen Beziehungen von Text und Ton bzw. Literatur und Musik widmet. → **KAPITEL 11**

Xenologie Die Fremdheitslehre befasst sich mit Konstitutionsprozessen kultureller Identität und Alterität sowie Arten und Funktionen der Xenophobie (pauschaler Fremdenfeindlichkeit), Xenophilie (pauschaler Fremdenfreundlichkeit). → **KAPITEL 10**

Die Herausgeber danken für das wertvolle Lektorat Frau Dr. Katja Leuchtenberger vom Akademie Verlag.
Im Buch wird durchgehend aus Gründen der Lesbarkeit das grammatische Maskulinum in seiner geschlechtsneutralen Bedeutung verwendet.